本书系国家社会科学基金教育学一般课题“我国职业教育产教融合立法研究”
BJA190092结项成果（鉴定等级为“优秀”）

中国职业教育产教融合立法研究

Ius est ars boni et aequi

方益权 等 著

法律出版社 LAW PRESS · CHINA
—— 北京 ——

图书在版编目(CIP)数据

中国职业教育产教融合立法研究 / 方益权等著. --
北京 ：法律出版社, 2024
ISBN 978 - 7 - 5197 - 8831 - 5

Ⅰ. ①中… Ⅱ. ①方… Ⅲ. ①职业教育－教育法－研究－中国 Ⅳ. ①D922.16

中国国家版本馆 CIP 数据核字(2024)第 036808 号

中国职业教育产教融合立法研究
ZHONGGUO ZHIYE JIAOYU CHANJIAO RONGHE LIFA YANJIU

方益权 等著

策划编辑 似 玉
责任编辑 似 玉
装帧设计 臧晓飞

出版发行 法律出版社
编辑统筹 法律应用出版分社
责任校对 李 军
责任印制 刘晓伟
经 销 新华书店

开本 710 毫米×1000 毫米 1/16
印张 21.25 **字数** 314 千
版本 2024 年 5 月第 1 版
印次 2024 年 5 月第 1 次印刷
印刷 唐山玺诚印务有限公司

地址:北京市丰台区莲花池西里 7 号(100073)
网址:www.lawpress.com.cn
投稿邮箱:info@lawpress.com.cn
举报盗版邮箱:jbwq@lawpress.com.cn
销售电话:010 - 83938349
客服电话:010 - 83938350
咨询电话:010 - 63939796

书号:ISBN 978 - 7 - 5197 - 8831 - 5
定价:88.00 元
凡购买本社图书,如有印装错误,我社负责退换。电话:010 - 83938349

撰　稿　人

方益权　温州职业技术学院党委书记、教授、博士

黄云碧　温州职业技术学院教授

李　勃　温州市公民法治素养研究与实践中心执行主任

李炎炎　温州科技职业学院研究员

汤黎虹　福州大学教授、博士

刘海明　温州职业技术学院党委委员、副研究员、博士

聂如月　天津大学博士研究生

目录

第一章　适应中的迭代升级：职业教育产教融合阐释

党的二十大报告高度重视科教兴国战略在强化现代化建设人才支撑中的重要意义，明确指出："统筹职业教育、高等教育、继续教育协同创新，推进职普融通、产教融合、科教融汇，优化职业教育类型定位。"[1]《职业教育法》[2]第14条第1款规定："国家建立健全适应经济社会发展需要，产教深度融合，职业学校教育和职业培训并重，职业教育与普通教育相互融通，不同层次职业教育有效贯通，服务全民终身学习的现代职业教育体系。"从国之大计、党之大计层面将产教融合上升至国家战略高度并进行法律阐释，进而以立法推进产教融合进程，成为高质量发展中国特色职业教育的必为之举。

---

〔1〕 习近平：《高举中国特色社会主义伟大旗帜　为全面建设社会主义现代化国家而团结奋斗——在中国共产党第二十次全国代表大会上的报告》，载《人民日报》2022年10月26日。

〔2〕 2022年4月20日第十三届全国人大常委会第三十四次会议表决通过，于2022年5月1日起施行。

一、职业教育产教融合的基本内涵

“产教融合”是基于学校与企业间的合作，链接学校教育教学过程与企业生产流程，集教育教学、生产劳动、素质培养、技能提升、科技研发、企业管理和社会服务于一体的行为或过程，通过教育行为对接产业发展，打破产与教之间的障碍和分歧，形成学校与企业间系统培养高素质技术技能人才的共识，构建学校与企业之间双向互动和融合的深度合作体系。

（一）政策层面的产教融合

在政策层面，现代职业教育是一种大职业教育，内容包括中职教育、高职教育和各种社会上的职业培训。2013 年，党的十八届三中全会通过的《中共中央关于全面深化改革若干重大问题的决定》，明确指出要“加快现代职业教育体系建设，深化产教融合、校企合作，培养高素质劳动者和技能型人才”。2014 年 5 月出台的《国务院关于加快发展现代职业教育的决定》（国发〔2014〕19 号），提出“深化产教融合，鼓励行业和企业举办或参与举办职业教育，发挥企业重要办学主体作用”。其指出现代职业教育遵循的原则是，政府推动、市场引导，加强顶层统筹和行业分类指导，服务经济社会发展和人的全面发展。强调以产业需求、职业标准、生产过程、职业资格证书、终身学习为导向，深化产教融合，强化校企协同育人。要求采取试点推动、示范引领等方式，引导一批普通本科高等学校向应用技术类型高等学校转型，重点举办本科职业教育；独立学院转设为独立设置高等学校时，鼓励其定位为应用技术类型高等学校；专科高等职业院校要密切产学研合作，培养服务区域发展的技术技能人才，重点服务企业特别是中小微企业的技术研发和产品升级，加强社区教育和终身学习服务；建立以职业需求为导向、以实践能力培养为重点、以产学结合为途径的专业学位研究生培养模式，研究建立符合职业教育特点的学位制度。目标是到2020年,形成“适应发展需求、产教深度融合、中职高职衔接、职业教育与普通教育相互沟通,体现终身教育理念,具有中国特色、世界水平的现代职业教育体系”。2015年,党的十八届五中全会审议并通过了《中共中央关于制定国民经济和社会发展第十三个五年规划的建议》,强调了“建设现代职业教育体系,推进产教融合、校企合作”的政策方针。同年,国务院印发《统筹推进世界一流大学和一流学科建设总体方案》,强调“深化产教融合,将一流大学和一流学科建设与推动经济社会发展紧密结合,着力提高高校对产业转型升级的贡献率”,对高等教育和“双一流”建设提出深化产教融合明确要求。2016年,党中央印发《关于深化人才发展体制机制改革的意见》,进一步明确要求“建立产教融合、校企合作的技术技能人才培养模式”。2017年,党的十九大报告指出,要“完善职业教育和培训体系,深化产教融合、校企合作”。要“着力加快建设实体经济、科技创新、现代金融、人力资源协同发展的产业体系”,并多次强调“人才是创新的根基”,“把人才作为支撑发展的第一资源”,“创新驱动实质上是人才驱动”。2017年12月5日,国务院办公厅印发《关于深化产教融合的若干意见》(以下简称《产教融合意见》),针对当前我国人才的教育供给和产业需求在结构、质量、水平上还不能完全适应,特别是随着新增劳动年龄人口下降,人才供需的结构性矛盾凸显的现实困境,强调加快破解制约产教融合的政策“瓶颈”,将新发展理念落到实处,以人才发展引领产业转型升级,推动产教融合成为转型升级的“助推器”、促进就业的“稳定器”、人才红利的“催化器”。[1] 2019年,党的十九届四中全会强调,“建立以企业为主体、市场为导向、产学研深度融合的技术创新体系”,“推动经济高质量发展”。同年1月,国务院颁布了《国家职业教育改革实施方案》,要求促进产教融合校企“双元”育人,进一步明确各层次职业教育办学定位和发展重点,健全以职业

---

〔1〕 参见辛闻:《发改委就〈关于深化产教融合的若干意见〉答记者问》,载中国网,http://news.china.com.cn/txt/2017-12/19/content_42001506.htm。

教育和普通教育“双轨”运行为标志，以纵向贯通、横向融通为核心，建立同经济社会发展和深化教育改革相适应的新时代中国特色职业教育体系，实现职业教育提质培优、增值赋能的目标。2021 年 10 月 12 日中共中央办公厅、国务院办公厅印发了《关于推动现代职业教育高质量发展的意见》，明确要完善产教融合办学体制，协同推进产教深度融合。党的二十大报告进一步提升科教兴国战略在强化现代化建设人才支撑中的重要意义，明确指出：“统筹职业教育、高等教育、继续教育协同创新，推进职普融通、产教融合、科教融汇，优化职业教育类型定位。”2022 年 12 月 21 日，中共中央办公厅、国务院办公厅印发了《关于深化现代职业教育体系建设改革的意见》提出了“探索省域现代职业教育体系建设新模式”“打造市域产教联合体”“打造行业产教融合共同体”三大战略任务。2023 年 6 月 13 日，《职业教育产教融合赋能提升行动实施方案（2023—2025 年）》发布，将产教融合进一步引向深入。

《产教融合意见》是国家层面对推进产教融合制度最为全面深刻的顶层设计。全方位回应了新时代职业教育深化产教融合重大意义、实现产教融合关键举措、完善产教融合创新措施。通过深化产教融合，促进教育链、人才链与产业链、创新链有机衔接，推进人力资源供给侧结构性改革的迫切要求，对新形势下全面提高教育质量、扩大就业创业、推进经济转型升级、培育经济发展新动能具有重要意义。实现产教融合高质量发展，要同步规划产教融合与经济社会发展，将教育优先、人才先行融入各项政策；统筹职业教育与区域发展布局，引导职业教育资源逐步向产业和人口集聚区集中；促进高等教育融入国家创新体系和新型城镇化建设；建立紧密对接产业链、创新链的学科专业体系；健全需求导向的人才培养结构调整机制，强化就业市场对人才供给的有效调节，严格实行专业预警和退出机制。完善产教融合机制，必须深化“引企入教”改革，支持引导企业深度参与职业学校、高等学校教育教学改革；支持校企合作开展生产性实习实训，鼓励企业直接接收学生实习实训；以企业为主体推进协同创新和成果转化，加快基础研究成果向产业技术转化。明确产教融合功能，需要推进产教融合人才培养改革，将工匠精神培育融入基础教育；推进职业学校和企业联盟、与行业联合、同园区联结；健全高等教育学术人才和应用人才分类培养体系，为学生提供多样化成长路径；大力支持应用型本科和行业特色类高校建设，提高应用型人才培养比重。激发参与主体的积极性需要强化行业协调指导，规范发展市场服务组织，打造信息服务平台，健全社会第三方评价，促进产教供需双向对接；要利用市场合作和产业分工，构建校企利益共同体，形成稳定互惠的合作机制，促进校企紧密联结。[1]

（二）法律层面的产教融合

作为一种新型的制度设计，产教融合需要以立法方式保障其实施：一方面，产教融合制度需要依靠立法过程推动研究的深化，并提升制度设计的质量；另一方面，产教融合需要以立法方式来保障其实施的稳定性和常态性。在立法领域，《职业教育法》确定了"坚持产教融合、校企合作"的基本原则，强调"职业教育实行政府统筹、分级管理、地方为主、行业指导、校企合作、社会参与"[2]；强调"国家发挥企业的重要办学主体作用，推动企业深度参与职业教育，鼓励企业举办高质量职业教育"[3]。《职业教育法》从法律角度对深度参与产教融合、校企合作，在提升技术技能人才培养质量、促进就业中发挥重要主体作用的企业给予了强有力的支撑，这对于职业教育机构和企业参与产教融合是极大的鼓励与支持。从制度的视角审视，产教融合可以理解为是一种新型的教育制度和社会制度。

（三）学术层面的产教融合

在学术研究领域，众多学者就产教融合的相关问题展开了系统讨论。在内涵界定上，有学者认为，产教融合是职业教育与产业开展的深

---

〔1〕《产教融合意见》。

〔2〕《职业教育法》第6条。

〔3〕《职业教育法》第9条。

度合作，是职业院校为提高其人才培养质量而与行业企业开展的深度合作。在价值意义上，有学者提出，产教融合是职业院校内涵建设不能替代的方式，也是职业院校人才培养模式变革的基础和必由之路，能“有机地将教学与平台、理与实、方法与内容紧密地结合起来，有效破解职业教育校企合作、工学结合两张皮的‘瓶颈’”〔1〕。在实施建议上，有学者提出，产教融合要实现产业和教育两者真正融合、一体化发展，做到产中有教、教中有产，建立健全政府主导、行业指导、企业参与的办学机制；同时，“国家应该从教育领域和经济领域同时实施产教融合、校企合作制度创新”〔2〕。联合国教科文组织产学合作教席主持人查建中教授指出：现代职业教育的实质就是“面向职场需求”的专业教育，因此它要满足三个关键利益相关者的需求，即“学生求职和职业生涯发展的需求、产业对专业人才的需求、国家对社会和经济发展的人力资源建设需求，这三个需求都不约而同地指向了职场的需求”〔3〕。

课题组认为，“工学结合”偏向于强调学生的学习和工岗相结合，属于微观层面人才培养手段、方法的问题；“产学合作”指“产业界与学术界的合作”，侧重于技术开发、科研创新上的合作；“产教融合”注重产与教的深度融合，强调产业链、教育链、创新链、人才链四链贯通；“校企合作”指校企两大实体的合作，是工学结合、产学合作、产教融合的合作平台和载体。产教融合作为职业教育发展的内在要求，也是职业教育转型升级的根本路径。从制度的视角审视，产教融合可以理解为是一种新型的教育制度或社会制度。作为一种新型的教育制度或社会制度，需要以立法方式保障其实施：一方面，产教融合制度需要依靠立法过程推动其相关研究的深化以更好地掌握其原理、规律、有效路径等，并提升相关制度设计的质量；另一方面，产

---

〔1〕 贺星岳：《基于现代职教体系的产教融合、校企一体化研究与实践——以浙江工贸职业技术学院为例》，载《职业技术教育》2015 年第 21 期。

〔2〕 和震：《建立现代职业教育治理体系　推动产教融合制度创新》，载《中国职业技术教育》2014 年第 21 期。

〔3〕 查建中：《现代职业教育实质是面向职场的专业教育》，载《职业技术教育》2014 年第 18 期。

教融合需要以立法方式来保障其实施的稳定性、常态性，以提振利益相关者参与产教融合的积极性、主动性、参与度，并发挥其预期的质量和效益。

课题组也认为，产教融合不仅是职业教育的重要属性〔1〕，甚至可以说是教育的重要属性。《产教融合意见》第1条将“指导思想”确立为：“……认真落实党中央、国务院关于教育综合改革的决策部署，深化职业教育、高等教育等改革，发挥企业重要主体作用，促进人才培养供给侧和产业需求侧结构要素全方位融合，培养大批高素质创新人才和技术技能人才，为加快建设实体经济、科技创新、现代金融、人力资源协同发展的产业体系，增强产业核心竞争力，汇聚发展新动能提供有力支撑。”可见，《产教融合意见》中所指的产教融合，并非仅限于职业教育。并且，即使具体到高校，所有高校也都应重视和推进产教融合——无非不同类型的高校，或者同一类型不同水平和特色的高校，其产教融合的目标任务、路径载体、方式方法等有所区别而已。〔2〕 因

〔1〕 研究职业教育的学者对于产教融合在职业教育中的地位，也存在不同表述。例如，产教融合是职业教育的本质属性，产教融合是职业教育的本质特色，产教融合是职业教育的生命线，产教融合是职业教育的基本模式，产教融合是职业教育的基本办学模式，等等。

〔2〕 国务院印发的《统筹推进世界一流大学和一流学科建设总体方案》，关于一流大学和一流学科的建设任务，第8条就明确提出：“深化产教融合，将一流大学和一流学科建设与推动经济社会发展紧密结合，着力提高高校对产业转型升级的贡献率，努力成为催化产业技术变革、加速创新驱动的策源地。促进高校学科、人才、科研与产业互动，打通基础研究、应用开发、成果转移与产业化链条，推动健全市场导向、社会资本参与、多要素深度融合的成果应用转化机制。强化科技与经济、创新项目与现实生产力、创新成果与产业对接，推动重大科学创新、关键技术突破转变为先进生产力，增强高校创新资源对经济社会发展的驱动力。”国家发展改革委社会发展司原司长欧晓理也主张，要研究进一步支持“双一流”高校深化产教融合的政策举措，支持校企合作育人、协同创新，力争在高精尖紧缺人才培养和“卡脖子”关键核心技术领域取得突破，将教育优势、人才优势转化为创新优势、竞争优势。国家发展改革委还将积极推动产教融合纳入“双一流”建设评价，在学术评价之外，建立完善基于经济社会发展贡献度的绩效评价体系，让有为者有位、实干者受益。（参见欧晓理：《全面开启“双一流”建设任务》，载《中国经济导报》2018年9月13日，第2版）全国工程专业学位研究生教育指导委员会副主任委员、中国科学技术大学原副校长张淑林教授等学者也认为，《产教融合意见》对我国今后一个时期工程研究生教育的改革发展方面具有重要的指导意义。（参见《专家学者热议〈国务院办公厅关于深化产教融合的若干意见〉》，载人民网，http://edu.people.com.cn/n1/2017/1227/c367001-29732235.html）2019年7月24日，习近平总书记主持中央全面深化改革委员第九次会议，审议通过了《国家产教融合建设试点实施方案》，也未将产教融合仅限定于职业教育，而是明确指出：深化产教融合，推动教育优先发展、人才引领发展、产业创新发展；构建创新创业人才培养体系，形成教育和产业统筹融合。可见，产教融合不仅是职业教育的本质属性、本质特征和必经之路，也是我国一流大学和一流学科的重要建设任务。

此,本课题强调在整个教育系统都应重视产教融合的前提下,聚焦于研究职业教育产教融合立法及相关问题。另外,诚如学者所言,绝大部分教育可以看成职业教育(广义的职业教育,而非《职业教育法》第2条所称的狭义的职业教育[1])。因此,本课题组认为,既然产教融合是包括但不限于职业教育的所有教育的重要属性,其调整范围也是包括但不限于教育法律关系(下文详述),产教融合法律制度体系的"基本法"就不应该是《职业教育法》,甚至也不应该是《教育法》,而应该是"产教融合促进法"。

综观政策导向、立法现状和学术研究现状,产教融合是我国产业转型背景下推进职业教育改革发展的一项重大举措。在组织形式上,产教融合鼓励"厂中校""校中厂",但并不意味着职业院校和行业企业在组织形式上一定要融为一体,而是要求双方在功能和业务上融合与互补。简言之,产教融合"融"的是办学理念与思路,"合"的是教育教学内容与技术,做的是校企协调与互动,求的是提高人才培养质量与生产效益。在职业院校教育教学的具体实践中,如"订单"人才培养、"定向"人才培养、"校中厂"或"厂中校"等行之有效的探索,都是职业教育领域实施产教融合的具体模式。[2]

职业教育视域下的产教融合,是指产业和职业教育融为一体,职业院校和行业企业共同承担技术技能人才培养的责任,发挥育人"双主体"作用。在专业建设、人才培养方案制订、课程内容选择以及课程实施与评价等教育教学环节,改变职业院校作为育人单一主体、行业企业仅是参与或协助的被动局面,要求双方共同作为育人主体、积极作为,实现学校专业设置与区域产业需求、课程教学内容与职业岗位标准、教学实践过程与企业生产过程、学历证书与职业资格证书等环节对接。产教融合

---

〔1〕《职业教育法》第2条规定:本法所称职业教育,是指为了培养高素质技术技能人才,使受教育者具备从事某种职业或者实现职业发展所需要的职业道德、科学文化与专业知识、技术技能等职业综合素质和行动能力而实施的教育,包括职业学校教育和职业培训。

〔2〕参见罗城等:《基于产教融合的工科高职"校中厂"模式的内涵研究》,载《新教育论坛》2019年第8期。

的直接目的是提升技术技能人才培养质量,间接目的是提高企业生产的质量和效益,最终目的是提高经济社会发展水平。[1]

二、职业教育产教融合的主要特征

(一)职业教育产教融合的跨界性

产教融合作为现代职业教育的重要组成部分,其基础在学校、支撑在产业、依托在企业、动力在市场、保障在政府。产教融合具有跨界性,跨越不同社会主体、教育类型和社会资源,贯穿各个教育阶段和各种教育类型,职业教育、高等教育、继续教育在培养人才过程中均应实施学校与社会协同育人机制,教育主体应当由传统观念的学校、学生转变为学校、企业、政府等多元主体。产教融合作为社会资源重新整合的过程,实际上是将人力、物力、财力等社会资源在教育领域和产业领域以及二者的融合领域进行新的整合分配以实现更合理优化利用的过程。

(二)职业教育产教融合的开放性

全球化是产教融合面临的时代背景。当前,世界正经历百年未有之大变局,新一轮科技革命和产业革命的大规模快速发展,加上全球化进程深刻的传播、扩散、冲刷作用,使得世界正在形成新的政治、经济、社会、文化生态,国家间经济、文化、科技交流频繁推动教育改革。[2] 产教融合是各国职业教育发展所遵循的共同的基本路径与追求,西方国家在长期的实践基础上调整教育制度并使其适应经济社会发展,已经形成了适合本国产业系统的教育模式,对我国具有重要的借鉴意义。产教融合

[1] 参见祝成林、柳小芳:《产教融合背景下高职教育培养技术技能人才的困境与路径》,载《职业技术教育》2015 年第 34 期。

[2] 参见高祖贵:《世界百年未有之大变局的丰富内涵》,载《学习时报》2019 年 1 月 21 日,第 1 版。

通过改革重构教育与产业的关系,以使其适应培养高素质技术技能型人才的需求,使学校人才培养供给能有效、有力地满足产业发展对技术技能人才的需求,不断提高产业的技术水平,有利于将科技实力转化为经济实力,提高国家的国际竞争力。

(三)职业教育产教融合的常态性

新型制度的形成是上层建筑适应经济基础发展的结果,制度一旦形成就具有稳定性和常态化特征。首先,随着经济社会的不断发展,新的技术和生产方式将对教育提出新的要求,学校应当积极调整教育模式以使其适应经济社会发展的新常态。其次,制度的形成过程是生产关系对生产力调试的过程,是反复进行调整的漫长过程,这一过程也必然反映在教育制度的改革创新中。产教融合制度既是教育适应经济社会现代发展新常态的需要,也是一个体现生产关系对生产力调试在教育领域中的变革过程。

(四)职业教育产教融合的公共性

"公共性"是政府公共行政发展的核心价值,是政府制定政策和落实政策的出发点和落脚点。产教融合既是现代办学体系和教育治理体系的制度创新,又是深化教育供给侧结构性改革的重大举措,其核心目的就是让行业企业主动参与办学,成为重要的办学主体。产教融合既涉及宏观教育布局和结构,也涉及人才培养模式改革,还涉及教育组织形式和服务供给的多样化。产教融合可以切实解决人才供需"两张皮"的现实问题,推动教育与经济社会发展相协调,促进就业创业,引领和支撑产业转型升级。[1] 因此,产教融合成果具有社会共享性,产教融合的公共性要求其过程和结果具有公益性、公平性。产教融合作为社会公共资源

---

〔1〕 参见辛闻:《发改委就〈关于深化产教融合的若干意见〉答记者问》,载中国网,http://news.china.com.cn/txt/2017-12/19/content_42001506.htm。

与教育领域整合的过程,在这一过程中既要保障教育公平以实现教育提质升级,又要促进企业生产力提升以促进经济社会发展。产教融合的公益性、公平性和效率问题对产教融合立法提出了明确要求——产教融合立法必须确保社会资源效益最大化配置。

第二章　比较中的选择借鉴：国外产教融合立法的借鉴

任何国家在某一社会领域的法律颁布都是由社会发展趋势和学术领域的研究推动的。也就是说，每部法律都代表或基本代表了在颁布该法之前该国在相关领域的社会实践水平和学术研究水平，已经颁布的法律是其实践探索和理论研究成果的综合规律性体现。一般来说，该法往往是在社会的强烈需求和各学术流派成熟研究的基础上，由国家立法部门通过相应的立法程序制定并推动实施的。因此，职业教育发展好的国家都有相对规范的职业教育产教融合领域的法律制度，并不断根据经济社会发展需要和教育发展进步情况等予以修订和完善，以适应经济社会发展的规律和要求。考察国外职业教育先进国家关于职业教育产教融合的法律制度，通过对其立法精神、立法内容和实施效果的分析，可以为中国职业教育产教融合立法提供有益参考。

一、德国职业教育产教融合法律制度

德国是典型的大陆法系国家,是成文法国家。德国职业教育产教融合法律体系主要表现为根据德国《基本法》的规定,各州拥有包括教育在内的文化主权,所以德国职业教育体制的基本特点是:各级各类学校属于州一级的国家设施,学校形式的职业教育由各州负责,按《州学校法》的规定实施;校外特别是企业形式的职业教育,则由联邦政府负责,按德国《联邦职业教育法》(手工业企业按《手工业条例》)的规定实施。[1]产教融合作为德国"双元制"职业教育工作基本理念,也是其基本特征,德国的相关立法尤其注重职业教育产教融合相关制度和机制体制的优化设计及其深入实施。

(一)德国产教融合法律制度综述

早在第一次世界大战之前,为了适应新的生产技术带来的劳动力需求的变化,德国工业制造企业就试图建立只服务于自身的职业教育模式。企业、职业学校教师和联邦政府努力根据经济社会的需要改变职业学校教学内容和形式,使职业学校去政治化。同时,工会希望通过立法加强对职业教育培训的影响,突出对职工权益的保护。1920 年,由行业协会、雇主、职业教育专家学者、政府官员和职工代表组成的研究委员会提交了一份新的职业教育和培训条例草案。但是,由于政治和经济等多种原因,德国政府直到 1927 年才正式颁布法案。该研究委员会认为,青年职业资格培训关系到国家和全体人民的根本利益,并呼吁赋予其在公共事务中的法律地位。这一呼吁立即引起了工业和手工业领域的不满,

[1] 参见吴侠:《解析德国职业教育的先进理念》,载《新教育时代(学生版)》2018 年第 4 期。

并要求对1927年法案进行改进。由于各方利益主体无法就职业教育主体、涉及领域、技能测试形式、工会以及职业学校教师在考试中的作用等方面达成一致,致使该草案迟迟不能获得通过。与此同时,经济领域对职业教育的主导权也没有实现顺利回收。直到第二次世界大战后,工会重新推动了职业教育立法。然而,1953年颁布的《手工业条例》再次阻止了这一呼吁。1959年,工会联合会要求基民盟和自民党组成的联邦政府在起草的职业教育法草案基础上出台正式的职业教育法,但推进过程并不顺利,该法案再次被搁置。联邦议会中的社会的民主党团体在1966年提交了一份法律草案,随后又提交了一份关于政府政党的法律草案,均涉及职业教育立法,这两个草案加快了职业教育法的颁布。在基民盟社会民主党执政期间的职业教育法草案最终于1969年8月14日获得议会通过和颁布。随着这项法律的颁布和实施,联邦政府终于收回了被经济界把持多年的职业教育权。

1969年9月1日,德国《联邦职业教育法》正式生效,结束了长达50年的职业教育立法进程。然而,由于宪法原因,第一部职业教育法未能满足社会各界的期望和不同需求。主要的原因是,该法不仅没有覆盖整个职业教育,而且将学校形式的职业教育排除在外。反对者认为,职业培训学校的地位进一步降低了。同时,出于对工业培训传统的尊重,法律并不涵盖经济领域的所有职业,职业教育经费问题没有得到应有的重视和反思。虽然,德国联邦众议院成立了专门委员会来调查和研究职业教育的成本和资金,相关内容也得到了联邦众议院多数议员的支持,但该提案最终还是被联邦参议院否决。德国政府于1976年颁布了《培训职位提升法》,因为没有考虑宪法和企业的因素,宪法法院宣布该法律无效。为了确保联邦职业教育行政机构工作有相关法律依据,1981年德国政府颁布《职业教育促进法》,该法律使职业教育受到全社会的高度重视,但是如何提供有效财政支持来缓解企业压力却没有得到相关法律的关注。为了应对20世纪90年代以来新的经济和社会发展形势带来的挑战,进一步大力发展职业教育,德国政府于1997年制定了《职业教育改革计划》,强调修订和完善职业培训法规,发展新的培训领域,大力培养年轻人的就业能力和适应能力,承认普通职业教育的学历资格,增强了职业教育的吸引力。

2004 年 7 月,联邦政府提出了一项改革职业教育和培训体系的法令草案。根据这项改革法案,德国政府对 1969 年颁布的《企业基本法》《联邦职业教育法》和 1981 年实施的《职业教育促进法》进行了全面修订和合并,形成了一个单一的文书,即 2005 年 4 月 1 日实施的《联邦职业教育法》。该法在法律语言的现代化和法律规定的系统化方面都得到了修订和完善。2005 年《联邦职业教育法》的出台,终于缓解了日益严峻的职业教育改革的要求。2019 年 12 月 12 日,德国联邦总统弗兰克 · 瓦尔特 · 施泰因迈尔签署了《职业教育现代化和加强职业教育工作法》(以下简称《职业教育现代化法》),于 12 月 17 日在《联邦法律公报》上公布文本。历经两届联邦政府努力,在德国《联邦职业教育法》颁布 50 周年之际,该法终于完成了第二次修订。

(二)德国产教融合的具体法律制度

在德国《职业教育现代化法》中,只有第 2 条第 3 款“职业教育实施中的学习场所合作”对校企合作作出了明确规定。增加这一条款的官方解释是,职业院校和企业是“双元制”的主要支撑。职业教育要求以工作和工作过程为导向,职业院校和企业之间的密切合作才能严格按照既定的教学计划开展教学,从而有效完成规定的培训环节。德国《职业教育现代化法》将职业院校与企业在职业教育方面的合作确定为一项常规任务,要求所有联邦州都必须遵循德国《职业教育现代化法》中的改进条款,优化职业院校与企业在职业教育质量、数量和效率方面的合作。

1. 准许职前教育折算双元教育学时

作为产教融合、校企合作的制度性安排,德国《职业教育现代化法》给联邦州一级赋予课时转换的职责,第 7 条明确规定“将双元制职业教育时间转换为职前教育”。课时转换后,有利于职业教育学校与职业教育相关机构的结合,扩大了职业教育的涉及面。可转换课时包括职前教育,如职业基础年和职业准备年等职前教育。课时转换体现在相关的教育合同中,由教育合同当事人包括教育机构、企业、受教育者共同提出课时转化申请。

2. 突破非“双元制”学生参加行业工会考试障碍

《职业教育现代化法》在产教融合校企合作方面的另一项措施是,由联邦州政府取代德国联邦政府认证非“双元制”学历和“双元制”学历实质等效,突破非“双元制”学生参加行业工会考试的障碍。如此,职业教育学校就更愿意以独立、自主的态度与企业合作,而不仅是作为“双元制”的替代品,从而推进了“双元制”合作模式。《职业教育现代化法》第43条第2款规定,在职业教育学校或其他职业教育机构完成与国家承认的教育职业相对应的教育的学生,可以参加行业工会结业考试。学历与国家认可的教育职业相对应,即:第一,在内容、要求和时间上等同于相关教育法规;第二,它是系统的,尤其是在内容和时间安排的框架内;第三,通过学习场所的合作,确保适当比例的专业实践教育。事实上,文化部长联席会议于2015年就出台了《职业学校成绩计入行会证书的建议》,从学校方面规范了职业学校成绩计入行会证书的相关举措。

3. 通过职业准备教育扩大职业教育辐射面

职业准备教育也是德国职业教育改革的重要内容。《职业教育现代化法》第67~70条中有3条涉及职业预备教育,强调企业作为职业预备教育的提供者,比职业学校更适合从事职业预备教育。准备教育和“双元制”教育通过能力模块联系在一起。能力模块是根据国家认可的校企双元开发的,有明确学习时间和学习内容的教学单元,以教学单元形式向受教育者传授专业活动所需的能力。为确保能力模块达到一定的统一水平,各主管部门发布“技能标准”,作为职业准备教育的基本文件,包括能力目标、相应的职业活动、与相关教育职业或职业的详细关联等。

4. 授予职业学校教师有限表决权

《职业教育现代化法》第39条第2款规定,当考试委员会作出无法通过考试评估时，可以邀请第三方，特别是职业教育学校进行评估。“特别是职业教育学校”是在表述法律的新增部分。这一补充为受教育者在职业学校的表现注入了新的活力，并可能对结业考试的评估产生影响，将有效促进职业院校与行业协会在考试事务中的合作。职业院校不仅参与考试内容的制定，而且有权参与考试成绩的评估。在职业教育法框架内，如果受教育者的职业院校成绩在时间和内容上与结业考试有关，则在协会和职业学校达成协议后，可将学校成绩纳入结业考试之中。

《职业教育现代化法》第 77 条第 1 款规定：“主管部门设立一个职业教育委员会。委员会包括六名雇主代表、六名雇员代表和六名有咨询性投票权的职业学校教师。”第 79 条第 6 款建议，各行业协会职业教育委员会中的职业学校教师代表有权对与职业预备教育和职业教育直接相关的决议进行表决。学校教师无权就仅与企业有关的职业教育事项进行投票。如果缩短教育时间的管理原则对职业学校的组织和管理有直接影响，或者主管部门所在地区在教育实施框架内颁布以学校和企业的配合行动为前提的法律规范时，职业学校教师代表有投票权。第 39 条和第 77 条关于考试和投票权的规定，将促进协会、企业和职业院校之间的合作。

5. 设立州职业教育委员会推动校企合作

“州职业教育委员会”是《职业教育现代化法》第二章的规范机构，它是州政府的核心咨询部门，致力于学校职业教育与《职业教育法》中提到的职业教育之间的合作。州职业教育委员会的重要职能就是发挥咨询功能，实现企业与职业学校教育的最大共识，在制定学校教育内容等事务时，尽量引入有利于学生未来职业行为的教学内容。与 1969 年《职业教育法》相比，《职业教育现代化法》第 82 条第 4 款规定的州职业教育委员会及其所属委员会会议的参加人员，除原有的人员外，增加了市、县两级联合会和劳工管理部门，为充分实现地方参与职业教育提供了交流平台。“双元制”教育机会的稳定供给和职业教育组织的优化，离不开各地区决策机构协商一致的推动。因此，在州职业教育委员会设立地区小组委员会时，应引入地区专家以外的相关人士参与并发挥其协调和咨询作用。为了加强职业教育区域性并促进就业,州职业教育委员会可以协调内容和组织,优化教育机会的供给,市、县两级联合会和劳工管理部门可以帮助州职业教育委员会获得当地的具体信息,并将其反映在建议中。只有建立职业教育二元市场沟通协调机制,才能激活职业教育二元市场。职业教育应以质量发展为目标,不断调整现有的培养质量体系,为此,《职业教育现代化法》第 83 条第 1 款新增“州职业教育委员会应在其职责范围内致力于不断提高职业教育质量”的职责。

(三)德国产教融合法律制度的借鉴与启示

如前所述,产教融合作为德国“双元制”职业教育工作基本理念,也是其基本特征。为贯彻落实这一理念,德国特别重视包括产教融合在内的职业教育立法,并强调依法推进来确保产教融合机制的权威性。〔1〕产教融合立法特别重视产教融合机制的可操作性,德国相关法律在确立工作机制的同时,对于机制的设立、组成、职责任务和运行等作出明确而具体的规定,从而为各方参与意见机制的运行提供了明确的规范和依据,且可操作性强,保障了机制的顺利运行。产教融合立法还强调通过系统设计,确保产教融合机制的有效性,以有效推进职业教育发展和保证人才培养的质量。〔2〕

在德国的产教融合法律制度中,企业是产教融合、校企合作的决定性资源。德国联邦政府《职业教育现代化法》全面细化了与企业相关的教育事务规范,辅以明确的处罚规定,并规定了罚款的具体数额。一方面保证了企业职业教育有法可依,另一方面保证了企业在教育事务中的

---

〔1〕 首先是依法明确联邦政府和州政府及其包括经济、教育和劳动等相关部门、社会伙伴(行业组织及工会)的职责分工以及企业和学校各自使命和任务,其次是依法(《联邦职业教育法》《手工业条例》等)赋予经济界,特别是行业和工会共同发展“双元制”职业教育的权利和责任,并依托行业组织具体管理职业教育的实施。在此基础上,依法确立相应工作机制,确保产教各方在各自任务、职责范围内团结协作。参见刘立新:《德国职业教育产教融合的经验及对我国的启示》,载《中国职业技术教育》2015 年第 30 期。

〔2〕 参见刘立新:《德国职业教育产教融合的经验及对我国的启示》,载《中国职业技术教育》2015 年第 30 期。

独立性和决策权。如果法律不禁止,这是允许的。尽管德国职业教育法和联邦及州学校法中没有多少直接关于“校企合作”或“学习场所合作”的规定,但从相关规定的角度促进了校企合作的发展,如管理机构、教育内容、教育责任、教育形式等,特别是《职业教育现代化法》中关于“行业协会与职业学校合作进行结业考试”“给予职业学校教师有限投票权”的规定。该法中关于“通过职业预备教育增加受教育者的机会”和“成立国家职业教育委员会”的规定也极大地促进了校企合作的进一步发展,同时澄清了校企之间的权力边界,不仅加强了校企关系,也拓展了校企合作的合作领域和参与者范围。

一是将课时转换政策制定权限下放到州级别。这不仅吸引职业学校参与教育,还将吸引其他不同类型学校的学生选择双元制,使企业和学校可以利用双元制培养人才,服务经济。同时,吸引其他类型的教育机构与企业合作。

二是所有联邦州都有机会根据《职业教育现代化法》以全日制学校职业教育的形式实施职业教育的组织和内容,以提供具有市场竞争力的高水平职业教育。一方面,职业学校教育教学与区域经济发展的适应性大幅提升,使毕业生的就业机会和质量同步获得改善。另一方面,建立区域职业教育市场合作框架,通过灵活的学习场所合作,受教育者初中毕业后 3 年内可以参加行业协会的测试考试,有效缩短了年轻人就学的时间,将他们从那些无用的、与市场要求脱节的资历框架要求的技能教育中拯救出来。但是,上述规定并不是为了扩大学校职业教育的范围,而是在学校双元制职业教育参与人数不足的情况下,在保留替代角色的前提下,促进学校职业教育更合理、更有效地适应经济社会和青年人发展的需求。

三是将职业技能标准作为职业准备教育的基本文件,它包含能力目标、相应的职业活动以及与相关教育职业或职业的详细关联,确保受教育者接受的职业准备教育与后续的双重教育顺利衔接,提高职业准备教育受教育者顺利进入“双元制”学习的机会。一方面,《职业教育现代化法》关于灵活转换课时的规定,实现了学校与企业在学习时间上的衔接,也为职业学校与企业在职业预备教育领域的合作提供了便利条件。另一方面,企业积极参与职业准备教育,体现了组织层面的校企合作,随着职业学校在职业准备阶段引入能力模块的普及,实习企业将发挥更重要的合作作用。

二、美国职业教育产教融合法律制度

美国是典型的英美法系国家,美国教育立法最典型的特征是分权制——美国的教育立法权不仅归州所有,也归联邦所有。美国职业教育产教融合立法也就不仅体现为美国联邦的相关立法,也包括各州的相关立法。美国是判例法国家,由于判例法是美国教育法的主要表现形式,因此美国职业教育产教融合立法也体现在大量的相关判例之中。

(一)美国产教融合法律制度综述

美国联邦与各州教育立法呈现出主导与主体的关系。联邦政府就关涉国家利益的重大事件,制定相应法律,对州教育提出要求,在协助各州提高教育绩效的同时,掌控教育事业的发展进程和方向;州教育立法系统、全面,成为教育立法的主体。[1] 与德国"双元制"模式以企业为基础不同,美国的职业教育模式是以学校为基础的。这种模式下的学生身份是单一的,这不同于"双元制"模式下的学生雇员身份。美国职业学校学生主要接受学校教育,只是去企业实习或接受实践培训,学生轮流或交替到企业进行多种形式的技术技能培训。一是将同一专业、同一年级的学生分成两部分,一部分是在学校学习,另一部分是在企业接受实践

〔1〕 参见吕春枝、刘增莲:《美国联邦与各州教育立法的主导与主体关系》,载《河北大学学报(哲学社会科学版)》2007 年第 5 期。

培训,一段时间后再轮岗。二是让学生在1年内有一段时间在公司实习,其他时间在学校学习。三是学生基本在企业工作,利用课余时间通过学校教育学习理论和实践。合作教育是美国产教融合的重要形式。学生、教育机构和雇主之间构建了一种伙伴关系,各利益相关者有各自的特定的义务与责任。美国国家合作教育委员会对合作教育的基本界定是:“合作教育是把课堂学习与通过相关领域中生产性的工作经验学习结合起来的一种结构性教育策略,学生工作的领域是与其学业或职业目标相关的。”合作教育计划的基本要求包括以下主要内容:(1)合作教育已被学校正式承认为一种教育战略。(2)将不同的工作经验和学习以特定的形式和程序结合起来的结构。(3)工作经验包括适当的学习环境和富有成效的工作。(4)学生就业前应接受培训和认真准备,并在合作教育过程中接受指导和咨询。(5)合作教育的经历系统记录在学生档案中。(6)学校、用人单位和学生之间签订正式合同,主要涉及岗位说明和新的学习机会。(7)利用雇主评估反馈,学校衡量学生的工作经历与课程学习之间的关系。(8)合作计划原则是学生、雇主和学校的利益最大化。

美国1862年颁布《莫雷尔法案》,联邦政府通过赠地的形式支持大学开展农业与工商业教育,进一步凸显了大学的社会服务职能,是高等教育史上里程碑式的举动,促进了美国高等职业教育的发展。1917年《史密斯—休斯法案》奠定了美国职业教育制度的基础。1937年《乔治—迪安法》提出,为学校与企业主合办职业教育拨款。1963年《职业教育法》将特殊群体和弱势群体纳入职业教育范围,保障他们的受教育权,美国职业教育真正面向并服务于每一个人。美国职业教育法强调职业教育对实施对象没有限制,扩大职业教育范围,使社会各阶层的人都能享受到职业教育的巨大影响,打破职业教育对个体的限制。1974年《生计教育法》规定,将学校教育与受教育者未来意图从事的职业联系起来,教育需为个体未来生计需求及个体发展服务。1982年《职业训练合作法》规定,联邦政府资助职业训练计划,各州制订职业训练计划,并参与职业培训协议与合同的签订,在职业训练课程的制定、修改及实施中强调企业的参与。1983年《就业与培训合作法》进一步强调地方私人企业参与的职业教育,联邦和各州的政府只起经费资助及指导协调作用,由联邦与州政府以及私营企业主共同参与实施职业教育培训。1984年《卡尔·帕金斯职业技术教育法案》强调美国职业教育为全社会服务;1990年对《卡尔·帕金斯职业技术教育法案》进行修订,主要体现在加快美国职业教育现代化进程。1994年《学校与就业机会法》规定,学校和企业应加强合作,建立合作关系,在这种合作中,学校和企业都承担着一定的责任。1994年《2000年目标:美国教育法》提出建立统一的国家职业技能标准,要求国家职业技能标准应保证所有学生都有机会获得高标准的技能,使职业教育技能的培养有章可循,健康发展。进入21世纪,美国政府继续坚持以完善法律制度来规范和支持职业教育的发展:2001年《不让一个孩子掉队法案》主要针对社会地位较低家庭的学生群、残疾智障学生群以及不同肤色学生群,对于适合就读职业教育的孩子,由政府提供适合的生涯教育,帮助其职业生涯发展。2006年《帕金斯法Ⅳ》要求各州通过实施与企业标准相一致的测验,报告学生技术技能的达标情况。2009年《美国复苏与再投资法案》特别强调要给美国人提供高质量的高等职业教育,尽管该法案不是专门的职业教育法案,但该法案明确提出在2009~2010财政年度要提供4000万美元,扩大社区学院办学规模,提高办学质量,为失业工人、智障群体和有就业意向的普通美国人提供接受职业培训的机会,以提升其就业能力。[1] 2012年《投资美国的未来——生涯与技术教育变革蓝图》提出各州使用统一的参与和绩效指标,同时将教育数据连接到国家纵向数据系统,统一的职业教育标准体系开始建构起来,职业教育与普通教育、学校与劳动力市场之间实现了衔接,学生可以在高中、职业教育与培训院校、社区学院、大学、就

---

〔1〕 参见黄蘋:《从相关法案看美国职业教育的发展》,载《职业教育研究》2010年第4期。

业市场之间自由流动,总体上构建了一种横向上相互渗透,纵向上一体贯通,与劳动力市场充分对接的职业教育体系。[1]

(二)美国产教融合的具体法律制度

1.《职业教育法》

1963 年颁布的《职业教育法》,是第二次世界大战后美国最重要的职业教育法律。其最大的特点是提升了财政支持职业教育的力度,该法案提出了校企合作教育模式,要求职业教育学校和企业相互合作,国家应为职业教育领域的合作教育提供财政援助。职业院校要求学生在参与学校学习的同时,也要参与企业的实际工作,学校学习与企业实践交替进行。同时,该法案明确将特殊群体和弱势群体纳入职业教育的范围,并提出研究和提高职业教育的规模和质量。1968 年,美国国会通过了《1968 年职业教育法修正案》,该修正案强调要将学术教育与技能技术训练和工作实习有机结合起来,使职业教育不仅成为所有教育的一个基本目标,而且成为一个终身教育的过程,并且增加对职业教育的经费资助,避免因没有职业准备而导致的失业。《职业教育法》及其修正案,对美国职业教育的发展产生了深远影响。

2.《职业训练合作法案》

1982 年通过的《职业训练合作法案》在培训政策上给予联邦州政府极大的自由,规定由各州制订职业学校教学计划,企业参与职业教育培训课程的制定、修改及实施。该法案要求职业学校与企业在职业教育培训中进行合作。"在该法案的影响下,公共与私人机构形成了工作关系,其中有联邦对州、对地方服务领域的资金支持,每一个受资助的机构都要利用私人工业委员会(PIC)来决定需要怎样的培训计划以及如何执行该计划。"

---

[1] 参见冯孟:《美国职业教育国家制度的构建及其启示》,载《职业教育研究》2015 年第1期。

在认识到公共服务就业计划并不是解决失业率攀升的有效方法,只有私有工商企业积极参与才能提供具有稳定前景和收益的就业机会的前提下,1978 年《综合雇用和训练法案》修正案第 7 条中已经明确规定设立"私有产业委员会"作为地方和州"首要承办者"的合作伙伴参与联邦资助培训项目的设计、管理和实施,同时要求"私有产业委员会"必须带动更多的企业参与政府的培训计划。但是,由于该第 7 条在整个拨款中占据比重相当小,在工商业界人士看来,这种修正还远没有有效促进私立企业主动参与联邦各类培训计划的任务。在《职业训练合作法案》的立法过程中,设立私营产业委员会(Private Industry Council)的提议得到参众两院的一致同意,并最终体现在立法中。该法案要求每个接受联邦资助的项目区域必须建立一个私营的产业委员会。劳工部直接向这些委员会划拨资金,确保该委员会能够与地方政府进行平等、自由的协商。该法案的出台,使私营工商企业在更大程度上享有平等的参与和决策权。

3.《卡尔·帕金斯职业技术教育法案》

1984 年通过的《卡尔·帕金斯职业技术教育法案》规定,"支持公共和私立部门的密切合作,通过职业教育与劳动力市场的密切衔接,提升职业技术教育的质量,最终促进个体就业目标的实现"。该法案提出要设立国家职业教育委员会,规定国家职业教育委员会应由 13 名代表组成,其中私立机构代表 7 人,国家中等及中等以上职业技术教育机构、职业咨询指导机构或弱势群体代表 6 人。国家职业教育委员会的设立是各州获得联邦资金的一个必要条件。该法案要求各州政府在制订职业技术教育计划时要举行听证会,尽可能邀请各界人士参与,广泛听取民生民意,最大限度地提升职业教育的影响。当一所学校与一个受市场认可的雇主联合起来时,更大程度上提升了职业教育的社会地位。

4.《学校与就业社会法案》

1994 年 5 月,时任美国总统克林顿签署了《学校与就业社会法案》。该法案强调职前就业教育,提议在高中阶段要向学生传授进入工作岗位的具体操作技能,学校不仅提供学术教育,还要提供职业教育和企业培训计划,完成职业教育和企业培训计划的学生不仅将获得普通教育高中文凭,还将获得行业认可的职业技能等级证书。该法案规定,所有州都要建立一个全州范围的学校至工作的教育体系,包括三项核心组成部分,即工作学习(注重实际的工作经历,有获得报酬的工作训练)、学校学习(强调学术性和实践性的结合)及联系活动(建立合作关系)。[1] 在整个职前就业教育计划中,行业企业深度参与,并负责提供合作教育资源和参与开发学习课程,为学生提供实践岗位和实践工作指导。该法案将美国企业与学校之间的合作以法律的形式固定了下来。

首先,为在校的所有学生提供参与实践项目教育和培训的机会,在工作场所接受的直观感性教育成为学校教育体验不可分割的一部分。并根据学生工作场所学习表现,为学生提供现场指导,制订相应的项目计划,促进学生的发展,使学生将学校知识与工作现场体验联系起来。通过以上两个方面的努力,帮助学生达到更高的学术和专业水平,使学生在有更广泛职业选择的基础上,明确适合自己的兴趣、目标、能力和学术能力的职业目标,最终顺利获得高科技高薪岗位或进入4年制高等学府继续深造。其次,在学校学习和工作实践之间建立广泛而普遍的联系,服务于共同目标的实现,使中等学校、私营企业、劳工组织、社区机构、家长、学生、国家和州教育行政机构、培训机构与公共服务机构,尤其是与第三方的人力资源服务机构之间的合作更加紧密。最后,深入开展职业技术准备教育、职业规划项目、现代学徒制合作项目、校企合作教育、校办企业、产教联合共同体等工学结合、就业前景广阔的教育培训活动,实现学校教育和职场学习相结合,让全体青年包括学习能力不足的学生、辍学学生和残疾学生可以留在学校或返回学校,以保障学生职业技能的增长。

---

〔1〕 参见刘存刚:《美国的校企合作及其对我国职业教育的借鉴意义》,载《教育探索》2007年第8期。

5.《2000年目标：美国教育法》

1994年美国颁布了《2000年目标：美国教育法》，它提出了一个全国性的教育改革计划，包括四大部分：(1)国家教育目标；(2)全国教育的领导、标准和评价；(3)州和地方教育体系的改革；(4)国家技能标准委员会及其成员、经费和职责。该法确定了全国统一的职业标准，用以评估各州的职业教育，加强国家对职业教育的管理。国家设立了全国职业技能标准委员会，其工作是促进产业界推出全行业的技能标准体系，负责确认七类职业的技能标准供学校和企业采用。该法为美国教育改革提供组织上和经费上的保证，进一步强化了联邦政府在教育改革中的主导作用。通过编订全国性的中小学教育标准特别是课程标准，将有助于提高美国中小学的教育质量，从而有可能使美国教育进一步摆脱危机，以迎接日益激烈的国际竞争的挑战。[1]

6.《劳动力投资法案》

1998年8月7日，时任美国总统克林顿签署了《劳动力投资法案》。该法案鼓励更多机构、人员参与到法案的监督管理结构中，特别是工商业、私立团体的合作与参与。比如，该法案授权在州和地方层次建立州、地方和青年理事会三个劳动力投资规划和监督机构。各州劳动力投资机构中应包括来自不同机构的人员，其中必须包括政府官员、各州参众议员各一名、工商业和劳工组织、青年团体、专门从事劳动力投资活动的团体、被推选出来的公务员、残疾人代表(或者专业从事残疾人服务的机构和团体代表)。地方劳动力投资机构的人员构成基本与州相同，但是该法案尤其规定地方机构的大部分成员必须来自工商业团体。对于地方青年理事会(youth council)，该法案要求该理事会成员由地方劳动力投资机构中具备青年知识的专家、青年服务机构代表、地方公共住房机构专家、符合条件的青年人的父母、工作团队成员、在青年人活动中有经

[1] 参见Admin：《2000年目标：美国教育法》，载高久峰博客2023年3月25日，https://www.gaojiufeng.cn/?id=66002。

验的机构代表组成。该机构的功能是设计开发一定比例的青年服务项目、推荐合格的青年项目服务提供商并对其行为进行监督、协调开展《劳动力投资法案》第129款授权的相关青年活动等。总之,通过以上监督管理结构的创设,扩大了社会参与面,特别是工商业、私立部门等机构代表占据很大的比重,体现了该法案致力于使劳动力投资项目在本质上更加符合当地劳动力市场的需求,促进劳动力在私立工商业部门的就业意愿。

7. 1998年《卡尔·帕金斯职业技术教育法案》

1998年颁布的《卡尔·帕金斯职业技术教育法案》与1984年《卡尔·帕金斯职业技术教育法案》相比,其在继承1984年《卡尔·帕金斯职业技术教育法案》所倡导的促进学术教育与职业技术教育、中等教育与高等教育、学校教育与企业工作之间的三大联系之外,还将1984年《卡尔·帕金斯职业技术教育法案》中"职业和应用技术教育"的概念进一步转变为"职业技术教育"。职业和技术教育被连接成一个更完整的系列,该法案最为明确的意图就是让接受中等教育和职业技术教育项目的学生更充分地发展他们的学术、职业和技术能力。该法案还强调加强职业和技术教育的学术性,并对早期立法中的联邦资助政策进行了调整,将针对特殊需求人群和处境困难学生的专项资助,改为通过加强问责来保障资金使用效果,资助方式更为灵活。[1] 该法案的核心概念"职业和技术教育"已经转变为"终身技术教育"。

8.《卡尔·帕金斯生涯技术教育好转法案》

2006年8月12日,时任美国总统布什签署了《卡尔·帕金斯生涯技术教育好转法案》。该法案的内容主要包括制定中学与中学后教育机构之间职业发展与技术教育合作协议,实现职业发展与技术教育课程的无缝对接,打通学生继续升入高等院校的通道;每年为全美50个州提供13亿美元资助,主要用于职业发展与技术教育创新和质量提升;资金分配

[1] 参见许洁英、杨军:《立法保障为美国职业教育"蓄能"》,载《云南教育·视界》2020年第18期。

须按该法案规定的基于需求的公式，或按需自行制定向处境不利学校和学生倾斜的替代公式等。[1] 由于“终身技术教育”和“职业技术教育”是通过一系列课程来实现的，该法案主要从一系列课程的内容和目标来限制这一概念的内涵和外延。系列课程是指为个人提供持续、严格且具有挑战性的学术标准和相关技术知识和技能，并为其当前或未来的继续教育和职业发展做好准备；学习者最终不仅将掌握某些技术技能，还将获得行业企业认可的证书、资格或学士学位；系列课程应涵盖基于能力的学习，使个人能够获得学术知识、高级推理和解决问题的技能、工作态度、一般就业技能、特定行业的技能和职业技能，行业各个层面的知识（包括个体企业家的知识）等。与之前的法案相比，在概念定义方面，2006 年的《卡尔·帕金斯生涯技术教育好转法案》将 1998 年《卡尔·帕金斯职业技术教育法案》中提出的具有挑战性的学术标准调整为学术和技术标准，要求学生获得更广泛的知识和技能，最终目标是更长期、更高的职业发展。也就是说，职业技术教育不仅为学生未来的继续教育服务，也为学生在当前或未来进入高科技、高薪资或者高标准的就业岗位做好准备。职业技术教育概念的提出，使美国职业技术教育呈现出更广泛的融合性、更高的要求、更强的灵活性和更大的目标。

此后，2010 年《卡尔·帕金斯生涯技术教育好转法案》在继续先前法案立法倾向的基础上，将职业技术教育的概念进一步扩展为“终身技术教育”，同时鼓励地方和各州创建具有挑战性的学术和技术标准，为学生当前或未来进入高科技、高薪资或者高标准的就业领域做好准备。同时期的人力资源方面立法更是强化、推进、补充了这种倾向。

9.《加强 21 世纪职业与技术教育法案》

2018 年，时任美国总统特朗普签署了《加强 21 世纪职业与技术教育法案》。该法案的签署旨在形成更为有效和灵活的职业技术人才培养机

---

[1] 参见许洁英、杨军：《立法保障为美国职业教育“蓄能”》，载《云南教育·视界》2020 年第 18 期。

制,帮助培养劳动力市场所需的合格人才,并帮助雇主获得所需的劳动力。该法案中的改革措施主要包括以下四个方面:第一,精简行政、下放权力和鼓励创新。简化各州申请联邦基金的烦琐要求,并使申请流程与各州劳动力的发展规划周期保持一致。减轻当地职业技术教育提供者的申请负担。将各州用于资助偏远或贫困地区学生的联邦基金份额从10%增加到15%。鼓励各州灵活使用联邦基金来支持创新项目,以满足其独特的教育和经济需求。第二,加强实践教学,服务市场需求。支持创新的职业和技术学习方法,加强基于企业工作的实践学习。提升职业和技术教育,以有效帮助学生为实际就业技能做好准备。鼓励各州更好地将职业技术教育与劳动力发展计划相结合,以无缝匹配劳动力市场需求,尤其是填补高需求岗位。第三,限制联邦政府的权限范围。减少教育部的权力,取消与教育部协商确定国家职业技术教育绩效目标的要求。限制联邦政府干预权限,禁止教育部扣留未达到预期绩效目标的州的联邦资金,可要求这些州根据其需求和情况制订改进计划。第四,进一步优化考核问责体系。一是简化中学职业技术绩效评价指标,兼顾学业和职业技能培训。二是精简中学后职业技术绩效评估指标,以增强学生进入劳动力市场后的竞争力。三是鼓励公众参与,积极听取教育界、家长和学生、劳动力发展委员会、社区和工商界代表等各方意见,共同制定绩效目标等。[1] 该法案中所提倡和实施的教育计划,可以有效填补雇主的期望和雇员未来的实际技能之间的差距。

从1862年的《莫雷尔法案》到2018年的《加强21世纪职业与技术教育法》,美国联邦政府从美国社会和经济发展实际出发,不断完善职业教育国家决策与管理制度,促进企业和学校在职业教育上的深度融合,保障经费投入,带领美国步入了世界职业教育前列。

---

〔1〕 参见许洁英、杨军:《立法保障为美国职业教育"蓄能"》,载《云南教育·视界》2020年第18期。

(三)美国产教融合法律制度的借鉴与启示

美国职业教育立法注重适应社会发展而不断改革,美国职业教育法案通常是对以前的职业教育法案的修订,前一次法案是后一次法案的前提和基础,后一次法案往往又是对前一次法案的补充和修正。美国职业教育有关产教融合校企合作法律制度的内容丰富,较多涉及参与职业教育各方的权利义务。

一是职业教育产教融合法要基于社会需求。美国的实用主义情结也体现在美国的职业教育中,《莫雷尔法案》就是典型的以实用主义思想确立高等职业教育发展的法案,是为工人、农民、制造商的生产、生活实际而制定的。同样,美国的所有职业教育立法都体现了其典型的实用主义思想,其立法是为了解决现实问题,是为满足不同的社会需求制定不同的法律制度,通过发展职业教育来解决社会矛盾,促进经济发展。第二次世界大战后,为了解决退伍军人就业,促进社会经济快速发展,每隔几年就有一部职业教育法案出台,如为了适应教育的终身化与大众化,制定了《职业训练合作法案》和《生计教育法》,《卡尔·帕金斯职业技术教育法案》也是为解决社会上存在的矛盾而进行的立法。

二是职业教育产教融合法要强化财政支持。在美国职业教育中参与主体为联邦政府、各州、职业教育学校、社区学院及综合高中,学校根据市场需求自主办学,虽然参与职业教育的力量不同,作用的发挥各有千秋,但国家主要通过法律进行宏观调控,以经费为杠杆调控各方力量的参与,特别是调动企业的参与,为职业教育的发展提供强有力的保障。美国 1963 年《职业教育法》以及 1968 年、1972 年的修订案,还有 1990 年《卡尔·帕金斯职业技术教育法案》,都大幅增加了对职业教育的拨款。1990 年《卡尔·帕金斯职业技术教育法案》规定,联邦政府每年向各州提供 16 亿美元的职业教育专项经费。2010 年美国联邦政府投入 11 亿美元用于全国的职业技术教育。2011 年的投入达到 14 亿美元,其中 60% 用于中职(技术学校),40% 用于高职(社区学院)。

三是职业教育产教融合法要及时修正完善,以适应社会需求的变化。1963 年通过的《职业教育法案》,在 1968 年、1972 年、1976 年先后进行修订,并于 1984 年被《卡尔·帕金斯职业技术教育法案》替代,1990 年《卡尔·帕金斯职业技术教育法》又修订了 1984 年《卡尔·帕金斯职业技术教育法案》,到 1998 年又出台了《卡尔·帕金斯职业技术教育法案》,至 2006 年《卡尔·帕金斯职业技术教育好转法案》出台,这部法律又是对 1998 年《卡尔·帕金斯职业技术教育法案》进行的调整。而 1990 年《卡尔·帕金斯职业技术教育法案》注重工作与学校的密切联系,由此引发了美国职业教育理念与性质的重大转变——学校职业教育到工作训练,并催生了与校企合作关系极为密切的一部法律——《从学校到工作机会法》的出台,该法的最终目的就是使所有的高中学生顺利实现从学校到工作的过渡,把学术学习和职业学习相结合,使所有学生都有完成某个职业或专业学习的机会。2018 年《加强 21 世纪职业与技术教育法案》出台,该法取得了美国众议院和参议院的高票支持,也取得了共和党和民主党的一致认可。这在当代美国教育法律史上也是罕见的,足见职业与技术教育在当前美国受重视的程度。

四是职业教育产教融合法要明确具体内容。美国职业教育立法条款具有浓厚的实用主义色彩,每一部法律的出台都是为了解决当时面临的社会矛盾,满足社会发展的需求,因此每一部法律对需要解决的问题都有着详尽的条款解释,每一部法律的内容都非常明确具体。在美国的职业教育立法中,各种职业都有着不同的法规,法规内容十分详尽,使职业教育的实施具有很强的可操作性。

通过梳理美国职业教育中产教融合的法律制度,可以发现其法律制度非常重视企业的参与,校企合作教育可以在法律中加以规定和明确。美国职业教育的产教融合模式是学校理论课程与企业实践相结合的教育模式。通过与企业的合作,促进学校从实际出发调整专业、改变课程设置、改进教学内容、使所培养的人才更好地适应社会的需要,以技术技能人力资源供给更好地促进社会经济发展。但这种模式也存在一些问题。第一,企业参与职业教育的积极性不如德国“双元制”模式下的企业高。这种模式没有以立法的形式来确定企业参与职业教育的主体地位,在实际执行过程中劳动者流动率相对比较高,企业考虑自身利益,自然会降低与学校深度合作的兴趣,这就需要通过立法更多地规范校企合作,让企业切实享受优惠政策,吸引企业参与产教融合。第二,职业教育师资力量相对薄弱。在这种模式下,学生的整个学习过程有一半以上的时间是在学校完成的,学校教师的实践经验和操作能力与企业实际需求存在很大的差距,学校缺少经验丰富的培训教师来指导学生实训。第三,学校的设备和技术更新速度与企业也存在差距,实践实训真实度不够。

三、日本职业教育产教融合法律制度

经过100多年的发展,日本已建成较为成熟完善、法规健全的现代职业技术教育体系,形成多层次、多类型、系统化、产学互动融合等鲜明特色,社会对职业教育认可度和接受度高。[1]

(一)日本产教融合法律制度综述

在日本,“开放式创新”一词首次出现在《第四期科学技术基本计划(2011—2015)》中。然后,从《第五期科学技术基本计划(2016—2020)》开始,推动开放式创新已成为日本政府的一项重要战略,并在2017年的综合科技创新战略中予以实施。产教融合是实现这一战略目标的重要方式。随着开放式创新战略的实施,产教融合引起了日本各界的广泛关注。

在产业领域,大型企业是日本创新生态系统的关键角色,在开放式

---

〔1〕 参见华义:《综述:日本职业教育多层次多类型　注重产学结合》,载新华社2021年4月28日,https://baijiahao.baidu.com/s?id=1698275034779975466&wfr=spider&for=pc。

创新战略背景下,它们开始尝试通过与外部创新参与者建立合作关系,来确保在相关领域的技术领先地位。具体而言,由于技术和市场需求的快速变化,产品寿命已大大缩短,技术开发领域的竞争更加激烈。而以AI、物联网和大数据为代表的新技术的不断迭代更加快了竞争的规模和速度,导致日本公司的研发重心转向短期商业化研究。因此,为了使公司加强不被削弱的基础研究能力,有必要与职业教育和公共研究机构建立合作关系。此外,公司之间在创新方面的合作从"垂直合作"发展到"水平合作"的需求也在增加。在日本传统的创新模式中,"垂直合作",即同一价值链中上游和下游之间,或进行基础研究的职业教育与公共研究机构之间合作研究一直是主流。而由于日本公司之间的激烈竞争,在基础研究领域与同行业中其他竞争公司的"水平合作"非常低。

在职业教育领域,随着国家战略和企业界的变化,职业教育也发生了相应的变化。当然,促进职业教育自主创新还有其他原因。例如,由于日本适龄人口的减少,职业教育的收入将减少,迫切需要私营企业投资来加强职业教育的财政基础。为了吸引私营企业的投资,有必要加强与企业的合作,以获得对企业具有现实意义的研究成果。因此,对于目前大多数的日本职业教育而言,产教融合已成为发展的必要前提,而不再是锦上添花的边缘化发展模式。

为了促进产教融合,应对新的经济和社会环境,必须改变职业教育、公共研究机构、大公司和中小型企业的创新方式,而政府则应建立相应制度基础来促进这种变化。日本政府着眼于开发性创新战略,实施了一系列支持职业教育产教融合的政策和改革措施,从《国家职业教育改革实施方案》和《通过产教融合机构来加强联合研究的指南》这两个重要文件,可以窥探出日本开放式创新战略背景下的产教融合政策新动向。

(二)日本产教融合的具体法律制度

1.《国家职业教育改革创新报告》

《国家职业教育改革创新报告》是日本经济组织联合会发布的涉及

职业教育产教融合政策的一份重要报告。该报告系统分析了日本职业教育面临的各种问题，提出为了适应日益激烈的国际化竞争，企业发展要注重改进现有产品和生产方式进行“工艺创新”，并通过创新产品和服务而区别于其他公司的“产品创新”。作为企业创新发展的重要支撑，职业教育必须开展先进的基础研究，传播创新思想，培养世界一流技术技能人才。虽然行业企业对职业教育的这一作用寄予厚望，但日本国家职业教育系统至今未能充分发挥上述作用。日本政府于 2006 年修订了《教育基本法》，其中最为重要的内容就是进行国家职业教育改革，初期设置两个 6 年为周期的阶段性目标。第一个周期为 2004 ~2009 年，第二个周期为 2010 ~2015 年。后来，安倍政府将 2013 ~2015 年定为加快职业教育改革的加速期。显然，《国家职业教育改革创新报告》的建议对日本国家职业教育未来的改革方向产生了重大影响。

第一，该报告认为职业教育机构应该成为创新的中心，而不仅是学习的场所。该报告将职业教育区分为研究型职业教育、教育型职业教育和区域性职业教育。从创新的角度来看，研究型职业教育机构的作用非常重要。因此，日本政府自 2015 年起正式启动“加强研究型职业教育促进计划”，选择了一批世界一流的研究型职业教育机构，并提供 2 亿 ~4 亿日元的补贴，有效提高了日本公办职业教育机构的科研竞争力。特别是自 2016 年以来，日本政府《日本复兴战略——面向第四次产业革命》提出公办职业教育公司可以选择优秀的研究人员和学生加入，进而提升整体研究能力，实现与相关领域的融合。此外，日本政府还大力支持他们与海外职业教育的合作。

第二，将竞争力原则引入职业教育治理。该报告指出，政府过去按照学生人数或教师人数机械分配政府财政补贴，激励效果不理想。需要建立以职业教育评价结果为基础的科学财政补贴分配体系。主张将职业教育经费分为基本性经费和竞争性经费，到 2015 年竞争性经费占比扩大到 30% ~40%。职业教育的学费应由学校教育质量和科研质量决定，学费的提高不应与政府财政补贴的减少挂钩。更重要的是，职业教育需要通过获取外部资金实现收入来源多元化,从而夯实职业教育的财政基础。因此,日本政府开始尝试引入相应的鼓励机制,支持职业教育机构努力获得外部资金。

第三,实施职业教育人事工资制度改革。薪酬制度关系到职业教育研究人员的工作积极性,以往的人事福利制度非常单一,很难保证年轻人和外国研究人员的工作积极性。建议改变传统的教学评估,特别是将产教融合等社会贡献作为教学评估的重要因素,实施年薪制度,建立人才分类薪酬体系。

第四,完善职业教育治理结构。建议引入公司治理模式,强化职业教育运营体系,加强与公司等外部组织的联系,快速响应社会需求,并根据自身优势分析核心竞争力。此外,在强化职业院校校长职权的同时,要依法明确界定和限制传统上有影响力的"教授职权",完善选举制度,延长校长任期。

2.《通过产教融合机构来加强联合研究的指南》

在日本,虽然职业教育机构通过与私营公司的联合研究获得的私营机构投入是职业教育机构最为重要的外来资金,但这些联合研究通常由职业教育机构的研究人员和私营公司的特定研发部门进行,职业教育机构与企业的产教融合尚未充分启动。为了解决这一问题,日本政府于2016年11月发布了《关于加强产教融合的指导意见》,并提出了具体的改革措施。其核心内容包括四个要素:组织、资本、知识和人力。

第一,构建具有全局性的组织部门。职业教育与企业之间的产教融合,在个体研究者之间进行小规模的合作,一直是日本的主流,而职业教育机构与企业之间所谓的全面融合确不多见。因此,有必要建立一个负责任的管理机构负责职业教育机构与私营企业的全面融合。同时,需要聘请专门负责产教融合的管理人才,推动产教融合制度化。为了更有效地实现这一目标,有必要提高管理人员的职业教育规划能力和产教融合管理能力。

第二,促进资本良性循环。由于政府财政支持的减少和适龄人口的减少,职业教育机构的财政状况不断恶化。职业教育机构需要积极拓展外部资金获取通道,扩大办学范围,改善财务状况。然而,在职业教育机构和企业开展联合研究的情况下,许多职业教育机构往往低估了间接成本。因此,有必要改进间接成本的计算方法,鼓励参与研究的企业积极承担部分间接成本。为了鼓励职业教育机构的科研人员参与产学研合作,联合科研的成本可以考虑为人工成本,根据科研人员的能力和经验进行区分。此外,在职业教育中设置“产教融合战略成本”,使产教融合活动所需资金得到更合理的使用。

第三,促进知识的良性循环。自20世纪90年代末以来,日本已经建立职业教育机构科技成果转化服务企业的制度基础,但没有取得突破性的创新。《产业技术力强化法》规定,职业教育机构通过建立知识产权总部,利用政府资金所获得的研究成果归职业教育机构所有,这不仅为职业教育机构积累了知识产权,也增加了它们的收入。但是这些研究成果并没有增强日本产业的国际竞争力或产生具有突破性的创新,并且仍不足以为解决职业教育的金融危机作出巨大贡献。考虑这一点,需要重建职业教育知识产权管理体系,使职业教育积累的研究成果切实促进日本经济社会发展的创新,创造真正的附加值。

第四,促进人才的良性循环。《通过产教融合机构来加强联合研究的指南》提出需要开发一种系统,允许职业教育研究人员受雇为其他组织的全职工作人员。尽管日本政府在20世纪90年代颁布了法律,允许职业教育教授和国家研究机构的研究人员相互流动,并鼓励职业教育教授和研究机构的人员在企业兼职,但经过几十年的发展,职业教育研究人员仍然无法全职参与私营公司的研究项目。解决的方法是混合薪酬系统,在这种系统下,研究人员可以与多个机构签订雇佣合同,拥有全职员工的身份,并根据在每个机构的工作时间和工资系统来获得工资。在日本,2017年有99所职业教育机构引入了混合薪酬系统。此外,职业教育从业人员考核评价主要以研究成果和教育成果为基础。为了促进产教融合,该指南也提出了应将产教融合等社会贡献作为评价标准的建议。

(三)日本产教融合法律制度的借鉴与启示

推行职业教育治理体系现代化和产教融合,是日本的长期策略。因此,职业教育机构与产业之间的合作不仅是一种选择,而且是一种十分必要的治理手段。但是,问题在于职业教育机构和企业是否可以创建互利的具体合作方式。在日本,产业界对职业教育机构的信任度也不是很高,这是因为职业教育机构与企业对产教融合存在认知差距。为了解决这一问题,日本做了大量的努力。

第一,在维护产教融合的统一性方面,日本政府正在努力提高相关准则的有效性。例如,每年检查这些准则在职业院校中的实施情况,并将其反映到职业院校相关经费的申请中。日本政府正在加快为职业教育产教融合设定具体而详细的标准指南,包括建立组织联系系统,加强计划和管理职能;通过扩大民营资金投入,加强职业教育财务基础,优化产教融合的成本核算,推进成本管理,促进资金良性循环;有效使用知识产权,实施知识产权相关的风险管理,实现知识良性循环;完善职业教育机构与行业企业人员的交流机制,促使人力资源良性循环。

第二,在完善职业教育组织机构的设置方面,明确产教融合的必要性和价值。在相关法律法规的指导下,日本对职业教育组织进行了大规模重组。通常在学校校长领导下,成立一个新的组织机构,专门负责实施和管理行业企业与学校的融合。这些组织的成立是为了履行一体化的核心职能,如联合研究、技术转让、风险支持和知识产权管理。同样,我国职业院校可以尝试建立由校长直接负责的产教融合部门,统筹全校的人力和物力实施与产业的深度合作,努力将职业院校变成产教融合活动的一个基础空间。

第三,根据不同时期的需求及时调整产教融合政策定位。日本开放式创新战略背景下,产教融合政策不断更新自我定位:“模仿立国”政策下的产教融合,日本注重以移植知识为手段;“创新立国”政策下的产教融合,日本强化以创造知识为目的;“能力立国”政策下的产教融合,日本凸显以创造能力为中心。

四、韩国职业教育产教融合法律制度

在韩国高等职业教育发展上,十分重视以立法工作推动相关事业发展,在高等职业教育发展的不同阶段,制定了不同的法律法规,最终构建了比较完备的高等职业教育法律保障体系,真正实现“依法治教、依法促教”的目的。韩国高度重视产学合作,重视企业在高等职业教育中的作用,也鼓励企业、学校以及其他社会组织合作共建——其通过立法,明确相关企业有义务协助高等职业教育院校落实学生实习工作,提供实习岗位,专门为实习生开设特训实习期,以促进学校课程与实际工作环境接轨;也通过立法,明确高等职业教育院校也应积极寻求与企业的合作,聘用企业的高级技工,充实师资力量,并为企业提供订单式培养,直接按照企业需求调整课程内容,满足企业实际的用工需要。[1]

(一)韩国产教融合法律制度综述

韩国于20世纪60年代开始实行职业教育产教融合,最初韩国职业教育产教融合的主要目的是培养大批技术技能型人才。直到20世纪90年代,政府资助的研究机构逐渐成为产教融合的主体,当时科学技术的重要性还没有得到重视,尤其是技术开发需要的基础性研发投入不足,自身科技创新相对薄弱,完全依赖发达国家的技术转让。在这一过程中,韩国政府出资成立了韩国科学技术研究院(KIST)等大型综合研究机构,以引进外国技术,并为企业提供必要的支持政策。1967年,随着

[1] 参见赵琳:《韩国高等职业教育的特色及启示》,载《河南教育(高教)》2016年第12期。

《科学技术发展长期综合计划(1967～1986)》的出台,韩国制订了第三个科技振兴5年计划和第三个人力资源发展计划。这可以看出,韩国政府当时的政策基调不是注重产业与教育的融合,而是聚焦在提高工人的熟练程度,培养技术人才,增强科技人才能力,凸显外向型劳动密集型轻工业的产业特征,以带动全国经济发展为核心目标,它的重点仍然是人力资源发展政策。然而,这些都为韩国产业与教育一体化的未来发展奠定了基础。

1960年韩国推进以培养人才为中心的产学合作。这一时期主要确保支撑经济发展的人力资源供给,通过引进和供应外国技术,制定产业教育振兴计划产业教育振兴法、职业培训法等提高劳动熟练度,培养科学技术人才。1970年韩国政府出资设立国家研究机构,新建文教部产学合作科,制定《技术开发促进法》《产学合作财团法》《科学财团法》《国家技术资格法》《特定研究机关培养法》等为产教融合打下基础。1980年政府开始进行大规模项目型产教融合,通过设立科学技术团体总联合会及基础科学支援中心,打造产教融合的重要载体,制定《产业技术研究组合培育法》《中小企业创业支援法》《工业发展法》《新技术事业金融支援法》《基础科学研究振兴法》等相关法律。1990年政府各部门扩大推进研究开发事业,强化作为产教融合主体的大学、企业、地方自治团体的作用。2000年强调大学作用及以促进需求者为中心的产教融合,鼓励高校设置专门产教融合组织。2003年韩国在25所大学成立了产教融合机构,到2011年拥有产教融合机构的大学数量增至369所,共有6291名全职人员参与产教融合集团的运营,其收入已达到55,760亿韩元。为了确保大学技术研发的商业化,政府开始鼓励科技型企业广泛参与产教融合项目,2012年128家顶尖科技公司参与了大学产教融合,孵化一大批集技术开发、规划和生产为一体的校办企业。同时,高校拥有的专利等知识产权数量也在增加,高校与企业之间的技术转移及科技成果转化持续在扩大。

韩国职业教育产教融合的快速发展,主要得益于政府长期以来对产教融合重要性的清醒认识。为了确保产学研一体化的顺利实施,韩国政府将产教融合列为韩国"教育强国"和"科技强国"两大战略的重要组成部分。基于这两大战略,出台了一系列相关法律和产教融合支持政策。初期,产教融合法律政策支持的对象主要是一些大专院校,典型政策法案是《振兴产业教育及促进产学研合作相关法》。20世纪70年代,又先后出台了《技术开发振兴法》《产学联合法》《科学联合法》《国家技术资格法》《专门研究所培养法》等法律,进一步推进深化产教融合。20世纪90年代末,韩国政府开始大力推动研究中心的建立,支持韩国企业,特别是本土企业与大学共享资源,开展协同研发。1999年,韩国政府制订了新的职业教育改革计划——"BK21计划"(Brain Korea 21 Project)。

在进入21世纪以后,韩国政府一方面应对技术变革带来的冲击,另一方面充分意识到国内各个地区经济发展和教育资源存在严重的不均衡性,陆续出台了《终身教育法》《关于产业教育和产业协调促进法》《产学协力促进法》,并且在2004年实施了旨在促进区域和大学共同进步的计划(NURI,2004~2009年),年均投资260亿韩元。该项计划实施也取得了良好的效果,它不仅形成了有效的产教融合体系,而且为相关行业、高校、咨询机构和政府之间的合作研发、成果转化和技术技能积累提供了有效的战略平台。韩国教育科技部和韩国研究联合会(NRF)根据NURI成功经验,推出了新一轮大规模产教融合项目,即"产教整合试点项目"。该项目计划持续5年(LINC,2012~2016年),通过自愿申请和政府机构评估,在全国范围内遴选了50多所高校,每年总补贴1700亿韩元,主要用于培养大量与区域产业相关的专业技术人才,2016年该项目计划持续深化为"产教融合五年计划"(LINC+,2016~2020年)和产教融合基本计划(2019~2023年)。

(二)韩国产教融合的具体法律规定

1.《振兴产业教育及促进产学研合作相关法》

韩国的职业教育产教融合法主要体现在《振兴产业教育及促进产学

研合作相关法》的内容上,该法于1963年开始颁布实施,后来经历多次修订,现行使用的是2020年12月22日修改、2021年6月23日开始实施的法律。此外,为了更好地实施这部法律,韩国政府还以总统令的形式发布了《振兴产业教育及促进产学研合作相关法》,教育部也以教育部政令的形式发布了《振兴产业教育及促进产学研合作相关法》。韩国《振兴产业教育及促进产学研合作相关法》共六章和一份综合附录,包括总则、产业教育促进、国家产学研合作委员会、国家和地方自治团体、产学研合作促进、补充规定等内容。全文共46篇,内容十分详细,共计10,000余字。其主要目的是促进产业教育和产学研合作,以培养符合产业社会需求的创意产业人才,并提供高效的研究开发系统。通过开发、传播和工商业发展所需要的新知识和新技术来促进地方和国家的发展。其内容主要有以下亮点:(1)完善的产业教育顶层设计。产业教育顶层设计事关产业教育基础性、全局性和关键性的工作,韩国《产业教育振兴及产学研合作促进相关法》非常重视产业教育的顶层设计。首先,明确产业教育的概念、目的。其次,制订详细的产业教育计划。最后,确立从事产业教育的主体。(2)与时俱进的产业教育实施内容。韩国产业教育之所以质量较高、发展迅速,在于韩国能够及时更新产业教育内容。首先,灵活设置短期产业教育项目。其次,迅速设置特别课程。再次,特定情况下开办产业教育培训。最后,积极的产业咨询。(3)健全的产业教育保障机制。为保障产业教育顺利实施,韩国建立了产业教育内外部协调统一的组织保障、师资保障、经费保障以及设施保障机制。

2.《职业教育和培训促进法》

《职业教育和培训促进法》也是韩国职业教育产教融合法律法规当中一项重要的法律。韩国最近一次修订该法是在2021年3月23日。《职业教育和培训促进法》分为一般规定、促进职业教育培训、职业教育与训练评估、培训机构信息披露与附录五部分,共计28条规定。在第一章第1条中对该法的设立目的进行了说明,即规定促进职业教育培训的必要事项,为所有公民提供适合其能力的各种职业教育培训机会,提高职业教育培训的效率和质量,从而为提高人民的生活质量以及发展国民经济作出贡献。同时在第 2 条中对产教融合的定义进行了明确,即职业教育培训机构与行业(含行业组织、研究机构)就产业人才培养与发展在本法规当中规定的下列事项上开展的各项活动,包括:人力、设施、设备与职业教育培训信息的共同运用与协作研究;特约设置学科或者职业教育培训课程;委托实施职业教育培训等。

3.《终身教育法》

《终身教育法》与《职业教育和培训促进法》是韩国社会职业教育产教融合法律法规的重要组成部分。韩国《终身教育法》自 1999 年制定以来,不断根据社会变迁和改革发展,与时俱进,保持持续修订和调整,修订的韩国《终身教育法》于 2021 年 12 月 9 日开始施行,由总则、终身教育推进基本计划、国家终身教育振兴机构、终身教育师、终身教育机构、扫盲教育、终身学习成果的管理和认可、补充规定、附录等 9 个章节构成,共计 46 条规定。韩国《终身教育法》尽管没有单独将产学合作相关规定进行罗列,但经过修订的《终身教育法》扩大了终身教育机构的范围,包括了"学校的终身教育机构,附属学校的终身教育机构,学校形态的终身教育机构,企业大学类型的终身教育机构,远程大学类型的终身教育机构,企业附设终身教育机构,民间终身教育组织,新闻媒体附设终身教育机构,从事知识、人力资源开发的事业机关附设终身教育机构"。

4.《产教融合五年计划》

2000 年后,韩国产教融合政策突出了市场的诉求,即企业需求和科技成果的转化。在这一时期,高校成为产教融合的主体,如在高校内设立产教融合机构,高校科技成果转化中心支持计划,地方高校革新计划(New University for Regional Innovation, NURI),产教融合五年计划(LINC)都是围绕高校开展的。其中,当属产教融合五年计划影响力最大,持续时间最长。"产教融合五年计划"的总体结构特点是"1 +1 +3 +2",即 1 个最终愿景就是实现地方高校和地方产业共同发展;1 个政策目标就是引导、创造和拓展多种产教融合模式;3 大推进策略包括扩大资助范围、提高产教融合的多元化和特色、提高产教融合的可持续性;2类培训机构,即技术创新机构和现场实习机构。由于LINC项目效果良好,韩国政府的9个部门于2016年联合启动了LINC项目的第二期也就是"LINC+项目"。该项目延续了LINC项目的大部分内容,但重点有所改变,试图实现给予中小企业持续的技术和人才支持,鼓励高校本科生、硕士、博士等高级人才自主创业,增加社会基本就业岗位、促进知识与产业融合、发展具有高附加价值的未来产业三大目标。

(三)韩国产教融合法律制度的借鉴与启示

目前,韩国职业教育中的产教融合已经形成了较为成熟的模式。韩国高校和科研院所建立了产教融合管理中心(产学研合作集团),实行校长负责制。在校长的领导下,配置专业工作人员负责产教融合中心工作,该中心负责协调各高校产教融合的实践,联系当地产业和政府部门,将优质资源引入学校,逐步形成产教融合的协同效应,这也是韩国产教融合的一大特色。韩国产教融合法律与政策的发展深受国内政治因素的影响,其中社会各界对产教融合价值的共识和执政党的教育理念是两个主要因素。

一是在学术界和知识界,因为支撑产业发展人才深受重视,科技工作者和知识分子也愿意广泛参与产教融合过程。在其他领域,非政府组织和普通民众都非常关注国家的经济和产业发展,这反映了全体公民对产教融合价值的一致认可。此外,近年来,韩国就业形势不容乐观,历届政府都愿意增加对产教融合项目的资金投放,改善产业发展环境,极大地提高了企业参与产教融合的积极性。

二是韩国历届政府都非常重视产教融合。金泳三政府、金大中政府执政时期都希望在科技领域取得突破,推动教育改革,以适应信息化和全球化,尽量不再延续"跟随战略",强化先发优势。卢武铉政府执政期间,提出了"第二次通过科学技术振兴国家"的国家战略目标,培养科研创新团队和高层次人才成为教育改革的重要目标,他希望将韩国建设成为一个以知识为基础的技术和文化强国。李明博政府上任后,他的理念转向了促进经济增长和努力扩大就业机会。因此,教育和产业之间的互动关系得到了加强,在此期间,许多大型产教融合项目得到了开发和实施。

从韩国产教融合法律和政策发展来看,我国可以借鉴的地方很多:首先,要在法律层面保障产教融合的资金投入,为愿意参与产教融合的企业提供支持和服务。其次,我们应该结合中国国情实施战略整合计划,一方面使政策可持续,另一方面避免短期的产教融合行为。最后,在公众意识层面,要营造全社会支持产教融合的氛围,普及产教融合的理念,减少公众对产教融合的误解,尽快就产教融合的价值达成共识。

第三章　差异中的程式抉择：产教融合的立法模式

立法模式是指创制法律的基本模式，即立法主体依照何种立法程序，采用何种法体形式进行法律制定的样式。[1] 由此可知，立法模式不外乎是法律规制的一种外化程式，属于立法形式的范畴。我们知道，职业教育产教融合立法有广义立法和狭义立法之分。广义立法是包括职业教育产教融合促进立法、就业促进立法、教育促进立法等涉及职业教育产教融合内容的立法。狭义立法专门指职业教育产教融合立法。本章专门考察分析的是以狭义立法为基点、以广义立法为依据的产教融合立法模式问题。

一、国外教育立法的主要模式

在一般条件下，模式是从不断重复出现的事

---

〔1〕 参见谭文雯：《中国自由贸易港的立法模式研究》，大连海事大学2020年硕士学位论文，第10页。

件中发现和抽象出的规律,是对解决问题过程中形成经验的高度归纳总结。[1] 从全球视野看教育立法的模式,是各个国度根据本国发展实际情况归纳总结形成经验、解决相关问题而发现和抽象出的规律性认识,进而展开相关的不同的"经验性"立法。

(一)统一立法模式

1. 统一立法模式的含义

采用统一立法模式的国家把某一项事业涉及的基本问题在某一部法律中作统一规范,如教育涉及的基本问题,包括职业教育产教融合问题等都在教育法中作统一规范,其他法律法规仅是对该教育法中涉及的相关领域作出更为详细的规范。统一立法模式下的教育法律、法规和规章等形成的规范体系较为系统和全面,范围几乎涉及教育涉及的全部领域。同时,因其在结构上比较完整、体系上比较庞大,且力求统领该教育领域的各个层次,强调不同管理者的权力关系的协调,[2] 同时派生出较为完整的教育管理机制和较为科学的教育发展框架。但是,由于综合性所带来的局限性,该统一立法模式下的教育法对某一教育领域一般只作原则性的规定,具体的实施仍有赖于其他下位的法律法规进一步进行规制。

2. 统一立法模式的国家案例

大陆法系国家大多偏好于采取统一立法模式,如俄罗斯、德国、日本、韩国等,这些国家都出台了全国性的教育法以规制全国的教育事业。以下以俄罗斯和德国的高等教育法为例进行分析。

(1)俄罗斯《联邦高等以及大学后续职业教育法》

俄罗斯是一个联邦制国家,联邦和联邦成员在各自的职权范围内行

---

[1] 参见廖颖:《国内外电子文件管理模式比较研究》,上海大学 2014 年硕士学位论文,第 13 页。

[2] 参见黄燕:《金砖国家高等教育法立法模式研究》,西南政法大学 2018 年硕士学位论文,第 11 页。

使立法权。各联邦成员主体应确立并贯彻实行与俄罗斯联邦教育政策不相抵触的适用于本成员主体范围内的教育政策。[1] 俄罗斯于 20 世纪 90 年代颁布了《联邦教育法》，之后经过多次修订。现行使用的是 2012 年 12 月 29 日修订后生效的《联邦教育法》。在《联邦教育法》的基础上，1996 年俄罗斯颁布了《联邦高等以及大学后续职业教育法》（以下简称《高等教育法》），[2]这是俄罗斯专门针对高等教育的法律，在俄罗斯联邦全境范围内有效。从立法权看，俄罗斯的教育立法权集中在中央一级，地方立法需要遵从中央立法而不得与中央立法相抵触。从涉及的领域看，《高等教育法》涉及了高等学校设置、招生、学籍管理、专业设置、教育质量保证体系、财务与审计等领域。从法律层级看，俄罗斯关于高等教育的规范性文件分为法律、政府的法令和命令、其他部委的命令、自治市文件等，与诸多的政府法令和命令、其他部委的命令、自治市文件等构成了多层次多领域的法律法规规章体系。[3]

《联邦教育法》涵盖了包括高等职业教育和大学后职业教育在内的俄罗斯所有教育阶段的法律，是俄罗斯教育领域的基本法。《高等教育法》的内容则主要包括学校种类、相关义务与权利、高等教育的相关主体（包括内外部管理主体）、学校经费来源、质量评估等。特别值得注意的是，该法还用了整整一章的内容对俄罗斯高等教育的国际活动与对外经济活动进行了规定，表明俄罗斯重视高等教育国际化。由此可见，《高等教育法》几乎包括了俄罗斯高等教育的所有领域，是高等教育领域的统一立法。《高等教育法》第 9 条则将教育分为普通教育和职业教育，其中职业教育中的高等职业教育指的是职业本科教育，这与很多国家都存在差异，大学后职业教育是通常所称的研究生教育，两者都属于高等教育。

---

〔1〕 参见黄燕：《金砖国家高等教育法立法模式研究》，西南政法大学 2018 年硕士学位论文，第 15 页。

〔2〕 参见刘淑华、刘欣妍：《走向治理：俄罗斯高等教育内部管理体制变革取向》，载《比较教育研究》2015 年第 2 期。

〔3〕 参见黄燕：《金砖国家高等教育法立法模式研究》，西南政法大学 2018 年硕士学位论文，第 16 页。

《高等教育法》作为规范俄罗斯高等教育领域相关权利义务关系的统一立法,对高等教育领域所涉及的基本性问题作出了相应规范。其他围绕高等教育领域制定的法律法规均是对该法律中较为原则性表述的进一步深化和细化。如《高等教育法》第 21 条规定,未在俄罗斯联邦法律中规定的教学研究人员的培养与业务进修的程序、种类和形式,均由俄罗斯联邦政府制定相关规定予以规制。再如,《高等教育法》第六章专章规定了高等学校的国际活动与对外经济活动。由于该章仅规定了国际合作的形式、参与国际活动的权利、规则,因此,2008 年联邦政府颁布了第 521 号法令(《关于高等职业教育机构示范条款》),对教育机构的教育活动、教育机构的管理、教育机构的学习、教育机构的雇员、教育机构的活动、教育机构的国际和国外经济活动等都作了进一步的统一规范。由此不难看出,对于某些在《高等教育法》中规定的条款,在具体操作执行的层面,还有赖于后续出台其他相应的法律法令进行完善和调整,而这些规则都可以概括为《高等教育法》中确定的高等教育某一领域相关规范的细化。[1]

(2)德国《高等教育框架法》

德国教育法体系是在“教育联邦主义”影响下形成的以州为主体、联邦与州分工协同的基本立法格局。《德意志联邦共和国基本法》(以下简称《基本法》)将立法权限划分为联邦政府专属立法权、联邦政府的框架立法权、联邦政府和州政府的竞争性立法权与剩余立法权。按照学制划分,德国的教育体系可分为学前教育、中小学教育、高等教育、职业教育和继续教育等。据此,德国教育法分为学前教育法、中小学教育法、大学教育法、职业教育法、终身教育法等。联邦政府和州政府遵循上述立法权限划分规则,使不同立法机构享有不同的教育立法权。德国教育法律体系中也有不同类型的整合机制,尤其是实体教育政策协调机构发布的

---

〔1〕 参见黄燕:《金砖国家高等教育法立法模式研究》,西南政法大学 2018 年硕士学位论文,第 11 页。

整合机制,该机制确保了联邦、州和州之间教育活动的相对协调和统一,这些内容从德国《高等教育框架法》中都能得以体现。

德国《高等教育框架法》产生的背景是 20 世纪 60 年代末的德国学生运动。该运动要求改革大学内部治理机制,即从教授单一群体治学改为包括学生在内的多元群体治理体系。然而,各州在应对这一改革要求时往往难以达成共识。这不仅在于改革触及了德国《基本法》第 3 条第 5 款规定的"科学自由",而且各州的高等教育法也缺乏必要的统一性。由此出现了要求联邦层面统一立法的主张,希望联邦明确各州高等教育法应当遵循的基本原则。同时,在高等教育大众化趋势下产生了高等教育质量保障、高校发展规划等问题,这已超出了单一联邦州的能力范畴,因此也加快了联邦在总体框架层面对高等教育的统一立法进程。1976 年 1 月 30 日《高等教育框架法》正式生效。《高等教育框架法》的出台在联邦德国高等教育发展史上具有重要意义,尤其是在教育法体系中发挥了整合作用,使各州的高等教育法有了可遵循的基本原则。《高等教育框架法》在德国稳步运行了近 30 年之后,随着德国联邦制改革而逐渐式微,很多条款被逐一废除,并下放权限至各州的教育法律法规中。虽然《高等教育框架法》在德国教育法体系中逐渐丧失了立法权威性,但是我们仍然可以发现该法在德国高等教育立法史上具有重要意义。其象征性的整合作用,时刻提醒着分权制度中"统一"与"整合"的需要,也为观察德国联邦层面的统一监管行为及其调整趋势提供了一个窗口。

综上,俄罗斯和德国统一立法模式的特点主要表现在:拥有统一性的教育法,且法律规范性文件层级丰富、内容广泛,这些文件涵盖了与教育发展相关的众多领域,形成了多层次多领域的法律与诸多的政府法令和命令、其他部委的命令、自治市文件等体系,且运行不是孤立的,教育法律需要其他相应的政府法令和命令、其他部委的命令、自治市文件等配合并对其中的原则予以深化。

3. 统一立法模式的评析

统一立法模式重在"统一"。俄、德两国属于典型的统一立法模式国家。从前述可知,该两国的教育法律体系都包括了法律、政府法令和命令、教育部和其他部门的相关命令、自治市文件等。教育基本制度统一规范在《高等教育框架法》或者德国《基本法》中,立法内容全面、广泛,出台的其他相关教育法律法规规章等分别从教育体制的各项制度出发,对各层次的教育制度予以深化、细化、可操作化。因此,该模式下的教育法全面、系统,有利于统一规范、促进教育各个领域的协同发展。[1]

统一立法模式的优势在于其在一定时间内具有强稳定性。由于全面广泛地涉及教育的各个领域,其立法难度相对较大、立法程序相对复杂,颁布后也会在很长一段时间内固定下来(除非国家机关的命令、法律对其进行修订或者废除),这就在很大程度上增强了其权威性。[2]

统一立法模式的劣势在于其规范的全面性。教育统一立法模式需要将教育涉及的各个方面全部涵盖进去,立法技术要求高,立法难度也较大;另外,正因其全面性,其对教育各具体方面(包括高等教育、职业教育)的规定都容易失之于过度的原则性,如果不能尽快制定出台更深化、细化、可操作化的相关政府法令和命令、其他部委的命令、自治市文件等,教育的发展仍将出现无法可依的局面,面临困境。

(二)综合立法模式

1. 综合立法模式的含义

综合立法模式是指将教育涉及的所有层面、原则、制度等加以整合归纳,在一部教育基本法中予以全面规制的立法模式。这种立法模式将整个教育体系作为一个整体予以规范,有利于不同层级教育和各种教育类型的衔接和协同。但是,教育基本法需要大量同位法和下位法对该法各方面内容的实施予以进一步细化,以便于操作。采取教育综合立法模

[1] 参见黄燕:《金砖国家高等教育法立法模式研究》,西南政法大学 2018 年硕士学位论文,第 28 页。

[2] 参见黄燕:《金砖国家高等教育法立法模式研究》,西南政法大学 2018 年硕士学位论文,第 28 页。

式的国家有巴西等拉丁美洲国家。以下以巴西《国家教育方针与基础法》为例来探讨。

2. 综合立法模式的国家案例

巴西曾经饱受葡萄牙殖民困扰，与其他被殖民的拉美国家相比，其教育起步更晚，以至于直到巴西独立，才开始探索本国的教育发展模式。由于巴西采取的是教育综合立法模式，所以没有专门的高等教育法。根据 1946 年《宪法》并经过多轮的讨论与修订，巴西终于在 1961 年颁布了《国家教育方针与基础法》。该法是巴西史上首部教育法，是一部关于教育的综合性法律，涵盖了从基础教育到职业教育，再到高等教育和特殊教育的所有相关规定，并明确了巴西高等教育的三级管理体制，即联邦教育部、州教育厅和市教育局。该法的颁布极大地调动了公、私高校的办学积极性，因此，高校数量在法律颁布的随后几年呈现出爆发性的增长。巴西现行的教育法是 1996 年第 9394 号《国家教育方针与基础法》（以下简称《教育方针基础法》），其中第五章第四节是专门规范高等教育的内容，包括且明确提出了文化创造、科学精神及思考能力的发挥、培养大学生进行科学研究、推广文化四大高等教育目标；规划了与高等教育有关的课程和计划、相关教育机构的形式、高校的权利义务及职能，并确立了国家财政支持国立高校等支持教育的原则。《教育方针基础法》中的其他章节则是关于基础教育、职业教育、特殊教育的原则性规定，其中统一对教育的定义、原则、目的，以及公民权利和义务，国家教育机构、教职人员、教育事业、教育经费等作了一般性规定。[1]

因为没有统一的各个领域的教育法，因此巴西颁布了相关的方面法、决议以及命令等规范教育各个领域的相关事务。在《教育方针基础法》的基本原则指导下，由这些方面法、决议、命令，共同构建起教育的法律体系，共同规范教育各个领域的相关事务，其中方面法对有关教育领

---

〔1〕 参见黄燕：《金砖国家高等教育法立法模式研究》，西南政法大学 2018 硕士学位论文，第 18 页。

域的权力结构、组织形式、财税制度、教育评价、师生等方面作出了相关法律的解释。

巴西没有联邦政府的集中教育体系,而是由联邦政府负责协调国家教育政策。各州应结合国家教育指令和计划制订、实施教育政策和规划;各市应结合联邦和州的教育政策和规划,组织市政教育系统的官方组织和机构对其予以维护和发展。因此,巴西的教育立法由所有地区各自制定,并分别仅在该地区有效。这一点在《教育方针基础法》第 89 条可以找到法律依据,即“联邦、各州、联邦区和各市应在本法公布后至多两年的期限内,按照本法律的规定修改各自的教育立法”。从立法权的角度看,巴西的教育立法具有自上而下分权的特征,但是联邦、州、区、市的立法应遵从《教育方针基础法》的规定。由于巴西没有明确的以教育法命名的法律文件,《教育方针基础法》还负责管理基础教育、高等教育和职业培训等诸多领域。从《教育方针基础法》和职业培训的关系角度看,该法没有专门的章节对职业培训作出相关规定。由于《教育方针基础法》涵盖了巴西的基础教育、职业培训、高等教育、特殊教育和其他教育领域,涉及面广,体系庞大,立法中只能制定抽象的原则性规定,从而形成了巴西众多的教育法是由议会宣布并与《教育方针基础法》属于同一地位的现象,这些法律在法律地位上并没有区别。从各法之间的运行关系看,1999 年第 9870 号法涉及学校年金的总价值,2004 年第 10870 号法确定了高校和本科生课程现场评估费用,2004 年第 10861 号法建立了国家高等教育评估制度,等等。虽然这些法律分别在各自的领域内规范高等教育,但有时这些法律也需要相互协同配合。综上所述,巴西教育综合立法模式的特点是方面法较多且多与《教育方针基础法》属于同一位阶法,各法之间虽独立规范高等教育的相关领域但有时需互相配合以发挥法律规制的作用。[1]

---

〔1〕 参见黄燕:《金砖国家高等教育法立法模式研究》,西南政法大学 2018 年硕士学位论文,第 19 页。

3. 综合立法模式评析

采用综合立法模式的国家一般不制定各个领域的教育专门法，而是以教育基本法规范包括高等教育、职业教育、基础教育、特殊教育等相关事宜在内的全部教育问题，该教育基本法是统领所有教育领域的教育综合法。采用综合立法模式可以将教育领域通用的原则统一规范在教育基本法中，法律规范集中、简洁、明确、统一，整个教育形成了完善、有机联系的整体。综合立法模式有利于提高教育法的系统性、整体性和协调性，防止或减少了法律漏洞的出现并能较好地体现立法合力。[1]

巴西《教育方针基础法》把整个教育看作一个完整的系统，同时对基础教育、职业教育、高等教育、特殊教育等教育各阶段、各领域都作了规范。该种综合立法模式有利于整个教育系统的协调发展，因为不用颁布单独的“职业教育法”或“产教融合法”，立法部门也可以因此节约立法资源和成本；同时，综合立法模式也易于执法部门统一理解、整体把握、充分发挥教育法的综合效用。

但是教育各阶段、各领域具有不同的特点，应采取不同的措施，而综合立法模式导致了教育基本法缺少针对性，必须有大量相关教育各阶段、各领域的法律法规等予以配合施行。而且，由于综合立法模式下教育各阶段、各领域的方面法较多，教育法律体系整体上看会显得较为庞杂、烦琐。

（三）统一立法兼单校立法模式

1. 统一立法兼单校立法模式的含义

统一立法兼单校立法模式，是指在统一立法模式之下，各个学校制定以学校名称来命名的法律（亦称单校法），该法律只在本校范围内具有

〔1〕 参见黄燕：《金砖国家高等教育法立法模式研究》，西南政法大学 2018 年硕士学位论文，第 29 页。

法律效力的立法模式。[1]

2. 统一立法兼单校立法模式的国家案例

采取统一立法兼单校立法模式的国家有英国、美国、南非等。以下以南非为例进行分析。

南非高等教育法的立法借鉴了英国的经验,并结合本国国情,最终形成了统一立法和单一学校立法相结合的独特模式。这种模式适应了南非特殊的大学背景,也融合了统一立法模式和单一学校立法模式的优点,在各国教育法律体系中颇具特色。

南非高等教育的发展始终与种族隔离密切相关,种族隔离大致可分为种族隔离、种族隔离但平等和废除种族隔离三个阶段。1994 年,曼德拉政府上台后,种族隔离制度被废除。在接下来的第 3 年,《高等教育法》公布,现行《高等教育法》于 2016 年修订。该法主要规定高等教育委员会的权利和义务、公立和私立大学的权利和义务、公立教育机构的管理、财政投资和质量评估,等等。与其他国家的高等教育法相比,其有三个特点:一是在该法的法律文本中将高等教育分为公立高等教育和私立高等教育;二是该法的法律文本中有很大一部分的评价内容;三是该法要求所有教育行政部门发布"官方公告"。《高等教育法》公布后,其他教育领域的法律或政策主要侧重促进教育公平和提高高等教育质量。南非的教育统一立法具有与其他国家统一立法的共性特征。从《高等教育法》的内容看,该法几乎涵盖了高等教育领域的基本问题,对教育管理体制、公立教育、私立教育、种族教育、贫困资助、学校职能等方面都作了原则规定,是关于高等教育的统一立法。当然,与其他国家的《高等教育法》一样,由于涵盖内容极其全面,因此其具体操作层面还需要进一步出台相关法律来推进落实。例如,关于资助贫困学生,南非颁布了《全国学生金融援助计划法》和《国家学生资助计划法》来予以配合操作落实;关

[1] 单校法的效力相当于学校章程,二者有时容易混淆。但二者也有区别,二者之间的法律区别在于:单校法是由国家统治阶级颁布和实施的,属于国家法律;而学校章程是由学校根据一定程序制定和颁布实施的,是学校办学和管理的纲领性文件,但不属于法律。

于教育质量监控，南非《高等教育法》规定独立评估人要对高等教育的质量进行评价，并作为一个单独章节进行规范，但具体的评价标准、评价程序等无法在《高等教育法》中一一呈现，独立评估人需要参照南非《质量认证法》以及高等教育质量委员会（HEQC）发布的《院校审核框架》《院校审核原则》《HEQC 审核手册》等具体的规章细化质量认证法的相关规定进行质量评价。从法律载体看，南非有宪法、法律、白皮书、绿皮书、通告、报告等和《高等教育法》共同对高等教育进行规范。[1] 从《高等教育法》与其他法律的关系看，南非除了颁布《高等教育法》外，在高等教育领域还颁布了《文化机构法》《教育工作者就业法》《国家学生资助计划法》《国家资格框架法》等诸多法律。

但是南非的教育统一立法也与其他国家有所区别。南非的《高等教育法》和其他法律主要由南非议会通过。这些法律大多与《高等教育法》属于同一地位法。《高等教育法》的正常运行要求这些法律得到完善并相互配合。此外，与英国一样，南非也通过了专门的大学法来管理学院和大学。每当一所大学成立，南非政府必然会支持颁布相关法律。以开普敦大学为例，可以清晰地分析南非的单一学校立法模式。开普敦大学位于西开普省开普敦市，它是南非最古老的大学，成立于 1829 年，是非洲大陆的学术研究中心之一，曾是世界大学联盟成员和反种族隔离政治中心成员。为了与《高等教育法》的相关规定保持统一，开普敦大学于 1999 年修订了《开普敦大学法》，该法的立法宗旨是将开普敦大学培育成为非洲一流的大学。该法鼓励学生面对社会挑战，并将大学治理与高等教育法相结合。该法详细介绍了开普敦大学的具体位置、大学的组织结构、大学的治理结构。《高等教育法》对大学内部管理有以下规定：管理体系由大学委员会、评估委员会、校长、副校长、学生代表委员会和系统研讨会组成；大学理事会通常代表政府开展各种活动，是最高学术机

[1] 参见黄燕：《金砖国家高等教育法立法模式研究》，西南政法大学 2018 年硕士学位论文，第 27 页。

构;校长负责教育机构的整体运营和管理;系统研讨会隶属大学理事会,并提出相应的建议;董事会是最高决策机构,总裁由董事会任命。根据《高等教育法》确立的基本原则,《开普敦大学法》规定开普敦大学应当在大学里设立高等教育委员会、理事会、校长、副校长、学生代表委员会和一个系统研讨会。同时,指导学校内部建立创新论坛,创新论坛是该大学的一个独特机构,虽然它不是一个法律机构,但它由大学重要人物的代表组成,是一个大学直接听取各方意见的渠道,对开普敦大学有很大的影响。除了《开普敦大学法》之外,南非的其他高等学校也根据《高等教育法》的规定制定实施单校法,这是南非独特的个体学校立法模式。

3. 统一立法兼单校立法模式评析

南非立法权属于共和国国会,因此教育立法权仍旧掌握在中央,各地方在不违背国会立法的前提下可以依据地区情况,享有部分立法权。南非是非洲第二大经济体,国民拥有很高的生活水平,南非的政治经济相比其他非洲国家是相对稳定的,南非在高等教育发展方面也领跑整个非洲。[1] 而南非高等教育水平的不断提升,也与南非完善的高等教育法律体系密不可分。南非的统一立法兼单校立法模式具有以下特点:

第一,南非统一立法的高等教育基本法是《高等教育法》,虽然其规范的范围极其全面,但是难免在具体操作层面存在困难,需要一系列的相关法律、白皮书、绿皮书、通告、报告等予以配套,构成较为完备的高等教育法律体系,进行协同推进。第二,大学法的基本法并非《高等教育法》,而是《南非学校法》(1996 年),它为南非学校的组织、管理和经费提供一个统一的体系,为学校教育教学制定统一的规范、标准。同时,《自由州大学法》《开普敦大学法》《德班·韦斯特维尔大学修订法》等单校法都明确规定,大学的治理要和《高等教育法》保持一致,接受《高等教育法》指导。在权力机构设置方面,各大学严格按照《高等教育法》中规定

---

〔1〕 参见王立平:《我国地方政府债券融资机制研究》,陕西师范大学 2018 年博士学位论文,第 121 页。

的校委会、评议会、校长、副校长、学生代表委员会、系统研讨会的基本范式来运行。第三,单校法与其他教育法都是由国会制定的。某一大学的单校法具体针对该所大学并以该大学的名称命名,如南非的《自由州大学法》《开普敦大学法》《德班 · 韦斯特维尔大学修订法》虽然分别针对自由州大学、开普敦大学和德班 · 韦斯特维尔大学,但都是由南非国会予以制定和颁布实施的。[1]

某一大学的单校法在内容上类似于学校章程,但是在本校范围内是具有法律效力的,这又区别于通常意义上的大学章程。由于大学法与其他教育法都是由国会制定的,因此其与其他教育法并无层级上的区别,但是其内容不可以与其他教育法相矛盾。这样的统一立法兼单校立法模式,最大的优点是既保持了全国范围内教育法律体系的统一性,又以国家立法的方式维系了某一大学独特的办学特色和发展路径。

(四)综合立法兼单校立法模式

1. 综合立法兼单校立法模式的含义

综合立法兼单校立法模式,是指在综合立法模式之下,各学校根据各自的具体情况制定不同的学校法的立法模式。

2. 综合立法兼单校立法模式的国家案例

采用综合立法兼单校立法模式的典型国家是印度。印度主要以《国家教育政策》为教育的基本法,依靠该法规范全国的高等教育。尽管该基本法以"政策"命名,但是它是由印度议会授权国家人力资源开发部颁布的一项国家级教育政策,是具有一定的法律效力的,因此不同于一般性政策报告或建议。以下以印度为例,来介绍综合立法兼单校立法模式。

印度并未制定"高等教育法"或"教育法",目前颁布的五份《国家教

〔1〕 参见黄燕:《金砖国家高等教育法立法模式研究》,西南政法大学 2018 年硕士学位论文,第 26 页。

育政策》构成了印度实质上的“教育基本法”。印度第一份《国家教育政策》是1968年颁布的,它对涉及教育发展的十几项问题分别制定了指导性原则,其内容涵盖了高等教育、科学与研究等诸多领域,并且特别强调提升农业教育和工业教育的地位,强调提高高校教育质量,强调改革考试制度,并规定了学制等内容。该政策的颁布对于印度而言,意义非凡,这是其独立后教育史上的一次重大跨越。第二份《国家教育政策》是于1979年颁布的,其重点内容是“印度高等教育发展:政策框架”。第三份《国家教育政策》于1986年颁布,该政策确认要大量发展自治学院直到替代附属学院,并提出巩固现有的高等院校,完善和充实其设备,鼓励大学进行科学研究,并对开放大学、远程教育、乡村大学等问题作了具体说明。1992年,印度颁发了第四份《国家教育政策》,该政策着眼于未来十几年的教育发展,并作出了战略性部署,提出今后的教育发展不再强调数量而是强调质量的内涵式发展原则。2020年,印度制定了第五份《国家教育政策》,该政策的愿景为“通过向全民提供高质量的教育,培养充满民族自豪感和全球幸福感的地球公民”。从这份政策还可以看出,印度政府期望具有以上特质的公民必定会使印度发展成公平和充满活力的知识型社会,而最终把印度打造成为全球性的超级知识大国。为实现以上目标,印度强调应继续大力发展全纳教育(全纳教育作为一种教育思潮,它容纳所有学生,反对歧视排斥,促进积极参与,注重集体合作,满足不同需求,是一种没有排斥、没有歧视、没有分类的教育),[1]特别是将在社会地位、经济上处于不利地位的群体纳入教育体系中。该政策还包括优先培养学生的素质能力、加快普及职业教育、推广印度语言、建立综合性高等教育机构、进行大规模调查项目、加大科技成果转化、推进教育政策落实等内容。这五份《国家教育政策》在不同时期颁布,分别依据当时的国家经济发展状况而制定,因此具有鲜明的时代性和适应性,它

---

〔1〕 参见俞可:《德国全纳教育:不仅仅是钱的问题》,载《中国教育报》2012年4月6日,第7版。

们不是新法与旧法存与废的关系，而是相互补充完善的关系。该政策作为印度的教育基本法，包含了一系列宏观的原则性内容，是关于印度教育的综合立法。[1]

印度《国家教育政策》中，没有设置专门的章节对其本国的高等教育进行规定。《国家教育政策》通篇是概括性的描述，仅对印度教育发展提供了较为宏观的发展思路和方向。因此，印度制定了非常多的方面法，从微观层面弥补《国家教育政策》的缺憾。例如，1956年，印度颁布了旨在规范大学财政拨款制度的《大学拨款委员会法》。[2] 随后，印度又颁布了一系列旨在规范高校内部治理结构的法律法规，尤其对视察员、校长、大学委员会、大学行政委员会、大学学术委员会、大学院院长等教学管理人员和机构作出了详尽的规定，尽管这些法律繁多，但全部都遵从了《国家教育政策》既定的大体原则。可以说，这些法律是对《国家教育政策》确立的宏观发展思路的具体运用，由此使得《国家教育政策》确立的方向能够更好地被落实。

印度单校立法模式是指每所高校都有以其校名命名的法律，即专门规范某个大学（学院）的法律。2010～2017年，印度各大学和学院陆续颁布了自己的学校法，如纳兰达大学于2010年颁布了《纳兰达大学法》，科学和创新研究学院于2011年颁布了《科学和创新研究学院法》，拉吉夫·甘地国家航空大学于2013年颁布了《拉吉夫·甘地国家航空大学法》，拉尼·拉克什米·白中央农业大学于2014年颁布了《拉尼·拉克什米·白中央农业大学法》，规划与建筑学院于2014年颁布了《规划与建筑学院法》，拉金德拉·普拉萨德中央农业大学于2016年颁布了《拉金德拉·普拉萨德中央农业大学法》，印度管理学院印多尔分校于2017年颁布了《印度管理学院法》，等等。

---

〔1〕 参见黄燕：《金砖国家高等教育法立法模式研究》，西南政法大学2018年硕士学位论文，第21页。

〔2〕 参见闫蕾：《高等教育质量立法保障与投资拨款比较研究——以中国、美国、印度三国为例》，载《洛阳理工学院学报（社会科学版）》2012年第2期。

在印度,规划与建筑学院的单校法《规划与建筑学院法》最具有典型性。通过研究该法,可以很清晰地了解印度的单校立法模式。《规划与建筑学院法》涵盖了学校的组织架构(含权力机构设置、人事制度、薪酬体系等)、师生权利与义务,财务审计等问题。该法规定大学的权力机构一般包括董事会、教务委员会、院长、注册官和理事会。董事会负责对全校性的管理、政策等方面的内容进行讨论、决议;教务委员会是全校性的教学管理机构,负责全校性的教学、竞赛和考试标准的制定;院长既是行政官员又是学术长官,负责落实董事会、教务委员会各项决议和标准,管理学校日常事务;注册官负责对全校的档案、公章、资金等各类有形和无形资产进行保存;理事会的职能是协调全校的各级各类活动,其职能的行使应该与董事会、教务委员会或者其他机构的权力和职能保持协同。这种多层次组织结构形式是典型的印度高校管理体制。印度各个高校的单独立法大多对此也进行了明确,这对规范大学(学院)各个方面的管理工作都起到非常重要的作用。

印度的单校立法模式不仅具有很强的针对性,而且具有很强的灵活性,充分考虑各高校的具体情况,有利于执政主体结合当前国内外形势以及本国不同地区不同高校的发展阶段,在准确判断和评价当前面临的机遇和威胁的基础上,及时制定相应的法律法规以满足需要。例如,当印度意识到本国当前技术型人才紧缺这一问题后,就颁布促进技术型学校发展的相关法律,给技术型学校的教师员工、学生等提供支援型政策,鼓励师资力量和学生生源向技术型学校倾斜。又如,印度为应对规划建筑方面的高水平人才的缺乏,于 2014 年颁布了《规划与建筑学院法》;作为农业大国的印度,对农业技术人才的需求十分旺盛,于是在同年颁布了《拉尼 · 拉克什米 · 白中央农业大学法》,又在 2 年后颁布了《拉金德拉 · 普拉萨德华中农业大学法》等法律支持农业技术人才的培育;等等。此外,印度的单校立法模式还有一个突出的优点,在单个大学法颁布之前,就出台了统一的大学法或学校法。这种大学法或学校法为单个大学法的颁布提供了参照标准和依据,提前将通用的规则和体例予以规定,之后颁布的单个的大学法可以对照该大学法中的规定,以相同的体例创建各单个大学法。[1] 这种方式一方面为单校法的制定提供了统一的范本,对于制定各单校法起着重要作用;另一方面使各个单校法在整体上趋于协同,从而为形成完整的高等教育法律体系奠定基础。但是,印度的单校立法模式并非完美,尽管每一所大学都设置一部法律,使得法律非常具有针对性,但是大量类似的单个大学法的颁布不仅会占用过多的立法资源,而且"只重复不立法"实际上是对立法资源的浪费。

综上所述,印度现在已经形成了以《国家教育政策》为"教育基本法",以《大学拨款委员会法》《全印度技术教育委员会法》《印度农业研究委员会法》《印度医务委员会法》等国家法定机构法为主体,辅以一系列大学(学院)的单校法为主的高等教育法律体系。

3. 综合立法兼单校立法模式的特点

印度的综合立法模式特点鲜明。印度在宪法中明确规定,高等教育由联邦政府和地方政府共同管理,地方政府可以通过立法对地方大学进行管理,中央联邦政府也可以通过立法管理中央所属高校。历史上曾有一段时间,地方政府的权限甚至超过了中央联邦政府的立法权限。因此,印度政府制定了一部《大学拨款委员会法》,通过成立大学拨款委员会来不断加强对全国各高校的管理。近年来,印度政府和地方政府不断修改有关法令以便共同承担管理高等教育机构的职能。从立法权看,印度的联邦政府和地方政府都在各自职权范围内享有不同的教育立法权。从法律名称看,印度主要以《国家教育政策》为高等教育基本法律政策,缺少以高等教育法命名的法律。从《国家教育政策》与其他教育法律法规的关系看,该政策只对高等教育的办学方向作了原则性规定,并没有涉及任何具有可操作性的实质内容,规范高等教育完全依靠颁布诸多的方面法及其他相应政策、文件等。因此,印度陆续颁布了《大学拨款委员

[1] 参见黄燕:《金砖国家高等教育法立法模式研究》,西南政法大学 2018 年硕士学位论文,第 23 页。

会法》《中央教育机构入学保留法》《医务委员会法》《全印度技术教育委员会法》等法律和《财务和行政权力规则》《主席和其他成员的薪酬和津贴及其他服务条件规则》等规章以及 5 年一次的高等教育发展规划等。从《国家教育政策》的内容看,它包括了幼儿保健和教育、初等教育、中等教育、职业化教育、高等教育等多个教育阶段,是教育领域的综合法。

印度的单校立法模式表现出以下特点:一是印度单校立法所依据的教育基本法并不是《国家教育政策》,而是制定单个大学(学院)的单校法的依据。二是单个大学(学院)的单校法只针对某一大学(学院)并且该法律以大学(学院)名字命名。印度的《纳兰达大学法》《拉吉夫 · 甘地国家航空大学法》《拉尼 · 拉克什米 · 白中央农业大学法》分别针对纳兰达大学、拉吉夫 · 甘地国家航空大学、拉尼 · 拉克什米 · 白中央农业大学,等等。三是单个大学(学院)的单校法的法律地位特殊,它与其他的初等和中等教育法不同,只在该高校的本校范围内具有法律效力,类似于该高校的学校章程。它与其他教育法也没有层级上的上位法和下位法之分,只是其内容不得与教育基本法相抵触。[1]

二、我国产教融合立法模式的选择

我国有自己独特的法制文化传统。该法制文化传统很大程度上决定着我国的产教融合立法模式。这种立法模式不仅体现为统一立法的理念和实践,也体现在产教融合法律制度体系的具体构架方面。

(一)我国高等教育领域的统一立法传统

我国具有统一立法的传统,在教育领域也是如此。1949 年新中国成

---

〔1〕 参见黄燕:《金砖国家高等教育法立法模式研究》,西南政法大学 2018 年硕士学位论文,第 23 页。

立之后,我国的高等教育立法经历了多次变革期:党的十一届三中全会后,高等教育才慢慢恢复生机,步入发展正轨。但是,在教育法律规范体系的构建上,直到 1995 年《教育法》颁发才使其有了明显的变化。《教育法》是针对各个教育阶段的教育统一法,是教育领域的基本法、母法。此外,它还规定"高等教育由国务院和省、自治区、直辖市人民政府管理"这一基本原则。不过,我国的高等教育法律法规发展很快,在《教育法》颁发的 3 年后,《高等教育法》颁布,该法针对高等教育进行了统一规范。现行的《高等教育法》是 2018 年修订并于 2018 年 12 月 29 日起施行的,该法主要针对高等学校的定义、高等教育的目的、高等教育的形式、高等教育学位制度、设立高等学校的审批制度、高等学校的职能、高等学校的权力机构、高等学校的教育经费、高校教师和其他教育工作者、高等学校的学生等方面作出了统一规范,几乎涉及了高等教育领域的所有问题,是关于高等教育的统一立法。[1]

我国《教育法》与《高等教育法》之间是抽象化与具体化的关系。我国《高等教育法》是全国人民代表大会常务委员会根据《宪法》和《教育法》对高等教育所涉及的各类问题所作出的原则性规定而制定的高等教育领域的法律。从立法权看,我国的教育立法权集中在中央,地方立法须遵从中央立法,并且不可以与中央立法相抵触、相矛盾。从法律名称看,我国有以高等教育命名的法律,即《高等教育法》。从《高等教育法》与其他法律法规规章的关系看,我国《高等教育法》的内容多为原则性的,需要其他法律法规规章对其进行补充和细化,从而以便于在实践中得以操作。因此,我国的高等教育法律制度包括法律、行政法规、地方政府规章、部门规章、相关政策等。从规范的领域看,我国的高等教育法律涉及了学校机构设置、招生与就业、学籍管理、专业设置、教育质量管理体系、财务与审计等领域。可见,我国的高等教育法律、法规、规章体系

---

〔1〕 参见许静:《美国大学教学学术实践的研究》,河北大学 2017 年硕士学位论文,第 52 页。

具有多层次多领域的特点。

综上,我国的高等教育法律法规是以《高等教育法》为基本法,以其他行政法规、地方政府规章、部门规章、相关政策等辅以配合进行落实,构成了规范整个高等教育的多层次多领域的法律体系,规范的内容包括了与高等教育发展相关的众多领域,属于典型的统一立法模式。

(二)我国产教融合统一立法的基本构想

1.《职业教育法》对产教融合作出原则性制度安排

我国《职业教育法》的出台是为了配合国家科教兴国战略,促进职业教育发展,进一步提高劳动者素质,从而促进社会主义现代化建设。1996 年,我国颁布实施了《职业教育法》。该法总共有 5 章,分别为总则、职业教育体系、职业教育的实施、职业教育的保障条件与附则,对职业教育的社会地位、职业教育体系、职业教育的实施、职业教育的发展条件等作了规定,为指导、推动和保障我国职业教育的改革发展和依法治教提供了基本制度,对于进一步落实职业教育的战略地位,指导职业教育改革和发展,进而促进经济、社会发展和劳动就业,都发挥了重要作用。[1]

我国《职业教育法》具有很强的适应性,会随着职业教育发展的外部环境和内在要素的变化而进行不断完善和修订,特别是面临我国当前要加快发展现代职业教育的战略部署,增强职业教育适应性,满足职业教育对于促进经济社会快速发展、科技进步以及人力资源发展等迫切要求时,立法机关就会对《职业教育法》进行必要的补充和完善。

我国职业教育发展水平与发达国家相比,还有很大的差距,并且面临六个方面问题:第一,整个社会对职业教育重要性认识仍然不足;第二,职业教育还不能适应经济社会发展,还不能满足社会对技术技能人

---

〔1〕 参见王晖:《我国〈职业教育法〉修订完善的对策研究》,华东师范大学 2010 年硕士学位论文,第 13 页。

才的多方面需求;第三,职业教育经费稳步增长机制不够健全;第四,职业教育教师队伍还不适应职业教育发展需要;[1]第五,企业办学作用未能充分有效发挥;第六,职业技能培训难以满足经济社会发展和科技发展需求。[2] 针对这些困难和问题,需要我们切实转变观念,从思想上、行动上真正重视职业教育;强化基本定位,大力提高职业教育质量;[3]加强统筹规划,推进现代职业教育体系建设;健全投入机制,提高职业教育经费保障水平;抓住关键环节,建设适应现代职业教育发展要求的教师队伍;坚持分类指导,支持西部地区、民族地区和农村地区职业教育发展。[4] 而以上问题和举措同样需要对《职业教育法》进行修订和完善。

2019 年 12 月,教育部在其官网上发布了《职业教育法修订草案(征求意见稿)》(以下简称《职业教育法征求意见稿》),并面向社会公开征求意见。《职业教育法征求意见稿》明确了职业教育的内涵、定位和发展原则,强调职业教育是与普通教育不同类型但具有同等重要的地位,规定国家在义务教育后的不同教育阶段实施职业教育与普通教育分类发展;规定职业教育实行"产教融合、校企合作、工学结合、知行合一"的原则,这也是我国教育法或其草案文本中首次出现"产教融合"之规定。《职业教育法征求意见稿》提出,要落实职业教育"由政府举办为主向政府统筹管理、社会多元办学的格局转变"的要求,推动多元办学,国家重点支持建设高水平职业高等学校;强化行业主管部门、行业组织、企业举办或者联合举办职业学校的权利与职责;创新举办形式,支持举办股份制、混合所有制职业学校。强调要强化企业办学权利,确定产教融合型企业制度,明确条件和优惠政策,明确校企合作的形式;推进学徒制培

---

〔1〕 参见张洋、毛磊:《人大常委会第十五次会议专题询问职业教育法实施情况》,载《人民日报》2015 年 7 月 1 日,第 1 版。

〔2〕 参见柴葳:《职业教育法首次执法检查全覆盖》,载《中国教育报》2015 年 6 月 30 日,第 3 版。

〔3〕 参见谭强:《基于现代职业教育体系的中高职课程衔接研究——以四川省德阳市 12 所中高职院校为例》,西南大学 2016 年博士学位论文,第 158 页。

〔4〕 参见邢晖:《〈职业教育法〉修订历程回顾与〈职业教育法修订草案(征求意见稿)〉分析》,载《中国职业技术教育》2020 年第 10 期。

养;促进行业企业参与职业学校招生、专业设置管理、培养方案制订、质量评价等全过程。[1] 强调推动学校教育和职业培训及其他学习成果互通衔接。打通职业不均衡教育发展通道,向上包括专科、本科层次的职业高等学校,向下融入义务教育,加强职业启蒙教育。同时,推进中等、高等学历职业教育的贯通培养,可以实行弹性学制;取消初等职业学校教育,[2]用"职业高等学校"替代"高等职业学校",职业高等学校对应于普通高等学校,包括专科、本科层次。[3]

2021 年 3 月 24 日,时任国务院总理李克强主持召开国务院常务会议,通过《职业教育法(修订草案)》,对产教融合和校企合作、支持社会力量举办职业学校、促进职业教育与普通教育学业成果融通互认等作了规定。

2021 年 12 月,第十三届全国人大常委会第三十二次会议对《职业教育法(修订草案二次审议稿)》进行了二次审议。产教融合、校企合作是职业教育的基本制度和重要制度,也是当前职业教育最薄弱环节。调动行业企业举办和参与的积极性,确立产教融合型企业制度,力求责权利的统一,是此次推动《职业教育法》修订的重点和亮点之一。[4] 该修订草案进一步明确对积极开展职业教育企业的支持和引导措施,强调对产教融合型企业,按照国家有关规定给予金融、财政、土地、信用等支持,享受税费优惠,引导企业按岗位总量的一定比例设立学徒岗位。

2022 年 4 月 20 日第十三届全国人大常委会第三十四次会议表决通过修订的《职业教育法》,2022 年 5 月 1 日起施行。《职业教育法》明确职业教育是与普通教育具有同等重要地位的教育类型,着力提升职业教

---

〔1〕 参见《中华人民共和国职业教育法修订草案(征求意见稿)》,载教育部网,http://www.gov.cn/xinwen/2019-12/08/content_5459462.htm。

〔2〕 冯琪:《职业教育法修订草案征求意见 鼓励中小学开展职业启蒙》,载新京报,http://www.bjnews.com.cn/detail/157556125114267.html。

〔3〕 参见管西鹏:《澳大利亚资格框架对我国现代职业教育体系改革与发展的启示研究》,山东师范大学 2020 年硕士学位论文,第 41 页。

〔4〕 参见邢晖:《〈职业教育法〉修订历程回顾与〈职业教育法修订草案(征求意见稿)〉分析》,载《中国职业技术教育》2020 年第 10 期。

育认可度,深化产教融合、校企合作,将更好地推动职业教育高质量发展。该法对职业教育产教融合已作出了原则性的制度安排,对职业教育产教融合的主要问题作出了基本规定,是构建统一的职业教育产教融合法律制度体系的重要一步。

2. 为制定“产教融合促进办法”作出具体制度设计

尽管各个国家的教育立法模式及其相关制度安排为我国职业教育产教融合立法提供了经验借鉴,但是我国应该结合自己的国情来选择适宜的制度设计和立法安排,特别是在职业教育产教融合立法上,我国可以借鉴韩国的《产学教育与产学研合作促进法》。其具体做法是在《职业教育法》对职业教育产教融合作出原则性的制度安排的前提下,制定实施“产教融合促进办法”,推动一批深度参与职业教育的“教育型企业”高质量发展,深化产教融合、校企合作、工学结合、知行合一,这是深化产教融合,促进教育链、人才链与产业链、创新链四链融合,推进人力资源供给侧结构性改革的迫切要求,也对新形势下全面提高职业教育质量、推动构建技能型社会、扩大就业创业、促进“产学研创用”合作、推进经济转型升级、培育经济发展新动能具有重要意义。[1] 因此,“产教融合促进办法”应当包含以下内容:

(1)要强化企业办学的权利。要鼓励有条件的企业根据自身生产经营的需求,利用资本、技术、知识、设施、设备和管理等要素,单独举办或者联合举办职业学校、职业培训机构,为企业自身发展和其他相关企业发展提供优质人力资源支撑和实践实训保障等。

(2)要确立产教融合型企业制度。要明确国家建立产教融合型企业认定制度,并明确产教融合型企业遴选条件和优惠政策。对深度参与产教融合、校企合作,在职业学校办学和深化改革中发挥重要主体作用,行为规范、成效显著,创造较大社会价值,在提升技术技能人才培养质量、

〔1〕 参见高祥晓等:《产教融合背景下金融工程专业实践教学体系研究》,载《创新创业理论研究与实践》2020 年第 20 期。

增强吸引力和竞争力方面具有较强带动引领示范效应的企业,予以相应奖励并明确奖励额度和申领方式、考核评估方式方法、法定义务和法律责任等。

(3)要明确产教融合、校企合作的形式和内容。要鼓励职业院校、企业(行业协会)等相关主体之间通过共同举办职业教育机构或者项目、组建职业教育集团、共建共享研发中心和成果转移转化中心、共建共享公共实训基地和生产性实训基地等多种形式,在招生就业、人才培养方案制订、"双师型"师资队伍建设、实习实训基地建设、教学改革创新、质量评价和诊断改进、科学研究和技术服务、科研成果应用转化等方面建立全面、深度的紧密型合作机制。[1]

(4)要推进现代(新型)学徒制。要明确国家推行现代(新型)学徒制,鼓励有技术技能人才培养能力的企业设立学徒岗位。有条件的企业可以与职业学校联合招收学员(学徒),以工学结合的方式进行培养。[2]

(5)要明晰职业教育产教融合主体(如行政机关、企业组织、职业院校等)的职责权限、权利义务和法律责任等。要通过明晰相关主体的权责,解决政府不作为或乱作为问题、企业不想为问题和学校不敢为问题。要构建职业教育产教融合相关参与主体的法律保障制度,保护产教融合中教师、企业导师、学生、参与企业和学校等的合法权益,并解决其参与产教融合的成本分担问题。要构建刚性的职业教育产教融合法律责任制度,促使行政机关、企业组织、高职院校能切实承担起推进产教融合、校企合作的法律责任。

3. 部门规章等规范性文件辅以相应的保障政策进行落实

无论是西方的欧美国家,还是东方的日、韩等国,产教融合法都会辅以相应的保障政策。例如,韩国从20世纪60年代开始,就出台了一系列政策,用以鼓励地方、产业与职业教育间相互协作来保障产教融合的

---

〔1〕 参见邢晖:《〈职业教育法〉修订历程回顾与〈职业教育法修订草案(征求意见稿)〉分析》,载《中国职业技术教育》2020年第10期。

〔2〕《职业教育法征求意见稿》。

落实。特别是自 2012 年以来,韩国政府将产学研合作作为一项国家战略,陆续推出了一批持续时间长,规模、投入和影响力大的产学研合作政策,如韩国产学研合作先导大学培育工程(Leaders in Indvstry – University Cooperation,LINC)、韩国高等教育与区域产业需求协同发展计划(Program for Indvstry needs – Matched Education,PRIME)、韩国大学创意性资产商业化支援事业(Beyond Reserarch and Innovation Development for Good Enterprise,BRIDGE)等。同时,韩国于 2017 年 11 月颁布《产学研合作法》修正案,成立全国产学研合作委员会,统筹推进人才培养、技术转移和产业化、创业等各领域政策,为扩大政策效应和增强政策协同奠定了组织保障。

我国在推进产教融合方面,可以推动出台以下几个方面的保障政策用以推动产教融合相关法律的更好实施:(1)组织保障方面,国家和省市等各层面成立产教融合推进工作领导小组,由主要负责人担任组长,统筹协调发展改革、教育、人力资源和社会保障、财政、工业和信息化、国有资产监督管理部门等部门,减少部门之间的掣肘、推诿和矛盾,并使其加强协同联动,密切配合形成合力。[1] (2)资金保障方面,国家和省市等各层面成立产教融合政府性专项基金,对纳入产教融合型企业建设培育范围的试点企业,兴办职业教育的投资符合相关规定的,可按投资额的 30% 比例,抵免该企业当年应缴教育费附加和地方教育附加。[2] 要设立校企共建研发中心、公共实训基地、生产性实训基地等的专项补助资金。要建立健全校企双元开展学徒制合作育人的补贴制度,解决工学结合育人对校企双方增加的相关费用补贴问题。要完善学生实习责任保险和人身意外伤害保险制度,由政府补贴相关保险和救济费用等,以激发校企双方深度参与产教融合的积极性。(3)政策保障方面,要加快收入分配、企业用人制度以及学校编制、教学科研管理等配套改革,引导形成学

---

〔1〕 参见欧阳慧、欧阳愍:《职业院校集团化办学能动机制的评价体系研究》,载《科技视界》2019 年第 26 期。

〔2〕《财政部关于调整部分政府性基金有关政策的通知》(财税〔2019〕46 号)。

校主动服务经济社会发展、企业重视“投资于人”的普遍共识。[1] 要进一步明确支持企业参与产教融合、校企合作的金融、财政、土地、税收组合拳的内容、方式,让企业可以以看得见、算得出的方式真实估算投入、产出、风险等,推动产教融合真正落地。要进一步明确学校以资本、校舍、设施设备、技术、人才、管理等参与产教融合、校企合作时的参与程序和国有资产保护负面清单,解除学校“不敢参与”的后顾之忧。(4)措施保障方面,切实开展国家、省市等各层面的职业教育产教融合工程项目遴选和资助工作,加强产教融合实训环境、平台和载体建设。切实开展产教融合建设试点工作,明确试点城市、行业、企业的工作责任、工作要求、工作目标和激励制度。切实开展高校参与配合“一带一路”建设和国际产能合作项目的遴选和资助工作。

---

〔1〕《关于深化产教融合的若干意见》(国办发〔2017〕95 号)。

第四章　中国化的持续探索:产教融合立法的进路和基础

立法,一般又称法律制定,通常是指特定国家机关依照一定程序,制定或者认可反映统治阶级意志,并以国家强制力保证实施的行为规范的活动。狭义的立法专指国家最高权力机关(或称国会、国家立法机关等)制定、修改、补充、废止基本法律(或法典)和法律的活动。广义的立法泛指有关国家机关在其法定的职权范围内,依照法定程序,制定、修改、补充、废止规范性法律文件的活动。本课题所指的推进职业教育产教融合立法,特指要致力于推动国家层面的“产教融合促进法”或“产教融合促进条例”等法律法规出台,并以此为核心构建产教融合法律体系。因此,对我国相关立法进程和立法基础的梳理,是有必要的。

一、职业教育产教融合立法的演进历程

新中国成立后对职业教育产教融合的规范,很长时期都是通过从中央到地方的一切国家机关

制定和变动的各种不同规范性文件的方式进行的。其中,早期的规范性文件大多是政策性文件,还不是现代意义上的法规性文件。这些文件在当时缺乏相关法律法规的条件下,可以视作职业教育产教融合的法源。在后期相关法规性文件逐渐增多起来。

对于我国职业教育产教融合立法的演进历程,具体可以分为以下几个阶段。

(一)初立阶段:新中国成立至文化大革命前的产教融合立法

初立阶段是指 1949～1965 年发生的相关产教融合立法,是以两种劳动制度和两种教育制度确立的,以半工半读职业技术学校、半工半农职业技术学校和业余学校为主要标志。新中国成立初期面临的现实问题是:一方面,我国职业教育和高等教育院校数量极少,而接受教育的中小学毕业生人数日趋增多;另一方面,1951 年颁布学制时未将生产技术课或劳动课列入教育内容。因此,大量高小和初中毕业生缺乏劳动技能,不能满足国家经济建设对劳动者素质的要求。为了解决教育与生产相脱离的问题,解决高小和初中毕业生顺利从事生产劳动的问题,中共中央各部门相继出台了《关于解决高小和初中毕业生学习和从事生产劳动问题的请示报告》《关于普通学校实施基本生产技术教育的指示(草案)》《关于 1956—1957 学年度中小学实施基本生产技术教育的通知》等,明确提出:要在中小学有步骤地实施基本生产技术教育,在小学增设手工劳动课。今后进行的劳动教育,要把综合技术教育囊括在内,使学生从理论和实践上懂得一些工农业生产的基础知识,使培养出来的学生不仅具有文化科学知识,还具有现代生产的基本知识和技能。1957 年 3 月 16 日,《人民日报》发表社论《劳动教育必须经常化》,此后全国开始了如火如荼的劳动教育。在此过程中,河南、河北等地一些大、中学校的学生一面刻苦攻读,一面利用课余和假期的时间去从事各种有益的劳动事迹在全国范围内报道,刘少奇同志据此提出勤工俭学有可能成为解决学生学习费用困难和普及教育的一个重要途径的重要论断。《人民日报》

发表社论《一面劳动，一面读书》，促使劳动教育从一种教育形式进一步演变为具有顶岗性质的劳动教育。同年，刘少奇将《参考资料》11 月 8 日刊载的《美国大学生有 2/3 半工半读》一文印发给团中央，并要求通知各省、市、自治区团委：选择个别单位，试行勤工俭学、半工半读制度。1958 年 2 月 3 日，国务院政府工作报告《关于一九五八年度国民经济计划草案的报告》中正式提出“有步骤地实行半工半读的教育制度”。5 月 30 日，刘少奇作了题为《我国应有两种教育制度、两种劳动制度》的讲话，全面阐述了半工半读教育制度的意义。毛泽东重点考察了半工半读、厂校结合的做法，提出“学校要办工厂，工厂要办学校”“学生要勤工俭学，教师也要搞”，半工半读的领域进一步扩大。9 月，中共中央、国务院发布的《关于教育工作的指示》，明确指出，“全国将有三类主要的学校：第一类是全日制的学校、第二类是半工半读的学校、第三类是各种形式的业余学习的学校”。自此，国家着手大力发展半工（农）半读职业技术学校和各类业余学校，为经济建设培养所需的有文化的劳动者和技术人员（工人）。半工半读被当作一种基本教育制度得到了大力发展，产教结合思想得到了进一步发展，为我们现在所提倡的“工学结合”和中国式“双元制”职业教育提供了很好的借鉴。然而，文化大革命期间，“半工半读”彻底改变为“生产劳动取代学校教育”，偏离了产教结合的思想。

（二）重构阶段：职业教育恢复与发展阶段的产教融合立法

重构阶段是指 1978 年至 20 世纪 90 年代中期发生的相关产教融合立法。这一时期，职业教育得以恢复与发展。此时，以厂养校、以校兴厂的产教结合模式开始出现。1985 年 5 月 27 日，中共中央会议通过了《关于教育体制改革的决定》。该决定指出：“职业技术教育恰恰是当前我国整个教育事业最薄弱的环节”，“调整中等教育结构，大力发展职业技术教育”，为社会主义现代化建设培养更多受过良好职业技术教育的中、初级技术人员、管理人员、技工和其他受过良好职业培训的城乡劳动者。

20 世纪 90 年代,我国社会主义现代化建设进入了非常关键的 10 年。1991 年,党的十三届七中全会再次提出要大力发展职业技术教育,国务院出台了《关于大力发展职业技术教育的决定》,其中第 3 条明确规定:“我国职业技术教育必须采取大家来办的方针,要在各级政府的统筹下,发展行业、企事业单位办学和各方面联合办学,鼓励民主党派、社会团体和个人办学;要充分发挥企业在培养技术工人方面的优势和力量……各类职业技术学校和培训中心,应根据教学需要和所具有的条件,积极发展校办产业,办好生产实习基地。提倡产教结合,工学结合……”1996 年,《职业教育法》出台,第 23 条第 1 款明文规定:“职业学校、职业培训机构实施职业教育应当实行产教结合,为本地区经济建设服务,与企业密切联系,培养实用人才和熟练劳动者。”

(三)丰富阶段:职业教育内涵不断丰富阶段的产教融合立法

丰富阶段是指 20 世纪 90 年代中后期至 2010 年发生的相关产教融合立法。这一时期,工学结合、校企合作成为我国职业教育改革与发展的基本方向。自 20 世纪 90 年代中后期至 21 世纪前 10 年,职业教育在各类政策法规的保驾护航之下取得了长足的进步。据统计,到 2010 年,全国独立设置高职学校 1246 所,招生人数 310 万,占高等教育招生规模的一半以上。2004 年,教育部出台了《关于以就业为导向深化高等职业教育改革的若干意见》的文件。该意见明确规定,高职教育应坚持走“以服务为宗旨,以就业为导向,走产学研结合”的发展道路,坚持为生产、建设、管理、服务等领域培养“下得去、留得住、用得上”的实践能力强的高技能人才。2005 年国务院出台的《关于大力发展职业教育的决定》和 2006 年教育部出台的《关于职业院校试行工学结合、半工半读的意见》都明确提出了“工学结合、校企合作”的人才培养模式,一方面,强调紧紧依托行业企业办学,促进理论教育与生产劳动和社会实践相结合;另一方面,强调通过半工半读的培养模式,保证学生在顶岗实习时获得合理的报酬,可以实现学生免费或低费接受职业教育的目的。《教育部关于全面提高高等职业教育教学质量的若干意见》(教高〔2006〕16号)提出职业教育要融“教、学、做”为一体,把工学结合作为高等职业教育人才培养模式改革的重要切入点大力推进,被奉为近年来高职教育教学改革的行动指南。2005年国务院发布《关于大力发展职业教育的决定》,进一步明确了要大力推行工学结合、校企合作的培养模式。与企业紧密联系,加强学生的生产实习和社会实践,改革以学校和课堂为中心的传统人才培养模式。

(四)深化阶段:职业教育内涵深化阶段的产教融合立法

深化阶段是指2010年至今的相关产教融合立法。这一时期,产教融合贯穿职业教育教学的全过程。产教融合、校企合作是职业教育区别于普通教育的本质特征,也是职业教育作为一种教育类型成熟和发展的标志。随着我国经济建设进入产业结构调整阶段,我国的高等职业教育也相应地由规模发展向内涵发展纵深。到2015年,高职教育占高等教育的41.2%,形成了高等教育的“半壁江山”。《国家中长期教育改革和发展规划纲要(2010—2020年)》对职业教育提出了明确指示,要“实行工学结合、校企合作、顶岗实习的人才培养模式”,坚持“学校教育与职业培训并举”。在此基础上,《中等职业教育改革创新行动计划(2010—2012年)》顺势提出“以教产合作、校企一体和工学结合为改革方向”“教产合作与校企一体办学推进计划”。2011年,财政部和教育部联合实施了以提升专业服务产业发展能力为目的的高职院校项目,重点引导专业建设服务于区域重点产业。随着国家经济发展方式和产业结构的深度转型,党的十八届三中全会对职业教育发展战略提出了“深入推进产教融合、校企合作”的要求,国务院出台了《关于加快发展现代职业教育的决定》,将“产教融合”作为加快发展我国现代职业教育的指导思想和基本原则。2016年,国家发展改革委、教育部及人力资源和社会保障部联合发布《关于编报“十三五”产教融合发展工程规划项目建设方案的通知》,启动实施职业教育产教融合工程规划项目,“‘十三五’期间拟投入

50 亿元，支持 100 所左右的高职院校深化产教融合、校企合作，加快建设现代职业教育体系，全面增强职业教育服务经济社会发展的能力”。2017 年 12 月 5 日，国务院办公厅发布了《产教融合意见》。2018 年 2 月 5 日，教育部会同国家发展改革委、工业和信息化部、财政部、人力资源和社会保障部、国家税务总局联合下发了《职业学校校企合作促进办法》。2019 年 1 月 24 日，国务院印发《国家职业教育改革实施方案》，明确提出，“牢固树立新发展理念，服务建设现代化经济体系和实现更高质量更充分就业需要，对接科技发展趋势和市场需求，完善职业教育和培训体系，优化学校、专业布局，深化办学体制改革和育人机制改革，以促进就业和适应产业发展需求为导向，鼓励和支持社会各界特别是企业积极支持职业教育，着力培养高素质劳动者和技术技能人才”。“企业参与职业教育的积极性有较大提升，培育数以万计的产教融合型企业，打造一批优秀职业教育培训评价组织，推动建设 300 个具有辐射引领作用的高水平专业化产教融合实训基地。”“深化产教融合、校企合作，育训结合，健全多元化办学格局，推动企业深度参与协同育人，扶持鼓励企业和社会力量参与举办各类职业教育。”并将“促进产教融合校企‘双元’育人”作为全文的七大部分之一，系统阐述了“坚持知行合一、工学结合”，“推动校企全面加强深度合作”，“打造一批高水平实训基地”，“多措并举打造‘双师型’教师队伍”。2019 年 2 月 23 日，中共中央、国务院印发《中国教育现代化 2035》，明确提出，“加快发展现代职业教育，不断优化职业教育结构与布局。推动职业教育与产业发展有机衔接、深度融合，集中力量建成一批中国特色高水平职业院校和专业……探索构建产学研用深度融合的全链条、网络化、开放式协同创新联盟”。2019 年 3 月 28 日，国家发展改革委、教育部印发了《建设产教融合型企业实施办法（试行）》。随后，国家和有关部门出台了《新时期产业工人队伍建设改革方案》《关于提高技术工人待遇的意见》《国务院关于推行终身职业技能培训制度的意见》《职业技能提升行动方案（2019—2021 年）》《职业教育提质培优行动计划（2020—2023 年）》等一系列文件深化职业教育产教融合。2021 年 10 月 12 日，中共中央办公厅、国务院办公厅印发了《关于推动现代职业教育高质量发展的意见》，第 9 条提出："……以城市为节点、行业为支点、企业为重点，建设一批产教融合试点城市，打造一批引领产教融合的标杆行业，培育一批行业领先的产教融合型企业。积极培育市场导向、供需匹配、服务精准、运作规范的产教融合服务组织……"2021 年 12 月 31 日，教育部等 8 部门关于印发《职业学校学生实习管理规定》的通知，强调地方财政部门要落实职业学校生均拨款制度，统筹考虑学生实习安全保障相关支出和学费水平，科学合理确定生均拨款标准；企业因接收学生实习所实际发生的与取得收入有关的合理支出，依法在计算应纳税所得额时扣除。2022 年 12 月 21 日，中共中央办公厅、国务院办公厅印发了《关于深化现代职业教育体系建设改革的意见》明确坚持以教促产、以产助教、产教融合、产学合作，延伸教育链、服务产业链、支撑供应链、打造人才链、提升价值链，推动形成同市场需求相适应、同产业结构相匹配的现代职业教育结构和区域布局。

可见，中国历史上的职业教育产教融合立法，是广义的立法，包括规范职业教育产教融合行为的、从中央到地方一切国家机关制定和变动各种不同规范性文件的总称。

综上，职业教育产教融合法，是按照《立法法》的规定，由有权机关制定的，调整职业教育产教融合关系的法律规范总称。今后，按照《立法法》的规定，职业教育产教融合立法要致力于推动国家层面的"产教融合促进法"或"产教融合促进条例"等法律法规出台，并以此为核心形成产教融合法律体系。这既是新时代发展之必须，也是产教融合立法研究的重要任务之一，更是职业教育产教融合法律关系调整的要义。

二、职业教育产教融合立法的现实基础

任何法律制度的制定实施，都需要具备一定的立法现实基础。这种

立法现实基础,既包括经济社会发展已经产生了以立法方式来建立某项制度规范,并以之调整相关社会关系的现实迫切需要,也包括经济社会发展、相关理论研究和实践探索,已经为以立法方式来建立某项制度规范,并以之调整相关社会关系,提供了较为成熟可行的规制规则。这种规制规则的经验积累,可能来自本国的社会实践,也可能来自他国的社会实践或制度实践。对立法现实基础的深刻分析和精准把握,是提高立法质量的重要前提和重要保障。当前,我国的产教融合立法已经具备了一定的现实基础,具有进一步推进产教融合立法的实践探索、理论研究和立法进程的基本条件。

(一)构建技能型社会为产教融合立法提供社会基础

2020 年,在全国职业教育活动周启动仪式上,时任教育部部长陈宝生提出职业教育要努力建设技能型社会、建设技能中国。2022 年,在首届世界职业技术教育发展大会上,教育部部长怀进鹏表示,实现经济社会高质量发展,很关键的一点就是通过发展职业教育,源源不断地培养和输送各类具有终身学习能力,适应科技革命和产业变革所需的高素质、创新型技术技能人才。《国民经济和社会发展第十四个五年规划和 2035 年远景目标纲要》对教育改革提出了新要求,要求激发人才创新活力,培养技术技能型人才、壮大高技能人才队伍、实施技能提升活动,设立终身职业技能培训制度。《"十四五"时期教育强国推进工程实施方案》明确提出建立教育强国,增加教育改革活力。2021 年,习近平总书记对职业教育工作作出重要指示,强调加快构建现代职业教育体系,培养更多高素质技术技能人才、能工巧匠、大国工匠。同年,全国职业教育大会创造性地提出了建设技能型社会的理念和战略。我们要高举"技能型社会"这面旗帜,加快构建面向全体人民、贯穿全生命周期、服务全产业链的职业教育体系,加快建设国家重视技能、社会崇尚技能、人人学习技能、人人拥有技能的技能型社会,让技术技能"长入"经济、"汇入"生活、

"融入"文化、"渗入"人心、"进入"议程。[1] 党的十八大以来，我国建成世界最大规模职业教育体系，中国特色职业教育发展道路和模式基本形成，职业教育吸引力、影响力、竞争力不断增强，呈现出了定位类型化、办学多样化、体系融通化、制度系统化、合作纵深化、责任下移、高质量为重的新特点和新局面。[2] 当前，国家已通过一系列重要文件突出技术技能对社会、经济和个人发展的关键作用，职业院校毕业生就业率连续保持高位稳定，职业教育持续畅通学生多样化成长、成才的渠道，为个人打开成功、成才的大门，让每个人都有人生出彩的机会。职业教育的重要地位已经成为全社会的共识，一些人害怕在学历竞争、就业竞争、社会竞争中处于不利位置，骨子里对进入底层职业(岗位)有一种恐惧感和排斥感，不愿意自己或孩子从事体力劳动或一线岗位工作，职业教育处于"鄙视链"底端[3]的现象已经处于扭转过程中。这都为产教融合立法提供较为坚实的社会基础。

(二)职业教育法律为产教融合立法提供法制基础

2013 年《中共中央关于全面深化改革若干重大问题的决定》首次在党中央文件层面提出"产教融合"的概念。2014 年《国务院关于加快发展现代职业教育的决定》首次在国家层面提出"产教融合"的概念。为进一步深化教育领域改革，该决定提出深化产教融合、校企合作，并将"产教融合、特色办学"作为加快发展现代职业教育的基本原则。此前，与产教融合相关的内容在我国规范性文件中的表述多为"校企合作"。产教融合概念的提出，标志着我国产教关系进入转型期，由单一的政府主导下学校与企业双方"合约制"的模式转型为学校、企业、行业、政府、其他

---

〔1〕 参见陈宝生：《办好新时代职业教育　服务技能型社会建设》，载《光明日报》2021 年 5 月 1 日，第 7 版。

〔2〕 参见蔡莉：《10 年职教——让每个人都有人生出彩的机会》，载搜狐新闻 2022 年 8 月 28 日，https://learning.sohu.com/a/580464131_121118939。

〔3〕 参见刘晓欢：《职教十问之二：职业教育，如何断开"鄙视链"?》，载《中国商报》2022 年 3 月 15 日 P04 版。

社会组织等多方共同参与深层次融合的“协作制”,学校与企业之间不再只是单纯的合作契约关系,而是协同育人、培养高素质人才的协作共赢关系。政府也不再只是校企合作的“牵头人”,而是为产教融合的长效发展提供制度保障、资金支持、社会服务的重要推动主体,在产教融合中发挥至关重要的作用。2017 年国务院办公厅印发《产教融合意见》,标志着深化产教融合从职教政策提升为国家战略,成为国家破解人才供需结构性矛盾、优化人口素质结构、激发人才红利的战略路径和制度设计[1],肩负打通教育链、人才链与产业链、创新链的重要使命,进而在新技术革命下促进高等教育和职业教育形态变革,产教融合发展迈入新阶段。[2]

在我国,政策对法律的影响甚为深远,良性互动持续不断,尤其是中共中央、国务院颁布的政策性文件对国家立法活动发挥着重要的指引作用,在教育领域亦有着鲜明体现。《产教融合意见》作为现代化建设新时期的重要教育政策,因其灵活性、适时性等特征,为人才培养方式与用人制度改革创新提供了重要指引。我们知道,虽然政策与法律都属于国家的上层建筑,都具有强制性、权威性,但是政策只有经过法定的程序,并由法定部门予以制定、发布,才上升为法律并予以施行。相较而言,政策具有阶段性、灵活性和及时性,法律具有长期性、稳定性和成熟性。《产教融合意见》印发实施后,陆续颁行的《加快推进教育现代化实施方案(2018—2022 年)》《国家职业教育改革实施方案》《国家产教融合建设试点实施方案》《现代产业学院建设指南(试行)》《职业教育提质培优行动计划(2020—2023 年)》等规范性文件虽然都极为重视产教融合、校企合作,但相关规定总体上看显得较为原则性。当前,产教融合实施过程中出现的诸如多方主体相关权利义务如何厘清、多方主体相关合法权利如

---

〔1〕 参见徐梦阳、李广平:《产教融合这一年:从制度创新到国家战略》,载教育部学校规划建设发展中心网 2019 年 12 月 11 日,https://www.csdp.edu.cn/article/5643.html。

〔2〕 参见方益权、闫静:《关于完善我国产教融合制度建设的思考》,载《高等工程教育研究》2021 年第 5 期。

何得到有效保护、产教融合相关的成本如何得以合理分担、产教融合中所涉知识产权的权属如何进一步明晰、产教融合中国有资产如何得到有效保护、教育系统与产业系统的合作层次如何进一步深化、产教融合中多方主体合作的风险如何防范和分担等问题,仍未能得到根本解决,亟须通过立法予以明确和解决。

在我国,教育法律法规对于产教融合、校企合作作了一些相关规定,而其他部门法还较少涉及产教融合领域。《教育法》在第六章"教育与社会"中,规定了大量与产教融合、校企合作相关的内容,如第 46 条规定:"国家机关、军队、企业事业组织、社会团体及其他社会组织和个人,应当依法为儿童、少年、青年学生的身心健康成长创造良好的社会环境。"第 47 条规定:"国家鼓励企业事业组织、社会团体及其他社会组织同高等学校、中等职业学校在教学、科研、技术开发和推广等方面进行多种形式的合作。企业事业组织、社会团体及其他社会组织和个人,可以通过适当形式,支持学校的建设,参与学校管理。"第 48 条规定:"国家机关、军队、企业事业组织及其他社会组织应当为学校组织的学生实习、社会实践活动提供帮助和便利。"在第七章"教育投入与条件保障"、第八章"教育对外交流与合作"等中,也有一些相关规定为推进产教融合、校企合作提供了相应的法律依据。《高等教育法》也对产教融合、校企合作作了一些原则性规定。如第 6 条规定:"国家根据经济建设和社会发展的需要,制定高等教育发展规划,举办高等学校,并采取多种形式积极发展高等教育事业。国家鼓励企业事业组织、社会团体及其他社会组织和公民等社会力量依法举办高等学校,参与和支持高等教育事业的改革和发展。"第 12 条第 1 款规定:"国家鼓励高等学校之间、高等学校与科学研究机构以及企业事业组织之间开展协作,实行优势互补,提高教育资源的使用效益。"第 60 条第 3 款规定:"国家鼓励企业事业组织、社会团体及其他社会组织和个人向高等教育投入。"这些规定虽然比较抽象,但是对于推进产教融合、校企合作仍然具有一般规范意义。

《职业教育法》是我国教育法律体系的重要组成部分。《职业教育法》注重产教融合，旨在培育技术技能型人才和构建技能型社会，鼓励各地政府和行业协会对职业学校的办学进行指导，改革学校课程设置和办学模式，共同推进教育体制改革，以提高职业教育培养人才适应性为核心。《职业教育法》中有大量关于产教融合的相关规定。如《职业教育法》第 4 条规定了职业教育必须坚持产教融合、校企合作的原则。第 9 条第 1 款、第 2 款规定："国家鼓励发展多种层次和形式的职业教育，推进多元办学，支持社会力量广泛、平等参与职业教育。国家发挥企业的重要办学主体作用，推动企业深度参与职业教育，鼓励企业举办高质量职业教育。"第 14 条将产教深度融合作为现代职业教育体系的本质特征。并在第三章"职业教育的实施"、第四章"职业学校和职业培训机构"、第五章"职业教育的教师与受教育者"、第六章"职业教育的保障"、第七章"法律责任"等中，都有大量条文专门对产教融合、校企合作作出相关规定。《职业教育法》的颁布实施说明产教融合已经成为教育发展重要理论，对职业教育培养应用型人才具有关键作用，为产教融合立法提供了制度基础，强调职业教育必须适应经济社会发展需求并进行革新。但《职业教育法》的调整内容与调整方式决定了其不会对产教融合有关制度作出较为具体的规定，因其规定的原则性较强、细化不够的影响，前述产教融合实施过程中出现的大量亟待予以解决的问题，仍未能在该法中找到根本解决的制度安排，亟须通过专门的产教融合立法予以明确和解决，以实质性推进产教深度融合、校企密切合作。因此，可以说，将产教融合写进《职业教育法》，一方面为产教融合立法提供了制度基础；另一方面为推进产教融合立法，实现产教融合法与其他教育法的有效衔接奠定了制度基础。

（三）国外法治实践为产教融合立法提供借鉴基础

世界上很多国家已经有了形式多样的产教融合立法。德国是典型的大陆法系国家，以制定法为法的正式渊源。2005 年，德国颁布并实施的《联邦职业教育法》，该法将 1969 年颁布的职业教育的基本法《联邦职业教育法》与 1981 年颁布的职业教育的配套法《联邦职业教育促进法》合并并加以修订。2019 年,德国联邦政府审议通过《职业教育法修订案》(《职业教育现代化及加强职业教育工作法》,以下简称为《职业教育现代化法》),旨在进一步提高职业教育吸引力,推进实现职业教育与学术教育具有同等价值。《职业教育现代化及加强职业教育工作法》作为职业教育基本法,《企业基本法》《劳动力促进法》等作为职业教育一般法律,在此基础之上,《职业培训条例》《手工业条例》等规章制度和各州法律,共同构成了德国职业教育法律体系。美国是典型的英美法系国家,以判例法为教育法的主要形式。美国教育立法最典型的特征是分权制,联邦政府和各州政府都拥有教育立法权,两者制定的法律效力处于同一等级。美国联邦政府制定的教育法律对全国具有指导意见,各州根据本州实际情况进行相应立法。美国联邦立法主要针对资金支持等问题进行宏观指导。2018 年,美国国会批准了总统签署的《卡尔·帕金斯职业技术教育法案》,重新授权法案《加强 21 世纪职业与技术教育法》。《加强 21 世纪职业与技术教育法》主要在现代化、保持与劳动力创新和机会法案(WIOA)的一致性、加强对工商业的重视等方面作出努力和尝试。

同时,世界上很多国家的产教融合立法有非常明确的法律内容。德国的《职业教育现代化法》、美国的《加强 21 世纪职业与技术教育法》等法律文本中,对职业教育所使用的专业术语及其内涵和外延都作出了明确的规定与解释,每一个术语的概念解释都非常清楚。[1]《职业教育现代化法》明确规定职业教育的主体、合作等基本问题。美国相关法律则注重企业的加入,强调限制联邦干预,要求各州根据实际情况对产教融合、校企合作进行立法。日本 1958 年颁布了《职业训练法》,明确规定政府与企业具有培养人才的主体地位和责任,以学校教育的学生作为重点对象,法制保障培训者劳动权益,等等。此后,该法被数次修订完善。

---

〔1〕 参见郭潇莹、马毅飞:《国际立法视角下我国〈职业教育法〉修订的若干建议》,载《职业技术教育》2020 年第 24 期。

1985年,该法修订并被更名为《人力资源开发促进法》,旨在振兴、普及职业训练;开展技术考核;提高劳动者职业能力,促进其职业稳定;发展社会经济等。

世界上很多国家的产教融合立法有清晰的市场导向性。从近年来职业教育立法和修订情况可以看出,各国均在国家职业教育发展战略和职业教育立法层面加强了对高等职业教育的重视。[1] 德国在2019年对《职业教育现代化法》进行修改,以适应数字化产品和服务的时代背景,使其更加符合时代潮流,满足产权保护、隐私保护等需求。美国《职业技术教育法》经过三次修订,于1984年被《卡尔·帕金斯职业技术教育法案》替代,截至2019年,《卡尔·帕金斯职业技术教育法案》前后已经历五次修改,强调进行社区学院改革,注重政府激励制度,政府完善顶层设计与制度体系,将校企合作纳入职业教育发展规划,加强对工商业的重视等。日本的职业教育法在借鉴他国优点的同时,根据自身特色不断进行创新,《职业训练法》进行了多次修订,《劳动基准法》《职业能力开发促进法》等都是应对市场变化作出的法律制度安排。

(四)地方探索为产教融合立法提供实践基础

教育政策是教育法规制定的依据,教育政策的价值就在于它作为教育法规的基础而存在。在2017年国务院办公厅印发实施《产教融合意见》后,各省市制定出台了大量的相关规范性文件,在一定程度上丰富、发展和细化了《产教融合意见》的内容,从国家层面到省级层面再到市级层面构建了纵向立体的制度体系,对于构建完善的产教融合制度体系具有重要意义。相关政策在实施过程中为推动企业参与职业教育教学、激发社会主体参与职业教育教学积极性、培养技术技能人才等发挥了一定作用,也为我国的产教融合立法提供了一定的实践基础。

---

[1] 参见郭潇莹、马毅飞:《国际立法视角下我国〈职业教育法〉修订的若干建议》,载《职业技术教育》2020年第24期。

但是,当前我国产教融合规范性文件的数量增长在很大程度上仍然可以归结为一种“自我复制与自我维持”的过程,并未很好地激发与时俱进的制度创新并发挥应有的制度效应——在各省级、市级的一些产教融合规范性文件中,产教融合相关目标逐渐偏移,功能趋于定式化,呈现出一种制度固化的倾向,主要表现为:相关规范性文件在数量上呈现出的增长趋势并未在同等程度上实际带来制度体系的同步完善,产教融合的制度价值并未获得同等程度的同步扩张,产教深度融合在一定程度上受制于其制度的“内卷化”倾向而发展缓慢。结合产教融合相关规范性文件的文本分析,当前产教融合制度呈现“内卷化”倾向的基本特征主要表现为立法滞后性、制度功能定式化、制度内容复杂化和精致化等方面。[1]

产教融合从法律制度安排到政策实施,体现了从国务院到省级、市级地方政府推动教育优先发展、产教深度融合的决心和促进教育链、人才链、产业链和创新链同举并进的“四位一体”教育体制改革方针。[2]从法律制度角度分析,产教融合在全国层面有序开展的内在制度逻辑应当是:首先,在国家层面设定产教融合发展的总体方向与战略布局,立足于我国现有产教融合、校企合作实践经验,统筹规划未来产教融合的整体走向与目标效应,力求发挥各相关领域的主观能动性,调适人才与市场、学生与企业的供需关系,以服务于我国社会主义现代化建设的需要。其次,省、市政府从本地经济社会发展实际和需求出发,制定既符合国家产教融合整体发展方向和原则要求,又具有区域特色发展需求的实施意见。各地产教融合规范性文件的实际作用与目的在于细化、深化国家层面的法律制度及政策安排,为本地产教融合事务的有序开展提供有力抓手。但在我国现行有效的产教融合相关制度中,具有最高法定效力的是国务院发布实施的《产教融合意见》,属于国务院规范性文件,是一种“国

---

〔1〕 参见方益权、闫静:《关于完善我国产教融合制度建设的思考》,载《高等工程教育研究》2021年第5期。

〔2〕 参见潘建华:《我国职业教育校企合作的有效性研究》,上海师范大学2017年博士学位论文,第109页。

家性的政令”，至今未有国家层面的“产教融合促进法”或“产教融合促进条例”等法律法规出台，致使我国产教融合制度体系的完善进程受到延滞，制约了产教深度融合、校企高水平合作的进一步推进。并且，法律法规层面的缺失，还影响了省级、市级相关产教融合政策的制定和落地。由于没有法律法规的约束，仅以规范性文件作为指导，产教融合制度即使在省级层面得到积极响应，但在市级层面却难以顺利推进，也很难达到预期成效——相当一部分市级政府至今仍未制定推进产教融合的地方规范性文件；即使已经制定实施了市级产教融合规范性文件的，就其实施方案和具体内容而言，大多是对中央、省级政府相关指导性文件的简单复制与内容移植，仅就发展方向提供一些宏观层面的设计和构想，并未更进一步明确和细化实施的保障制度、监督评价制度、奖惩责任制度等。这也从一个侧面反映出一些地方政府对产教融合的战略意义及其规律缺乏应有的认识，理解不够深刻，把握不够精准，对如何推进产教融合缺乏行之有效的举措。[1] 可以说，法律法规的缺位，是造成我国产教融合制度呈现出“自我复制与自我维持”现象，产教融合制度完善进程缓慢，产教融合相关“堵点”难以疏通、“痛点”难以消除、“难点”难以攻克，产教融合事业难以有效推进，且不能发挥其对推进经济社会发展的应有作用的根源性因素。

当然，各地产教融合相关政策的大量制定出台及其施行，是先进、发达的生产力催生高度社会化并伴随着“风险”条件下践行和实现法治的客观需要，[2]不但积累和丰富了推进产教深度融合的制度基础和实践基础，也让我们更加清晰地看到推进产教深度融合所要面对的重点难点、堵点、痛点和关键点等现实状况。尤其是一批国家高水平高职院校一直积极探索产教深度融合有效路径，为产教融合政策突破提供了实践样

---

〔1〕 参见方益权、闫静：《关于完善我国产教融合制度建设的思考》，载《高等工程教育研究》2021 年第 5 期。

〔2〕 参见史际春、胡丽文：《政策作为法的渊源及其法治价值》，载《兰州大学学报（社会科学版）》2018 年第 4 期。

本。如国家双高计划建设单位温州职业技术学院的实践探索就得到业内的高度好评。

(1)在同步规划产教融合与经济社会发展方面,学校坚持办学能级上升、办学资源下沉,全面嵌入、融入县域和产业集聚区办学,形成了分布式办学布局。与瑞安市人民政府共建瑞安学院,主要举办与当地产业对接的汽摩配、机械设计与制造、新能源装备技术等专业,打造市域产教联合共同体,有效推动各类主体深度参与职业教育;与永嘉县政府共建永嘉学院,主要举办与当地产业对接的泵阀、文旅等专业,打造中高职衔接共同体,实现中高职一地式一体化发展;与瓯海区人民政府联合在时尚智造小镇中共建设计学院,主要举办与小镇产业对接的时尚设计类等专业,打造行业产教融合共同体,为行业提供稳定的人力资源和技术支撑,较好地促进学校融入国家创新体系和新型城镇化建设。

(2)在推动学科专业建设与产业转型升级相适应方面,学校依托温州企业综合服务平台,建设"产教数字大脑",注册企业超过 14 万家,大样本调研和定期发布《温州产业人才开发指引》,为学校专业定位和人才培养提供精准指导,高标准践行"区域有什么主导产业,就举办什么专业"的办学宗旨。全面对接浙江省"八大万亿产业"和温州"5 + 5 + N 产业"布局,以服务产业贡献度为主要考核指标进行常态化专业考核,持续优化专业结构,提升人才培养适应性。2022 年,一次性撤销 13 个专业,新申报 10 个专业,极大地提升了专业与产业的对接度,进一步健全以社会需求为导向的专业动态调整机制。

(3)在拓宽企业参与途径方面,学校探索推进混合所有制改革,允许企业以资本、技术、管理等要素依法参与办学并享有相应权利。学校在产教融合校企合作中秉承"四不签"原则——没有产教融合校企合作具体项目的战略协议、框架协议、全面合作协议不签;企业没有真实投入的产教融合校企合作协议不签;不符合学校发展方向的产教融合校企合作协议不签;学校没有合作能力的产教融合校企合作协议不签。学校构建的产教融合校企合作基本准入制度有力保障了学校产教融合工作的可持续高质量发展。此外，仅 2019 年 1 月至 2023 年 8 月，学校就引入企业投入产教融合资源合计人民币 2.8 亿元。学校也不断增强自身办学硬实力，扮演好产教融合主动建设者的角色，尊重企业行为逻辑，吸引企业充分参与到学校人才培养全过程，有效驱动产教融合向纵深发展。

（4）在深化“引企入教”改革、开展生产性实习实训、以企业为主体推进协同创新和成果转化等方面，学校坚持在校内实训室、研发机构建设中，校企经费投入不低于 1∶0.5 的基本要求，要求二级学院在提出实训室和研发机构的可行性论证方案时，必须同步提交校企双方建设经费投入的状况，如果企业经费投入无法得到落实，说明该专业建设和研发机构建设不能获得企业认同，学校将不支持建设该实训室和研发机构。同时，在产教融合校企合作的协议中，明确企业对学校师资培养的义务、派遣优秀企业师资参与学校人才培养的义务、企业委托学校开展技术研发的义务、校企合作开展社会培训的义务等；并明确学校对企业承担的适配人才培养义务、企业员工培训提升义务、教师指导企业技改义务、企业资源转化为教学资源的义务等。另外，学校引进科技成果转移转化公司，校企合作共同推进科技成果转移转化工作，着力提升高校科技成果转化利用效能。借此，学校在实训室和研发机构建设时得到了企业的大量经费投入，极大促进了产教融合校企合作的宽度、深度和紧密度，也切实让企业在产教融合校企合作中获得优质人才和科技研发等需求满足，实现校企共建、共享、共赢。

（5）在校企合作推进“双师型”队伍建设方面，学校引进有企业工作经历的具有硕士以上学位和技能证书的师资，强调进行教师素养培训提升；对企业兼职教师，强调队伍稳定性和具备一定的教师素养；对引进的博士等来自高校的教师，强力推进入企锻炼，在入职前 3 年真实入企锻炼不少于 2 年，提升自身的技术技能水平、对企业人才需求和技术需求的把握等；对全体专任教师要求每 5 年真实入企锻炼不少于 6 个月，入企锻炼前有计划有目标，入企锻炼时有日志有督查，入企锻炼后有总结有分析，未真实入企每查处一次个人扣发 3000 元绩效津贴并影响其教学业绩考核，所在二级学院扣发5000元绩效津贴并影响该学院年度考核；强调专任教师职称评定时以获得其专业领域同等级的技能证书作为前置资格条件，极大地提升了“双师型”教师队伍质量，极大地促进了校企之间的相互了解和认同，极大地推进了人才培养的适应性和“做有用的科研”，极大地促进了教师成长和发展，对于促进产教融合校企合作也具有重要推动意义和成效。

第五章　公平中的多方制衡：产教融合立法的功能和属性

立法的功能和属性是在某一领域的立法研究和立法活动中必须面对的重要问题。职业教育产教融合立法主要达到什么立法目的，并预期取得什么成效，是职业教育产教融合立法功能定位的问题。职业教育产教融合立法所面向的社会权利属性，很大程度上决定了其社会法的部门法归属，这是职业教育产教融合法的属性问题。

一、职业教育产教融合立法的基本功能

一般而言，法律具有指引功能、预测功能、评价功能、强制功能和教育功能等。对于不同法律而言，虽然都具有上述功能，但是其立法功能是有所侧重的。对于职业教育产教融合立法，其关键立法功能的科学确立，直接关系到立法质量和成效。如何促进产教深度融合，实现“产业链、创新链、教育链、人才链”有机贯通；如何提升学生的职业能力，助力其实现更高质量的就业，无疑是最需

要实现的职业教育产教融合的立法功能。

(一)社会促进功能

由于职业教育产教融合立法属于社会法的范畴,因此,其功能亦应与社会法功能基本一致,最重要的是其社会促进功能。

社会法的发生机理在于对市场化运动及其负面后果进行“反向运动”和矫治,其早期功能是社会保护。它是资本主义市场经济制度调整的主要内容,是现代市场经济和混合资本主义的构成性要素。社会法可分为三代,具有明显的代际更替和功能扩展、嬗变轨迹:从第一代社会法的社会保护单一功能模式,到第二代社会法的社会保护为主、社会促进为辅的主次功能模式,再到第三代社会法的社会保护与社会促进并重的功能模式。功能嬗变与代际更替的机理主要在于资本与社会的矛盾运动、公平(社会保护)与效率(社会促进)的复杂关系。[1] 也就是说,时至现代,社会法的功能模式已经从社会保护为主、社会促进为辅的主次功能模式转变到社会保护与社会促进并重的功能模式。

关于社会促进功能,我国学者有着不同的看法。

有学者认为,社会促进是通过促进人力资本增长对经济增长的促进。现代社会法强调公平与效率并重,体现为对资源配置、机会分配、能力平等的促进,直接促进社会生产、经济增长和可持续发展。其与市场经济、市场社会的机制问题高度相关,其增设、改进、优化、健全了市场机制。现代社会法在权利确认、赋予和行为指引方面具有诸多的程序性、工具性安排——转化为市场经济所必需的博弈机制,即成为信息机制、沟通机制、定价机制、激励机制、约束机制,使人力资本与非人力资本两类要素、劳方当事人与资方当事人能够建立和维系稳定的合作关系,使要素的配置更有效率。从而使社会法功能扩展到经济关系的构成、运

〔1〕 参见陈步雷:《社会法的功能嬗变、代际更替和中国社会法的定位与建构》,载《现代法学》2012 年第 3 期。

行、调整领域。社会法更具有直接开发新产业、优化人力资源、提升内需水平、全面推动经济发展的功能，即具有显著的生产性功能，呈现出从间接的、局部的社会促进向直接的、全面的社会促进延伸的逻辑和规律，其生产性功能表现为：(1)社会政策和立法立足于全体社会成员生存和发展的基本需要，直接催生、促进、提升了大量的产业，对GDP的增长和优化具有直接的制度绩效。例如，围绕衣食住行、生老病死等基本需要和知识、精神等中高端需要的大量社会需求和供给，被其直接激发和创造出来。(2)以提升人力资本的质与量为手段，全面增强发展能力。(3)刺激和提振内需、激励供给、降低外需依赖度，以改善国内经济质量、增进经济安全。(4)直接增加和优化社会资本，促进社会公平、稳定、互信、和谐、忠诚、团结。一是利于经济稳定、优质发展，二是生产良好的价值、精神、秩序等非物质财富。[1]

还有学者认为，社会促进是通过社会给付(社会义务)履行对社会事业的促进，以此不断满足实现社会群体职业岗位能力提升权利的需要。[2] 其中，社会事业的促进具体包括就业促进、教育促进、健康促进、慈善事业促进等，就业促进是根本，教育促进、健康促进和慈善事业促进是就业促进的必要保障。随着科技进步、国际竞争的日益激烈，人口、资源和环境等压力的逐渐增大，就业促进功能也越来越指向适应现代化发展的需要，诸如促进与科技进步、日益激烈国际竞争相适应的人才可持续地进入相关职业岗位。社会给付，是指资金、服务等给付于社会事业促进的领域。社会事业的促进的法律形式，主要是就业促进法及围绕其进一步深化的教育促进法、健康促进法等。

外国的就业促进法是适应现代化对人力资源岗位能力需要的产物，

---

〔1〕 参见陈步雷：《社会法的功能嬗变、代际更替和中国社会法的定位与建构》，载《现代法学》2012年第3期。

〔2〕 参见汤黎虹：《社会法基本理论》，法律出版社2017年版，第89～97、137～176、233～238页。

其构成也具有现代色彩。[1] 促进就业立法与一个国家的政治、经济、文化和社会制度以及立法习惯和传统有着密切关联。第二次世界大战以后,由于世界各国的经济处于低迷状态,于是各国政府都致力于解决失业问题,减少失业、促进就业成为各国努力实现的目标。美国早在1938年就制定了就业法,以应对当时的资本主义经济危机,缓解就业压力。20世纪末,为了规范和保障就业服务体制,美国又于1998年制定了《劳动力投资法案》和《职业训练合作法案》。在这两部法律中,同时明确了中央政府担负主要就业培训资金义务以及地方政府提供合作开发、实施和管理培训项目的义务。德国通过国家力量的介入不断改善就业结构,从而避免、减轻或消除因失业给国民经济及个人利益带来的不利影响,如1969年颁布《就业促进法》。同时,德国政府还通过法律和政策对解雇进行严格限制,在1969年8月的《解雇保护法》中规定可以通过协商、复议、诉讼等一系列程序对解雇的有效性进行确认。第二次世界大战结束后,日本围绕促进就业分别制定了《职业安定法》(1947年)、《紧急失业对策法》(1949年)、《退役军人转业临时措施法》(1958年)、《煤矿工人转业暂行措施法》(1959年)、《残疾人就业促进法》(1960年)、《人力资源开发促进法》(1969年)、《保障男女平等就业法》(1972年)、《雇用保险法》(1974年)、《高龄者雇用安定法》(1986年、)《就业和人力资源开发组织法》(1999年)等。英国1973年制定《就业和培训法》,旨在健全就业服务体系,明确政府促进就业职责。

总体来看,国外的促进就业法规既有其鲜明的个性,也有许多共同之处。比如,在立法宗旨上都是一致的,即为了保障劳动者的生存权、就业权而主要由政府制定法律政策,促进充分就业,保持经济与社会协调发展。从大多数国家的实践看,就业促进立法的模式主要有以下四种:一是综合立法,即在综合性劳动立法或劳动与社会法典之中列入促进就

[1] 参见汤黎虹主编:《社会法学》(第2版),中国人民公安大学出版社2014年版,第175~176页。

业的条款。例如,德国在《社会法典》中列入了《就业促进法》。二是专项立法,即对促进就业进行专门立法。这种立法方式便于把相对较多的就业或促进就业内容纳入其中。例如,《美国充分就业和平衡增长法》(1978 年)、《俄罗斯联邦居民就业法》(1996 年)等。三是分散立法,即将就业或促进就业的相关内容分别立法,但又使这些单项法规互相配套,共同发挥其促进就业的作用。日本就是这种立法模式的典型代表。四是混合立法,也就是采取以上三种或其中两种方式相结合的立法模式。例如,德国和法国采取的是第一种和第三种相结合的立法方式,美国和英国采取的则是第二种和第三种相结合的立法方式。[1] 外国在促进就业立法方面的实践表明,绝大多数国家采取的是混合立法模式,而进行专项促进就业立法的国家相对较少,即便是采用专项立法的国家,也制定了大量的单项配套法规。

外国的社会事业促进法,主要是适应职业岗位能力(素质)的需要而形成的,包括培训教育促进法和健康促进法。[2] 在培训教育促进法方面,美国 1962 年制定了《人力开发和培训法案》,1964 年制定了《经济机会法》,1973 年制定了《就业和人力培训结合法》,这些法律都是以提供培训机会、提高失业人口就业能力为目标的;美国《康复法》《1974 年紧急失业补偿法》,是以救济失业人员为目标的;等等。[3] 美国 20 世纪 80 年代后以提高失业人员能力为目标的《职业训练合作法案》(1982 年)和以强化教育为目标的《卡尔·帕金斯职业技术教育法案》(1984 年)、《麦克基尼·文托无家可归者援助法案》(1987 年)、《强化美国经济竞争力教育、培训法》(1988 年),都是“教育促进法”的展开。德国于 1969 年颁布了《就业促进法》,以实现充分就业为立法目的,该法将就业保障工作

---

〔1〕 参见马永堂:《国外促进就业法研究及对我国的启示与思考》,载《中国劳动》2005 年第 3 期。

〔2〕 参见汤黎虹主编:《社会法学》(第 2 版),中国人民公安大学出版社 2014 年版,第 194 ~ 195 页。

〔3〕 参见曾运强:《美国新生劳动力就业及失业人员再就业促进政策的启示》,载《人事天地》2012 年第 10 期。

的重点大幅转移到促进就业上，特别强调职业培训和就业的发展和维持，并采取了具体的补贴措施。当然，德国还制定了《联邦教育法》、《职业培训法》（1969 年）、《联邦教育促进法》（1971 年）、《职业培训促进法》（1981 年）等与《职业促进法》相衔接的法律。关于健康和健康促进的立法形成较早。英国 1848 年就颁布了改善工业城镇环境的《公共卫生法》，要求把污水和废弃物集中处理；1875 年《公共卫生法》规定了供水、排水、街道房屋管理、垃圾清理、食品卫生监督、疾病预防、殡葬、污染行业的管理，建造符合标准的厕所等内容。其主要目的就是通过促进城市环境健康的发展来减少对公民健康的损害。英国还于 1946 年颁布了《国家卫生服务法》，该法规定了国家卫生服务和向所有人提供免费医疗服务。20 世纪 70 年代后，产生了"职业安全与健康法案"，典型的例子是 1970 年颁布的美国《职业安全与健康法》、1972 年颁布的日本《劳动安全与卫生法》和 1974 年、1975 年分三批颁布的英国《职业安全与保健法》。这些法案的目的是通过促进职业安全和健康的发展来保护工人的健康、安全和福利，其立法要旨就是通过促进城镇环境卫生事业发展减轻市民健康的损害。

我国的社会促进法律体系，主要包括就业促进法律法规、教育事业促进法律法规，等等。我国关于就业促进的法，寓于《宪法》《劳动法》《工会法》《劳动合同法》等促进就业的规定之中。2007 年 8 月 30 日第十届全国人民代表大会常务委员会第二十九次会议通过，2015 年 4 月 24 日第十二届全国人民代表大会常务委员会第十四次会议修订的《就业促进法》是促进就业的专门性法律。[1] 我国《宪法》第 33 条第 2 款规定"中华人民共和国公民在法律面前一律平等"，第 42 条第 1 款规定"中华人民共和国公民有劳动的权利和义务"。这些宪法规范是所有就业促进和反就业歧视法律规范的立法基础。我国《劳动法》第 3 条第 1 款规定：

〔1〕 参见汤黎虹主编：《社会法学》（第 2 版），中国人民公安大学出版社 2014 年版，第 176～198 页。

“劳动者享有平等就业和选择职业的权利……”《劳动法》第 12 条规定：“劳动者就业，不因民族、种族、性别、宗教信仰不同而受歧视。”第 46 条第 1 款规定：“工资分配应当遵循按劳分配原则，实行同工同酬。”这些条文都涉及了劳动者平等就业和禁止就业歧视的内容。我国《工会法》第 21 条第 1 款规定：“工会帮助、指导职工与企业、实行企业化管理的事业单位、社会组织签订劳动合同。”第 22 条第 2 款规定：“用人单位单方面解除职工劳动合同时，应当事先将理由通知工会，工会认为用人单位违反法律、法规和有关合同，要求重新研究处理时，用人单位应当研究工会的意见，并将处理结果书面通知工会。”第 34 条第 3 款规定：“县级以上各级人民政府及其有关部门研究制定劳动就业、工资、劳动安全卫生、社会保险等涉及职工切身利益的政策、措施时，应当吸收同级工会参加研究，听取工会意见。”我国《劳动合同法》更是对劳动者的就业促进和保护作了详细规定，第 1 条立法目的就开宗明义地规定：“为了完善劳动合同制度，明确劳动合同双方当事人的权利和义务，保护劳动者的合法权益，构建和发展和谐稳定的劳动关系，制定本法。”并对用人单位解除和终止劳动合同以及裁员作了严格的限制性规定。我国《就业促进法》第 3 条规定：“劳动者依法享有平等就业和自主择业的权利。劳动者就业，不因民族、种族、性别、宗教信仰等不同而受歧视。”本条规定了平等就业与禁止就业歧视的一般原则。该法第三章规定了“公平就业”，主要包括明确政府职责、规范用人单位和职业中介机构的行为、保障妇女享有与男子平等的劳动权利、保障各民族劳动者享有平等的劳动权利、保障残疾人的劳动权利以及保障城乡劳动者享有平等的劳动权利等。国务院发布的《女职工劳动保护规定》《残疾人教育条例》《工伤保险条例》《劳动保障监察条例》等都直接或间接地涉及了促进就业的规定。民政部等部门发布《社会福利企业招用残疾职工的暂行规定》、人力资源和社会保障部等部门印发《公务员录用体检通用标准（试行）》等为法律、行政法规的实施提供了具体细则。还有许多相关的地方性法规也结合当地实际，作出了具体的促进就业的规定。

我国关于教育事业促进的法,主要包括教育基本法中的教育事业促进规定、普通教育事业促进法、职业教育促进法、非普通教育事业促进法、辅助教育事业促进法。[1] (1)教育基本法中的教育事业促进规定。我国的《教育法》是第八届全国人民代表大会第三次会议于 1995 年 3 月 18 日审议通过并颁布,后经多次修正。《教育法》是以我国《宪法》为依据制定的,成为制定其他教育法的依据,规定了我国教育的基本性质、地位、任务、基本原则和基本制度等。其中,对教育基本制度、学校及其他教育机构、教师和其他教育工作者、受教育者、教育与社会、教育投入与条件保障、教育对外交流与合作、法律责任等作出了规定。从社会促进角度看,主要规定了政府和社会组织发展学前教育、初等教育、中等教育、高等教育的学校教育事业、提高全民族素质的内容。(2)普通教育事业促进法。1986 年 4 月 12 日由第六届全国人民代表大会第四次会议审议通过并颁布、后经多次修订、修正的《义务教育法》是普通教育法中的重要法律,规定我国实施 9 年义务教育制度;1998 年 8 月 29 日第九届全国人大常务委员会第四次会议审议通过并颁布、后经修正的《高等教育法》是以举办高等教育相关的内外部关系为调整对象的单行法律,包括专科、本科、研究生三个层次的教育;等等。其中,规定了政府和社会组织推动素质教育、公平教育及均衡教育的内容。(3)职业教育促进法。《职业教育法》是职业教育的"基本法"。该法明确职业教育是指为了培养高素质技术技能人才,使受教育者具备从事某种职业或者实现职业发展所需要的职业道德、科学文化与专业知识、技术技能等职业综合素质和行动能力而实施的教育,包括职业学校教育和职业培训。[2] 职业教育是与普通教育具有同等重要地位的教育类型,是国民教育体系和人力资源开发的重要组成部分,是培养多样化人才、传承技术技能、促进就业创业的重要途径。国家大力发展职业教育,推进职业教育改革,提高职业

---

〔1〕 参见汤黎虹主编:《社会法学》(第 2 版),中国人民公安大学出版社 2014 年版,第 195 ~ 196 页。

〔2〕 参见《职业教育法》第 2 条。

教育质量,增强职业教育适应性,建立健全适应社会主义市场经济和社会发展需要、符合技术技能人才成长规律的职业教育制度体系,为全面建设社会主义现代化国家提供有力人才和技能支撑。[1] (4)非普通教育事业促进法。为了实施科教兴国战略,发展职业教育,提高劳动者素质,国务院1987年发布的《关于改革和发展成人教育的决定》是关于改革和发展成人教育的指导文件,对成人教育的主要任务、成人教育的重点、成人学校教育、大学后继续教育等提出了要求。2005年4月27日第十届全国人民代表大会常务委员会第十五次会议审议通过并颁布的《公务员法》第十章专门规定了公务员培训事项,强调要构建公务员终身教育制度等。(5)辅助教育事业促进法。我国的教育基本法《教育法》中的第二章"教育基本制度",专门规定国家教育考试制度、学业证书制度、学位制度。1980年2月12日第五届全国人民代表大会常务委员会第十三次会议审议通过,2004年8月28日第十届全国人民代表大会常务委员会第十一次会议修订的《学位条例》,具体规定了学位制度,旨在促进我国科学专门人才的成长,促进各门学科学术水平的提高和教育、科学事业的发展。

产教融合法的重要立法目的,就是促进高素质技术技能人才培养及其高质量就业。因此,产教融合立法同样适用社会事业促进法的基本原理,包括法的目的、原则、内容,其本质属于社会事业促进法。当然,由于产教融合主体及其权利的结构具有特定性,特别是其各层次具体的主体关系的特定性。因此,产教融合立法必然是社会事业促进法的更加具体的展开,抑或社会事业促进法的分层次细化,并且需要将就业促进、教育促进等内容综合起来立法。

(二)扶权功能

有学者从法的功能上将社会法与民商法、行政法、经济法进行了部

---

[1] 《职业教育法》第3条。

门法区分,其认为民商法是“保权”法,即保护财产权和人身非财产权的法,具有“保权”功能;行政法是“控权”法,即控制行政权的法,具有“控权”功能;经济法是“限权”法,即限定整体经营权的法,具有“限权”功能;社会法是“扶权”法,即帮扶实现社会权的法,具有“扶权”功能。[1]

该学者将“扶权”的“权”理解为社会权,即职业岗位能力提升权;将“扶”理解为帮扶义务,即社会义务或者社会给付义务。对此,该学者作了如下阐释:[2]

法理学基本理论认为,法的权利是法所允许的权利主体为了满足自己的利益而采取的、由其他主体的法律义务所保证的法律手段。这里,强调了权利主体享受权利需要义务主体承担义务给予保证。社会权利需要社会义务保证亦是如此。社会法上的权利主体在提升职业岗位能力时遇到困难或者困境,需要社会法确认的义务主体承担解困义务使其解脱,也就是说,社会法的权利主体的脱困权利,需要法定义务主体承担解困义务来保证。

中国现行的社会法确认的义务主体(帮扶主体),依据社会法对权利主体(被帮扶主体)在实现提升职业岗位能力权利遇到困难或者困境时履行解困义务,使权利主体在困难或者困境中得以解脱。例如,就业群体在实现提升就业岗位能力权利时遇到困难(如缺乏调整和增加就业岗位、缺乏提供就业服务和援助等),就业促进法等法律规范就要规定义务主体必须履行促进就业的统筹协调和政策调制的义务、就业服务(政府公共就业服务、职业中介服务职业指导、就业与失业登记、职业教育和培训)义务、就业援助义务,等等。

社会法确认的义务可以统称为社会义务。该社会义务是指帮扶主体履行解除被帮扶主体在提升职业岗位能力时遇到的困难或者困境的社会性责任。同时,社会义务还是社会帮扶主体的义务。该义务主体,

---

〔1〕 参见汤黎虹:《社会法基本理论》,法律出版社 2017 年版,第 194 ~ 205 页。
〔2〕 参见汤黎虹:《社会法基本理论》,法律出版社 2017 年版,第 155 ~ 173 页。

是指由社会法确认和认可的互相帮助、共同扶助地承担帮扶义务的帮扶群体。其主要特征是集群性,即表现为不同组织的相关机构和人员集合的特有属性。也就是说,该群体不是某一个组织内的群体,而是不同组织和个体的集合。例如,就业促进中的就业促进群体是包括从事就业促进行为的国家机关、企事业单位、就业服务组织和社区等集合体。

社会义务主体可分为三个方面的主体:(1)政府及其有关部门。例如,在就业促进中,是促进就业、就业服务、就业援助的主体,是教育事业促进、健康事业促进的主体等。(2)社会组织和经济组织。例如,社会组织包括公共就业服务机构、就业援助机构、职业中介机构、劳动仲裁机构、劳动安全卫生鉴定机构、教育机构、医疗卫生机构、村民委员会和街道委员会、市容卫生服务机构、交通安全服务机构;经济组织包括企业和经营性单位、保险机构、金融机构;等等。(3)社会团体和社区。例如,工会、妇女联合会、中国共产主义青年团、残疾人联合会、红十字会、体育社会团体、教育社会团体、医疗社会团体、基金会、社区社保中心、社区家政服务中心、社区医疗机构、社区养老机构、社区戒毒康复中心、社区综合治理中心,等等。

社会义务可以分为两大类:(1)政府给付义务,是指各级政府及其所属有关部门,根据社会权利需要,依照法定程序向社会权利主体提供财产性(金钱和物资及其服务)帮扶或者制定赋予其与财产性帮扶有关的政策的社会责任。制定赋予其与财产性帮扶有关的政策,主要是指社会政策。按照一般理解,社会政策是通过国家立法和政府行政干预,解决社会问题,促进社会安全,改善社会环境,增进社会福利的一系列政策、行动准则和规定的总称。[1] 从社会法的角度看,社会政策就是为了帮扶实现社会权利,由政府及其所属有关部门制定的帮扶政策。例如,精准扶贫政策、社区帮扶政策以及就业帮扶、教育帮扶、健康帮扶等政策。需要指出的是,政府给付不是行政行为。根据现行行政法理论解释,行政

---

〔1〕 参见任保平:《经济增长质量:经济增长理论框架的扩展》,载《经济学动态》2013 年第 11 期。

行为是行政机关行使管理职权的活动，是行政主体在实施行政行为时具有单方意志性，不必与行政相对方协商或征得其同意，即可依法自主作出的行为，是带有强制性、行政相对方必须服从并配合的行政行为。而政府给付是行政机关履行社会帮扶义务的活动，是行政主体在履行社会帮扶义务时必须根据社会权利主体的权利生成所采取的行动，是带有协调性、社会系统积极配合的行为。所以，社会给付义务绝不是社会管理权力。行政法学界有一种理论，认为行政给付是行政行为。这在行政管理系统是存在的，并体现出管理权力，但对于狭义社会系统，行政给付就不能体现出管理权力，只能体现出社会帮扶义务。这也是服务型政府在狭义社会的具体体现。(2)社会服务义务。社会服务概念由英国学者理查德·提特穆斯于 1958 年在他的著作《论福利国家》中首次提出。此后，这一概念在西方和国际机构中被广泛使用。其主要特征包括：非现金支付——不属于收入保障范畴，也不发放实物，主要是一种劳务性服务；主要针对人群中的困难群体、边缘群体、脆弱群体和问题群体；针对个人的人身服务——它关心人生不同阶段遇到的各种特殊困难、问题和危机，提供给处于具体境况中和有具体需求的个人，因各人困难的不同而不同；主要采用三种供给模式——政府直接供给(与政府给付有交叉，但主要区别在于，政府给付较多发放金钱和实物，政府直接供给则突出劳务性服务)，非营利组织独立供给，政府与非营利组织合作的外包(购买)形式供给；不以营利为目的，主要采用免费或弥补部分成本收费的形式，具有无偿性或低偿性；服务的实施人员主要是专业社会工作者和志愿者，还有护理人员、家政人员、教师、医生等，服务地点主要在社区、受助者家中和专门的社会服务设施内；服务方式主要包括家庭帮助、他人照料、康复治疗、心理疏导、教育培训、咨询指导、行为矫治、互助支持等。[1] 可见，社会服务义务，是指政府、社会组织、专业社会工作者和志

---

〔1〕 参见张序：《社会服务：一种重要的公共服务》，载《中国青年报》2013 年 7 月 8 日，第 2 版。

愿者,针对接受服务主体的社会权利需要,采用特定的供给模式、免费或弥补部分成本收费的形式、服务方式,履行的劳务性服务义务。

社会权利,即职业岗位能力提升的权利,包括三项:一是个人适应职业岗位需要的技能提升、智力提升、品行提升等权利;二是个人适应职业岗位需要的身体素质提升的权利;三是个人适应职业岗位需要的社会进取能力提升的权利。社会义务,应当根据这三项社会权利的确定来履行,即社会权利本位抑或社会权利的精准性。社会权利的精准性,实际上指的是对"较高能力"的人和群体的"凸出"社会权利给予精准的"量"的评价和确认,并对"较低能力"的人和群体的社会权利给予"约束"。对于"就业岗位"而言,在凸出人和群体的"较高能力"时,约束"较低能力"的人和群体的机会平等权利,主要是体现效率优先原则。中国今后相当一段时期,都将坚持供给侧改革,即主要从提高供给质量出发,用改革的办法推进结构调整,矫正要素配置扭曲,扩大有效供给,提高供给结构对需求变化的适应性和灵活性,提高全要素生产率,更好地满足广大人民群众的需要,促进经济社会持续健康发展。其中,对"较高能力"的人和群体的需要会越来越迫切,很多领域甚至会出现"较高能力"的人和群体的短缺。为此,必然通过扩张这部分人和群体的相关社会权利,特别是提高能力的标准,来吸引和调动这部分人和群体的积极性,进而约束"较低能力"的人和群体的就业机会。

社会法的这种"扶权"功能,同样适用于职业教育产教融合立法。可以说,职业教育产教融合立法中"帮扶"学生就业"标准"能力提升的内容,与社会法"扶权"的内容是一致的。

二、职业教育产教融合立法的社会立法属性

从部门法的视角看,中国特色社会主义法律体系包括七大法律部门,即宪法及相关法律、民商法、行政法、经济法、社会法、刑法、诉讼与非

诉讼法。职业教育产教融合立法的主要内涵是促进职业能力提升,与社会法的内涵一致,具有社会法的立法属性。职业教育产教融合立法的社会法立法属性具体包括三个方面,即主体的"类群社会"性、权利的"能力提升"性和权利的"分类共享"性。

(一)主体的类群社会性

社会法是工业革命后的产物。工业革命开始的一段时期,鉴于企业无力负担劳动者的失业、工伤、养老、医疗、健康和抚养子女等成本压力,开始形成扶助弱势群体的汇集性功能,如将保险等汇集到某一中间层面,将救助和扶持等汇集到某一中间层面,等等。后来,为了保障包括企业和相关行业、直至区域、国家在内的综合竞争力,形成了提升岗位能力的汇集性功能(特别是将社会教育促进和健康事业促进等功能汇集到某一中间层面)。这样的功能汇集在"扁平化"的中间层面,就构成了"类群社会"系统。

在这样的"类群社会"系统中,"类群"是这一类、那一类或他一类等多类群体的统称。关于"类",在社会中,可以表现为多类及层级。例如,社会保险类中的失业保险类、工伤保险类、养老保险类、医疗保险类;社会扶助类中的低保类、扶贫类;社会促进类中的就业促进类、教育促进类、健康促进类;社会优待类中的老年人照顾类、未成年人照顾类、残疾人照顾类;等等。这样的"类群",完全区别于传统的"类群"(家庭、组织、民族、国家等)概念,形成建构合理的生存理性,掌握自己的命运,以及人类学实现"由边缘到核心"的转变的新型的"类群"。[1] 其要义突出存在于非组织模式中和非公民个人模式中。其具有两个主要特征:一是类体性,即表现为某类群体的特有属性。这里的"类体",是置身于某具体事项中的某一类群体。例如,社会扶助中的扶助群体和面临痛苦的贫

---

〔1〕 参见陈秉公:《"类群结构与选择"图型理论提出及知识体系建构》,载《社会科学战线》2011 年第 8 期。

弱群体；社会解救中的解救群体和正在面临危险或困难的群体；就业促进中的就业促进群体和等待就业群体；等等。二是中层性，即表现为居于某一中间层次。例如，社会保险，将不同的保险金集中于不同层级的保险账户系统来管理和运行；社会救助，将不同的救助资金、救护物质等集中于不同层级的救护账户和救护物质储备系统来管理和运行；等等。

工业革命后，竞争更加激烈。工业革命导致了生产的社会化进而导致了人群的社会化，其中，工业革命不仅实现了从传统农业社会向现代工业社会的变革，而且加深了生产的社会化程度，进而导致了某一企业对另一些企业乃至全社会各行各业的依赖性不断增强。同时，激烈的竞争又带来社会风险，特别是激烈的人力资源、财力资源和物力资源的竞争，不断引发一种直接对抗关系，造成社会的动荡，特别突出的是人力资源的质量不同和负担不同亦引发企业的竞争成本和社会风险的因素不断增多。[1]

进入近代，针对降低企业市场竞争风险的需要，特别是企业公平竞争的需要和企业交易安全的需要，运用一定的手段——“汇集”企业中可能导致市场竞争风险的“因素”于“类群社会”，表现在两个方面，一方面，企业公平竞争的需要“汇集”于“社会”的手段，较早时期突出在社会保险方面，主要表现为：将甲企业的工伤、医疗、养老等保险，乙企业的工伤、医疗、养老等保险，丙企业的工伤、医疗、养老等保险，分别“汇集”到工伤、医疗、养老等不同的“社会保险体系”，由这些不同的“体系”执掌“社会”功能，以此给企业的市场竞争创造相对公平的机会。另一方面，企业交易安全的需要“汇集”于“社会”的手段，较早时期突出社会济贫和其他社会救助，主要表现为：将为满足贫困者基本生活需要而提供的最低生活保障、为满足贫困者家庭成员基本生活需要而提供最低生活保障等，分别“汇集”到不同的“社会保障体系”，由这些不同的体系执掌“社会”功能，以此给企业的市场交易创造了相对安全的机会。

---

〔1〕 参见汤黎虹：《社会法的本质：“扶权论”的理论视角》，载《江淮论坛》2015 年第 5 期。

进入现代，针对提高企业竞争能力的需要，特别是竞争对高素质人力资源的需要，运用可选择的有效手段——“汇集”提高人力资源素质的“因素”于“类群社会”，如就业、教育、健康的促进等分别“汇集”于“类群社会”，这是一个重大的创新和亮点。此时关于“高素质”人力资源的竞争，已经不可能限于某个企业。其原因在于社会化生产对国家、社会的依赖程度越来越深，所以，整个国家和社会的人力资源都进入了高素质竞争时代。基于此，就业、教育、健康的促进功能越来越被强化，并在各自的“类群社会”系统中发挥越来越重要的作用。

（二）权利的能力提升性

上述分析表明，近代社会权利演变的起点在于企业竞争。近代社会的企业市场竞争，需要控制成本并拥有较为公平的竞争环境，而企业人员的工伤、医疗、失业、退休等情况千差万别，企业这一“个体”根本无法承担由此带来的成本压力，因此呼唤“汇集”成“社会”功能：劳工保护、社会保险、社会救助，等等。而现代社会权利形成的起点也在于企业竞争，但这一时期已经突出进入综合国力竞争层面的人力资源的竞争。于是，企业的竞争能力和国家综合竞争能力都追根溯源到人群的职业能力上来。所谓职业能力，是指人群为了达到综合国力竞争要求而具有的职业竞争能力。实践中，提升这一能力，往往以去除职业岗位的后顾之忧（如灾害、失业、工伤、养老、医疗、子女等）和提升职业岗位素质（如就业促进及教育和健康促进等）为“手段”。这种去除职业岗位的后顾之忧和提升职业岗位素质的权利，在社会法上均表现为享有提升职业能力的权利，即现代意义的“社会权利”。

其实，学界所说的早期的社会权利属于获取生存能力的权利，也是一种能力提升权。因为以科技进步为核心的协同竞争的生产方式促使人们有更强的生存能力，因此世界上越来越多的国家开始重视并承认就业权及与此相关联的受教育权和健康权。同时，竞争的加剧也导致更严峻的生产安全威胁，自然灾害对人群生存能力的破坏力也越来越大，不同人群都应享有相应的安全保障权。在维护社会安全义务时而受到伤害的人享有相应的社会补偿权,社会预防灾害权和灾害发生后的受解救权等,逐步为法律所确认,成为一种权利。可见,20 世纪后,社会权已经不仅仅局限于贫弱者需要社会扶助的权利,而是全部人群(不同人群之和)需要社会帮扶来获取生存能力[1]的权利。这是对“解放生产力”的合理解读。

进入 20 世纪中叶后,社会权的概念已经不是简单地为了实现类群提升生存能力的权利,而是实质性的解脱提升职业竞争能力中遇到的后顾之忧及提升素质面对的困难或者困境的权利。中国对这一“社会权利”背后的规律性认知,就是“解放和发展生产力”[2],而且是解放和发展“人”这一生产力中最活跃因素之“能力”。[3] 这一规律性认知可以彻底揭示社会权利的核心根源,说明社会权利的本质属性——“职业竞争能力”。这样看来,现代社会权利已经由解放性的职业能力提升权和发展性的职业能力提升权两大部分所构成。

所谓解放性的职业能力提升权,也可以称为解脱后顾之忧权利。对于类群群体的权利而言,职业岗位后顾之忧主要包括三个方面:一是职业人群的后顾之忧,包括失业、养老、工伤、医疗等;二是职业人群赡养老人和抚养子女及照护其他家庭成员的后顾之忧;三是职业人群可能面对灾害损害和安全威胁的后顾之忧。这三个方面的后顾之忧会不同程度地影响甚至制约职业人群能力的发挥和提升。因为一是它们会带来某种程度的家庭经济压力;二是它们会带来某种程度的家庭成员照护精力的压力。解除这些后顾之忧,即解除职业岗位人群家庭经济压力和家庭成员照护精力的压力,就会使职业人群能够“轻装上阵”。可见职业能力

---

〔1〕 生存能力,是指通过帮扶形成的人群生存和发展需要的素质,包括生活能力、工作能力、应变能力、创新能力,等等。

〔2〕 按照恩格斯的观点,从本原看,生产力是具有劳动能力的人和生产资料相结合而形成的改造自然的能力。

〔3〕 马克思主义唯物史观认为,科学技术是经济社会发展最活跃的生产力,人是生产力中最活跃的因素。

提升的权利背后,首先包括三项权利:职业人群的后顾之忧的解除权利;职业人群赡养老人和抚养子女及照护其他家庭成员的后顾之忧的解除权利;职业人群及其家庭成员可能面对灾害损害和安全威胁的后顾之忧的解除权利。

所谓发展性的职业能力提升权,也可以称为职业素质提升的权利。对于社会主体的权利而言,职业素质提升主要包括三个方面:一是职业人群适应职业需要的技能提升、智力提升、品端提升;二是职业人群适应职业需要的身体素质提升;三是职业人群适应职业需要的社会进取能力的提升。例如,寻找工作岗位、洽谈劳动合同、维护自身合法权益等。这三个方面表明:职业素质提升与职业人群适应职业岗位需要直接相关。首先,职业素质提升与否,会不同程度地影响甚至制约职业的发展,如果职业人群技能、智力、品格、身体素质、社会进取能力等不高,职业的发展就会受到不同程度的影响甚至制约。当前,科技进步速度越来越快,产业转型升级迭代日新月异,其要求科技、管理乃至教育等方面的人员的能力必须跟上,也要求从事微观操作和宏观调控的人员的能力要跟上,否则就会迟滞科技进步和产业发展;同样,人的身体素质也很重要,身体不好,经常生病,无论是多么高端的人才,使用效率都是较低的,甚至负面影响科技进步和产业发展。此外,职业素质提升必须适应职业需要。这里有两个方面的问题:一是消极适应问题,即职业需要多高的、什么样的人员素质,就要使人员达到这么高的、这个样的素质;二是积极适应问题,即人员素质提高要优先职业需要,如通过高科技人才研发新的产品,创新新的理论和制度,进而推动科技和管理的进步。可见,职业能力提升的权利背后,还包括三项权利:一是职业人群适应职业需要的技能提升、智力提升、品端提升的权利;二是职业人群适应职业需要的身体素质提升的权利;三是职业人群适应职业需要的社会进取能力的提升的权利。

(三)权利的分类共享性

近年来,我国学界提出社会权是福利社会下的权利的观点。有学者认为,自由资本主义的社会权利模式是社会权利与资本主义之间的依附性组合,社会权利通过扭曲自身的价值取向而服务于资本主义的发展需要。福利国家模式则体现为社会权利与资本主义的对决性组合,社会权利在国家政权的保护下与资本主义处于“战争”的状态。20 世纪晚期至今出现的全球化、后民族国家和后工业主义等社会变迁使社会权利表现出整合发展的趋势。[1] 这里主要是说,福利社会下的社会权已经不仅是传统的劳工和弱势群体所享有的权利,而是全社会共同享有的福利权利。还有学者将这一观点具体化,其指出:第二次世界大战后在与公民权理论和福利国家理论的交互影响下形成系统化的社会权利理论,20 世纪 90 年代后,社会权利理论在反思全球化浪潮和福利国家危机的过程中获得了新发展。库特的“新社会权利”论,关注的对象已从以往的贫困弱势群体扩展到全部人群,涵盖内容除教育、医疗健康、收入补偿、生活救济外,还包括就业权、工作环境权、住房与健康照料权、社会保障权,等等。我国学界也提出了一些观点,如社会权是公民享有从社会获得基本的物质条件和发展机会以实现有尊严的生存和发展的权利,等等。[2] 也有学者认为,在福利社会下,社会权的空间得以扩展,并明确指出,20 世纪 90 年代后,在进行福利改革的同时,将公民权利嵌入更广阔的社会框架中,赋予其新的发展空间,包括:确立新式的公平观,即物质保障还应当成为促进个人发展的动力因素;从消极福利到积极福利,即强调权利和义务、责任的统一;从提供保障到提供技能,即强调以公民技能的提高来增强自立能力。[3] 这些论述都在表达一种观点:福利社会下的社会权,已经不是弱势群体的专享权,而是全社会所有人的共享权。

从 20 世纪下半叶开始,一些比较发达的国家逐渐摒弃了传统的社

---

〔1〕 参见郭忠华:《社会权利的历史分形与当代整合》,载《比较政治学研究》2010 年第 1 期。

〔2〕 参见庞文、王小亮:《社会权利理论的发展脉络及研究展望》,载《武汉科技大学学报(社会科学版)》2016 年第 4 期。

〔3〕 参见战建华:《福利国家改革与公民社会权利重构》,载《湖北社会科学》2010 年第 6 期。

会扶弱模式,展开了全体国民享有的福利社会模式。学界则特别强调这一模式主要是制度型福利模式,其认为:社会福利不是在家庭和市场不能满足个人需求时才介入的,而是现代社会结构中常规化的、永久性的、必需的而且值得称赞的重要组成部分,是一种不同于自由市场和家庭的实行再分配的利益机制。该观点把社会福利的对象从特殊的弱势群体(如穷人、病人、残疾人等)扩展到社会中的所有公民,从"被保护者"或"非正常人"扩展到"普通人",从而实现了从选择性社会福利到普遍性社会福利的转变。政府在该模式中扮演十分积极的角色,通过制度化的政府力量使社会成员得到更为全面的保障。[1] 可见,福利共享权的认知与制度型福利模式及其理论是契合的。

福利共享权的概念,一方面是认同福利社会下社会权的质的规定性,另一方面则显示了福利社会下对普惠性的制度化社会福利的权利需求。可以说,这样的社会权的逻辑起点和依赖就是社会福利。然而,由于社会福利严重依赖国家给付,而国家给付特别是资金给付又主要源于税收,会时常受到经济波动的影响而产生供给不足,因此,普惠性的制度化社会福利的权利需求会时常面临窘境,即福利供给时常满足不了已经固化的甚至是不断提升的福利享有权利的需求。近 10 年来,西方国家特别是欧洲一些国家,因为债务危机和金融危机等导致税收减少、福利下滑,进而引发社会动荡,就已经证明了福利供给具有不稳定性,进而证明了福利权利需求充分性会时常受到挑战。这就给人们提出一个问题:享有福利的社会权要不要有制度性约束,以此与这种权利需求充分性的挑战相适应?答案是肯定的。

社会福利的理论和实践起源于西方,20 世纪在欧美盛行,其主要是强调国家直接向包括个人、家庭和社区在内的全体公民提供福利,并形成普遍提供旨在保证一定生活水平和尽可能提高生活质量的资金和服

〔1〕 参见田凯:《关于社会福利的定义及其与社会保障关系的再探讨》,载《上海社会科学院学术季刊》2001 年第 1 期。

务的社会保障制度。我国人口基数大,社会福利给付与14多亿人不断增长的福利需求还存在相当大的差距,按照现在的经济发展速度,要达到欧美等发达国家的高福利水平还需要较长一段时间。如果将福利共享权作为全部的社会权,那么无疑会给国家给付带来压力并使之无以为继,是不现实的。因此,从法律的角度看,最有效的办法就是对福利权利进行必要的约束。

这里所说的约束,是指不能将福利权利都作为全部的社会权利,而是将福利权利作为社会权利的一部分,这一部分的大小可视国家、社会给付的增长水平和具体社会权利需求而确定,并作出制度性安排。换个角度说,可以将社会权利分为两类:一类是福利权利,即与国家和社会无偿给付相对应的共享权利;另一类是非福利权利,即与个人承担、国家和社会有偿给付相对应的共享权利。其中福利权利占比,一方面,要根据国家和社会给付的增长水平,增长多一些,福利权利就可大一些;另一方面,要根据具体社会权利(如社会保险、社会救助、社会扶助、教育促进、健康促进、社会照顾等方面的具体权利)对福利的不同需求,有的具体权利的福利需求大一些,福利权利就可大一些,反之亦然。这样的占比确定,即通过不同时段的具体的制度性安排来确定,就是对社会权利中福利权利的约束。

中国经过40多年的改革开放,综合国力有了显著提升,已经成为世界第二大经济体。随着改革的深化(特别是追求高质量发展)和开放的扩大(特别是"一带一路"倡议的实施),中国的综合国力将会越来越强大。由此,民生也会越来越得到改善和增进,福利权利在整个社会权利中的占比也会逐步提升。根据两个"百年奋斗目标",可以大体设计出四个较为明显的福利权利占比提升阶段。比如,第一阶段,大约25年,福利权利占比约为40%;第二阶段,大约25年,福利权利占比约为60%;第三阶段,大约25年,福利权利占比约为80%;第四阶段,大约25年,福利权利占比达到100%。在这个过程中,还要将具体社会权利(如社会保险、社会救助、社会扶助、教育促进、健康促进、社会照顾等方面的具体权利)的福利权利占比进行分配,如第一阶段的40%的福利权利,分配社会保险约为5%,社会救助约为10%,社会扶助约为10%,教育促进约为5%,健康促进约为5%,社会照顾约为5%,以此类推。并且,不同阶段下各类具体社会权利在整体社会权利中的权重,实际上是根据当时的各类具体社会权利发展状况、社会公众对该权利的渴求程度以及经济社会的承受力等诸多综合性因素而决策推进的。这样的设计和分配,通过不同时段的具体的制度性安排来确定,便构成了中国特色的社会权利制度模式。

当然,无论是福利权利还是非福利权利,都是由类群群体共享的,即无论占比的比例是多少(都包含不同比例的福利权利和非福利权利),每个类群(如社会保险、社会救助、社会扶助、教育促进、健康促进、社会照顾等方面的具体类群)中的群体,都要共享之。正如习近平总书记所指出的:全面小康一个都不能少。[1]

如前所述,职业教育产教融合立法的主要内涵是促进职业能力提升,与社会法的内涵是一致的。当然,学界普遍认为,教育法本质上是社会法的重要组成部分。因此,将职业教育产教融合立法归于社会法的立法领域,有利于明确职业教育产教融合立法的目的,确认公民通过职业教育产教融合获得职业能力提升的权利,并依此认可运用社会法的调整方法调整职业教育产教融合关系。

---

〔1〕 2018年10月23日,习近平总书记载广东省清远市调研时强调:全面小康一个都不能少。

第六章　逻辑中的意向选择：产教融合立法的体系结构

产教融合通过构建教育系统与产业系统的对话与合作机制，打破教育制度、产业制度及其相互之间的壁垒，实现人才供给方与人才需求方有效衔接，推动教育供给侧改革，实现人才供给与经济社会发展需求相匹配，增强职业教育的适应性。作为职业教育高质量发展的内在要求和转型升级的根本路径，产教融合具有其自身特有内在逻辑规律和体系结构，也有基于该逻辑规律和体系结构的必须通过立法予以确立的基本法律意向。

一、职业教育产教融合立法的逻辑体系

职业教育产教融合立法作为职业教育与行业企业围绕人才供给侧与需求侧结构性改革进行的全新制度设计，为构建人才供应端与技术创新端的接口提供法律依据，为技能型社会提供人才资源支持并给予法律保障。从这个意义上看，如果说教育强国、科技兴国是国家现代化的重要驱动，

那么依法治国、依法治教则是现代化建设的重要保障。职业教育产教融合立法将补齐教育法制“短板”,以新型制度法律化促进职业教育提质转型并推进教育法治化进程。在这一补“短板”的过程中,要充分考虑职业教育产教融合立法在内容上的职业教育和产教融合的特殊规律,以及现阶段和未来一段时间职业教育产教融合发展的时间和空间需求,并兼顾职业教育产教融合立法与其他法律制度之间的体系化建构需要。

(一)跨界性的内容逻辑要求推进产教融合立法

现行的教育法律制度无法调整产教融合中极为复杂多样的权利义务关系,导致人才培养现状与我国当前经济社会发展需要不匹配的矛盾较为突出,较大程度上制约了经济社会发展和国家现代化建设进程。技能型社会背景下,所涉及的主体跨越多个社会层次——技术技能人才的供给方是学校系统和部分企业,技术技能人才的需求方是产业系统,而其协调方则是政府和有关社会组织。技能型社会构建涉及义务教育、中等教育、高等教育等教育阶段,涉及政府与学校、企业之间存在的行政管理关系,学校与企业之间存在的教育合作关系,企业与学生之间存在的劳动实习关系,等等。技能型社会构建因此也就涉及了合同法律关系、行政法律关系、劳动法律关系等多元交融的法律关系,其所涉及如此复杂多样的法律关系是很多现有的教育法制难以涵盖的。

我国的教育基本法是《教育法》,规定了我国教育基本原则和基本制度。教育普通法主要由《义务教育法》《高等教育法》《民办教育促进法》《职业教育法》《教师法》等组成,是根据不同教育阶段或教育类型等进行划分的,所调整的法律关系具有明显阶段性、类型性等特点,其调整对象主要是学校教育关系,多为各主体的权利义务划分和争议解决方式。当前,社会对于教育的需求已由获得学历学位转向获得技术技能,立足于人人出彩、构建技能型社会这一背景,亟须社会多元主体参与教育教学,以满足社会对技术技能人才的需求,满足国家对能工巧匠、大国工匠的需求,所涉法律关系包括但不限于学校教育关系,构建技能型社会中的很多问题在现有教育法治的框架内并不能很好解决。产教融合立法则以调整多元主体在技能型社会中的法律关系为核心,对所涉及的跨界性法律关系进行调整,其调整对象包括但不限于学校教育关系,产教融合立法与现有的教育法律制度有所不同,是一种激励和规范多元主体参与教育活动,实现教育资源合理配置的法律,可以较好地解决在推进产教融合校企合作中碰到的相关复杂问题。而这是通过完善教育法律制度所难以完成的,必须以"产教融合促进法"等立法方式才能实现推进产教深度融合的战略目标。[1]

综上所述,教育部门法的确立和划分,应该以教育阶段或类型为主要划分标准,同时要充分考虑现代教育的发展和教育事业的特殊性。产教融合立法将明确各相关主体的权利义务,厘清各主体的多元复杂的法律关系,通过构建合理激励制度与保障制度提高各主体参与程度,政府和有关部门应积极拓宽企业与学校的交流途径,促进校企深层次合作。第一,产教融合立法应当立足于国家和个人合理需求。立足于国家的合理需求,意味着教育立法的价值坚守,教育改革必须推进,教育规律必须遵循,教育方针必须坚持,教育使命必须坚定,始终要清晰回答"培养什么人、怎样培养人、为谁培养人"这一根本问题;[2]立足于个人的合理需求,意味着教育立法的人民导向,教育要为人民服务,教育必须致力于人民满意,教育必须以促进每个受教育者的自由的全面的发展为目标。教育立法的个体关注和国家关切不可偏废,这要求教育立法必须保持个体与整体的平衡。第二,产教融合立法应当平衡功利性和公益性。产教融合立法应当明确产教融合各方主体的公法义务,有机整合企业营利的功

---

〔1〕 当然,至于"产教融合促进法"的部门法归属,则是一个较为复杂的法学学科问题。将其归属于教育法律体系并不能很好地涵盖其所调整的复杂多元的法律关系。将其归属于"社会法",则是更为科学合理的。

〔2〕 参见李连宁、王大泉等:《改革开放 40 年教育法治回顾与展望(笔谈)》,载《中国高教研究》2019 年第 3 期。

利性和学校育人的公益性。[1] 企业参与产教融合必然具有营利的功利性,最终以产教融合的方式促进企业的发展。学校参与产教融合则必须坚守育人的公益性,一切必须以有利于促进学生自由的全面的发展为目标。产教融合立法的企业关注和教育关切不可偏废,这就要求产教融合立法必须保持私益与公益的平衡。

(二)开放性的空间逻辑要求推进产教融合立法

产教融合并不仅服务于高素质技术技能人才培养,而且服务于推动教育优先发展、人才引领发展、产业创新发展。[2] 如此重要、复杂而广泛的领域,都会涉及国家竞争,这是开放性的系统,需要制定一部专门性法律予以规制、调整和推进。仅就产教融合所涉及的国际国内的校企之间的科技竞争与合作而言,也亟待有专门性法律予以规范、促进和引领。瞄准"核心科技",这需要提高教育对外交流与合作,推进教育开放化、国际化发展。产教融合中的国际交流与合作主要包括学术会议、人才交流与联合培养、科技项目合作、技术使用和技术转让等。

首先,产教融合立法具有可以准确地界分和规范科学研究和技术技能领域的国际交流合作范围,规定科学研究和技术技能国际交流宗旨与原则等作用。科学研究和技术技能领域的国际交流合作既要达到促进国际间科学研究和技术技能合作共赢、共同发展的目的,又要防止事关国家重大利益的核心、敏感科研成果和技术技能流失。当前,我国关于国际科技交流与合作的法律文件有《技术引进工作暂行办法》《技术进出口管理条例》《货物进出口管理条例》等,但法律位阶低、调整内容单一、创新性不足。为了更好地加强科学研究和技术技能的国际交流合作,弥补科学研究和技术技能的人才缺口,适应国家现代化建设形势,我国应加快产教融合立法进程,推进国际间科学研究和技术技能交流合作。

---

〔1〕 参见袁靖宇:《高等教育:产教融合的历史观照与战略抉择》,载《中国高教研究》2018年第4期。

〔2〕《国家产教融合建设试点实施方案》。

其次,产教融合立法是促进科学研究和技术技能领域的国际交流合作与其他国家深入开展学术交流和人才培养合作的必然要求。加强科技研发和创新、提升技术技能应当主要依靠自己努力,但是仍然需要开展广泛深入的国际交流合作,充分地吸纳其他国家的智慧和技术优势,利用全球科技资源以增强我国在前沿技术和基础科学领域的科技创新能力。[1] 专家学者们多是通过校企合作等平台载体"走出去"或"请进来",建立了良好的国际学术人脉,其中许多学者正是通过这种人脉关系,促成了实质性的国际科技和技术技能合作关系。[2]

最后,产教融合立法也是激励和引领科学研究和技术技能在全球范围内流转使用的必然要求。法律有引导、引领作用,可以通过完善相关激励性法律制度,激励技术主体通过参与国际科学研究和技术技能合作推动科学研究和技术技能交流与发展。通过产教融合立法提升我国科学研究和技术技能国际化合作水平的关键在于促进科学研究和技术技能的国际化流转。法律具有国家意志的属性,也具有国家强制力,只有依法确立有利于国际科学研究和技术技能交流与合作的法律原则和法律制度,完善相关激励性法律制度,并运用法律的巨大权威保证其实施,才能真正落实国家发展国际科学研究和技术技能交流与合作的发展战略和政策。[3] 从当今国际形势可以看出,各国对科学研究和技术技能的国际交流合作十分重视。例如,美国、日本等国家通过法的废、改、立,调整学校办学方式、学位取得制度、政府支持措施等协调经济发展与社会科学研究和技术技能水平的矛盾,调整国家对科学研究和技术技能的国际交流合作政策,以促进自身科技进步和产业升级迭代。因此,产教融合立法是顺应国际形势发展和我国经济社会高质量发展的需要。

---

〔1〕 参见刘玲等:《高校科技管理创新与科技合作国际化研究》,载《技术与创新管理》2009 年第 1 期。

〔2〕 参见张琼:《我国高校国际科技合作与交流问题研究》,载《商丘师范学院学报》2008 年第 8 期。

〔3〕 参见易继明:《国际科技交流与合作的法律调整》,载《科技与法律》1997 年第 4 期。

(三)常态性的时间逻辑要求推进产教融合立法

一方面,构建技能型社会是一个持续性、常态化的过程。建立技能型社会,走技能强国之路,是中国特色社会主义现代化建设的根本要求。相关学者在考察技能形成体系时发现,技能形成的过程关键在于分析政府、教育与培训系统、资本以及劳动力之间的关系。在特定的政治、经济、历史和文化背景下,这四方面因素所代表的利益集团在维护和争夺相关利益的过程中相互影响,从而生成一种特定的体制环境。[1] 就当今而言,政府需要解决高校毕业生就业压力大与企业用工需求不能获得满足所产生的社会矛盾,以维持社会稳定;需要解决企业转型升级导致用工标准提高与当前职工职业能力满足不了技术技能升级的矛盾,以促进经济社会高质量发展;需要解决学校教学模式落后与企业参与校企合作不积极的矛盾,以增强技术技能人才培养的适应性;等等。

这些问题的常态解决及其成效,关乎技能型社会构建的进程和成效,是一个持续性、常态化的过程。当前,我国没有颁布旨在解决这些问题的具有系统性、全面性的相关法律,而主要是由国务院规范性文件、地方性法规等指导产教融合校企合作,如国务院办公厅印发的《产教融合意见》、浙江省人民政府办公厅印发的《关于深化产教融合的实施意见》等。虽然《职业教育法》中大量涉及了产教融合校企合作的相关规定,但是该法是关于职业教育的"母法",对产教融合这一具体领域的规定仍显得过于宏观和模糊,缺乏具体可操作的标准。迄今,我国还没有专门的产教融合立法,其他相关法律和规范性文件在产教融合方面鲜有规定。这是导致产教融合过程中企业与学校合作层次浅、企业利益没有得到保障、学校存在后顾之忧等问题并未获得根本性解决的重要原因。有些地方政府制定政策时不能真正做到对症下药,无法调节当前校企等多方主

---

〔1〕 参见许竞:《试论国家的技能形成体系——政治经济学视角》,载《清华大学教育研究》2010 年第 4 期。

体关于产教融合的相关矛盾;学校与企业之间的沟通交流合作缺乏有效的中介平台,导致双方沟通不及时、不顺畅等。政策只能弥补现阶段的法律不足,却无法长时间替代一项具有长期性和常态性需求的社会制度;《职业教育法》中的产教融合校企合作相关规定也需要进一步具体化和可操作化。因此,加强产教融合立法,以法律的权威性、强制性、稳定性促进产教融合校企合作相关政策的落实和保障,是极为迫切和重要的。

另一方面,构建终身教育体系是一个持续性、常态化的过程。产教融合立法是实现劳动力可持续发展的基本保障。首先,必须通过产教融合立法以法律强制和保障的方式强调终身教育理念及其保障体系的构建。人才培养的过程不仅在于学校还在于社会,产教融合的长期性要求我们充分发挥法的引领和规范功能,推进技术技能获得和技术技能提升的常态化。无论是德国的"双元制"还是美国的"生涯与技术教育"都注重职业教育与培训之间贯通衔接,[1]以求实现教育领域的供需均衡。在技能型社会背景下,教育结构、质量和总量若达到一种相对稳定的状态,将可以降低社会教育成本与职工培训成本,获得更高的社会生产效益。其次,必须通过产教融合立法以法律强制和保障的方式实现从学历型社会向技能型社会的转变。之前,我们在用人招工等方面过于注重学历支持。当前,技术技能教育应当"追求与普通教育的平等地位,构建独立的职业教育体系,实现职业教育的现代化",这是这个时期职业教育发展的核心任务与逻辑主线。[2] 产教融合立法必须明确中国将从学历型社会向学习型社会转变,理论学习与技术学习在社会中具有同等重要的地位,强调应用型人才、技术技能人才对现代化建设的重要性,并予以配套的要素支持和制度保障。这是以学历教育为主要规制内容的一般意义

---

〔1〕 参见邵程林、袁敏、王书静:《新时代我国产业工人技能形成的升级路径研究——基于德、日、美三国职业教育与培训经验》,载《高等职业教育探索》2019 年第 3 期。

〔2〕 参见徐国庆:《从分等到分类——职业教育改革发展之路》,华东师范大学出版社 2018 年版,序言。

上的教育立法难以实现的,却恰恰是产教融合立法所能发挥积极和独特作用的领域。

(四)完备性的法制逻辑要求推进产教融合立法

推进产教融合立法,健全产教融合法律法规,是完善教育相关法律体系,[1]积极适应我国经济社会转型升级、促进教育改革发展的重要要求。在全面依法治国背景下,"依法治教"是"依法治国"的重要组成部分,是实现教育治理体系与治理能力现代化的必然途径。[2] "依法治教"要求教育管理与改革实践依循法治思维、采取法治方式,因而必须有科学、全面、成体系的教育相关的法律法规予以支撑。[3] 教育法体系化,是指根据一定的标准对现行法律法规中涉及教育内容的法律规则及法律原则进行分类归纳,使之成为一个结构完整、层次分明、统一协调的规范体系。[4] 法律体系的要素包括主体、客体等重要组成部分。立足于当前技术技能人才供应满足不了经济社会发展需求这一现状,明确产教融合多方主体包括企业、学校、行业协会等,产教融合客体包括产教融合中各主体间的权利义务关系,在明确各主体相关利益诉求后,立法者作出价值判断、价值选择并形成相应的法律制度。可见,通过产教融合立法,可以协调构建技能型社会过程中所出现的多元法律关系,将企业、学校、行业协会等多元主体协作过程中所涉及的权利、义务法定化,填补法律体系空白;可以保持教育相关法律体系在客观性与主观性上的统一,提

---

[1] 如前所述,产教融合法律法规并非简单地可以归属于教育法律体系,而是调整多元法律关系的社会法的重要组成,同时调整了大量的教育法律关系。因此,课题组是从社会法的视角,认为"健全产教融合法律法规对于完善教育相关法律体系具有重要意义",而不是从将产教融合法律法规归属于教育法律体系的视域,直接确认为"健全产教融合法律法规对于完善教育法律体系具有重要意义"。

[2] 参见秦惠民、谷昆鹏:《对完善我国教育法律体系的思考》,载《北京师范大学学报(社会科学版)》2016 年第 2 期。

[3] 参见秦惠民、谷昆鹏:《对完善我国教育法律体系的思考》,载《北京师范大学学报(社会科学版)》2016 年第 2 期。

[4] 参见任海涛:《论教育法体系化是法典化的前提基础》,载《湖南师范大学教育科学学报》2020 年第 6 期。

高各主体参与产教融合的积极性、主动性,实现教育方式转型升级,促进教育法律体系结构优化完善,进一步满足经济社会发展对技术技能人才的需求。

推进产教融合立法,健全产教融合法律法规,是完善产教融合法律制度,为产教融合校企合作相关配套准则提供制定依据,实现产教融合战略构想的重要举措。“法从形式上应合理组织,内部架构要协调一致,避免由于内在矛盾而推翻自己,从这一观点来说,法应是专门的法律调整体系,或者同样地拥有系统化特征。”〔1〕产教融合立法可以推进教育相关法律体系更加完善,优化教育管理体制机制。教育相关法律体系的良好实施需要及时更新配套落实政策、实施细则等,产教融合立法对其下位法的制定和运行具有重要作用,产教融合立法是相关配套准则制定依据之一,只有进行作为上位法的产教融合立法,才能更进一步地推进作为下位法的其他相关配套法律制度的制定和实施,以保障其立法目标价值之实现,保障教育相关法律的体系化、系统化。

推进产教融合立法,健全产教融合法律法规,是实现产教融合法律制度和产教融合理论研究、产教融合实践探索相互促进、相互滋养,提高教育现代化水平的必然要求。“教育现代化是教育高水平的发展状态,是对传统教育的超越,是教育发展理念、发展方式、体系制度等全方位的转变。”〔2〕产教融合立法可以通过完善教育法律体系的方式提高教育现代化水平,进而促进经济社会发展水平的提高。一方面,产教融合立法将把我国产教融合理论研究、实践探索的成果及时以法律制度的方式予以固化和呈现,体现我国教育立法的前瞻性和先进性,有助于推进教育事业优先发展的进程。在产教融合立法中,把我国产教融合理论研究、实践探索的成果及时以法律制度的方式予以固化和呈现,也有利于加快

〔1〕 [俄]B. B. 拉扎列夫主编:《法与国家的一般理论》,王哲等译,法律出版社 1999 年版,第 156 页。

〔2〕 参见任海涛:《论教育法体系化是法典化的前提基础》,载《湖南师范大学教育科学学报》2020 年第 6 期。

培育技术技能人才、建设技能型社会的进程，并使之成为丰富我国综合人力资源储备和提高综合国力、国际竞争力的重要推动力。产教融合立法始终坚持教育为社会主义现代化建设服务的指导思想，重视教育法律制度对培养社会主义建设者和接班人的保障和激励；始终坚持发展具有中国特色、世界水平的现代教育，强调用完备的教育法律制度为中国特色社会主义教育事业保驾护航。另一方面，通过产教融合立法以及产教融合法律制度的不断完善，也将推动我国产教融合理论研究和实践探索的不断深化和科学化。产教融合立法以及产教融合法律制度的不断完善，将促使我国的产教融合事业更快地进入更高水平阶段。更高水平的产教融合事业，必将让我们面临更高质量的产教融合所需要解决的新问题、需要寻求的新路径、需要搭建的新平台、需要探索的新规律等，这都将为我们进行新的更高水平的产教融合理论研究和实践探索提供新视野、新机遇。如此循环往复，产教融合法律制度、产教融合理论研究、产教融合实践探索将不断进入良性的相互促进、相互滋养。

二、职业教育产教融合立法的意向选择

由于职业教育是为了培育具备某种职业技能的人才，一方面是为了满足工业或产业培养高级、熟练技术技能人才的需求，另一方面是为了学生能够在社会上寻求适合的职业岗位提供可靠依据。因此，从职业教育产教融合的立法意向上看，职业教育产教融合本身就包含了多重意向结构，这些结构之间既有重叠共识，又相互区别，其表达方式也各不相同。

（一）产教融合立法的主要意向

1. 基于职业性的产教融合立法意向

职业包括职业形态、职业能力和职业资格三个维度。职业性要求职

业教育产教融合立法必须坚持职业导向性原则,关注学生的职业发展,使学生毕业后具备相应的职业能力,获取相应的职业资格证书,并找到一份理想的工作,即适应职业形态。[1]

第一,职业教育产教融合立法必须关注职业形态。职业教育专业结构与产业结构对接是产教融合的第一要义,包括二者的区域结构、层次结构、类别结构和规模结构对接,这种对接既包括国家和区域层面的顶层设计,也包括学校层面的具体规划。职业教育在进行院校布局、专业设置、专业定位、人才培养目标以及人才培养规格制定时,要做好顶层设计,充分调查研究区域产业发展现状和趋势,围绕区域经济发展和产业需求,把职业教育放在供给侧结构性改革和促进区域就业格局中谋划,深化教育链与产业链融合,主动服务动能转换和产业升级,促进高职教育和产业结构之间的协调发展。然而,就现实情况来看,我国职业教育结构与产业结构对接并不理想,在专业设置上缺乏全面系统的产业发展数据,存在盲目跟风的现象。我国职业教育一直倡导"以服务为宗旨、以就业为导向",也有人说职业教育就是就业教育,强调学生毕业后找到一份合适的工作,但从结果上看,职业院校毕业生就业的专业对口率并不高。

第二,职业教育产教融合立法必须关注职业能力。一般认为,职业能力包括职业知识、职业技能和职业态度三个方面,同时强调知识、技能和态度的培养必须在特定的职业情境中开展,即情境性的综合能力培养。在培养学生职业能力过程中,不应只关注操作技能,虽然操作技能是知识运用、心理运算和操作行为三者的有机结合,还包括了默会和情感的成分,但是必须从更复杂的关系中理解职业能力,从更多元的维度构建职业能力观。[2]在学校的课堂或实训室中,我们可以让学生学习知识、习得技能、培养职业态度,但这并不意味着学生已经具备了职业能

---

〔1〕 参见刘斌、邹吉权、刘晓梅:《职业教育产教融合的逻辑起点与应然之态》,载《中国高教研究》2017 年第 11 期。

〔2〕 参见匡瑛:《究竟什么是职业能力——基于比较分析的角度》,载《江苏高教》2010 年第 1 期。

力，知识、技能、态度必须经过类化迁移与整合，才能形成职业能力，而这种迁移、整合，必须以职业性为导向，在真实的职业情景中才能得以实现。也就是说，职业能力的培养必须有产业的全面参与，产业资源与教育资源的深度融合，包括学校实训室与企业车间融合、学校教师与企业技术人员融合、教学过程与生产过程融合、教学内容与职业标准融合、校园文化与产业文化融合。

第三，职业教育产教融合立法必须关注职业资格。职业资格证书制度是目前发达国家职业教育的通行做法，是认证劳动者从事相应职业所具备的职业能力的手段，它对于劳动者技能形成和促进就业具有重要作用，也是产教融合的重要纽带。然而，我国职业资格证书制度还存在诸多问题，难以与职业教育实现深度融合。首先，职业资格证书体系与职业教育体系没有有效对接，即纵向衔接、横向融通的国家资格框架尚未形成；其次，目前的职业技能标准大部分针对一个工种，无法与职业院校的专业实现很好的对接；再次，职业技能标准制定及职业技能鉴定由人力资源和社会保障部门主导，缺少行业部门和职教部门的参与，既在行业中缺乏权威性，又很少考虑教育教学规律；最后，职业技能标准的制定缺少科学、严格、规范的程序，职业技能鉴定管理不严格，包括“1 + X 证书”的“X 证书”在内的大量职业资格证书含金量并不高，缺少权威性和公信力。职业标准与专业教学标准对接、毕业证书与职业资格证书对接是职业教育发展的必然趋势，是构建现代职业教育体系中的重要一环，也是实现产教深度融合目标的关键点。这方面我们可以借鉴德国的做法，由行业协会联合教育部门对现有国家职业标准进行二次开发，形成与职业院校专业对应的“教育职业标准”，从而架起社会职业标准与专业教学标准的桥梁。[1]

---

〔1〕 参见谢莉花：《德国职业教育的“教育职业标准”：职业教育条例的开发内容、路径与经验》，载《外国教育研究》2016 年第 8 期。

2. 基于技术性的产教融合立法意向

基于技术性的产教融合主要包括两个方面：一是将行业、企业最新的技术原理、技术手段、技术工艺、技术操作引入学校，学生吸收内化为自己的技术思维、技术行为、技术态度和技术文化，提升学生的技术素养，从而为产业提供高素质技术技能人才。二是职业学校的教师要加强技术研发，促进产业技术进步。技术知识传承是职业教育的主要内容，而技术知识又分为显性知识和默会知识。[1]显性知识，如技术原理、技术工艺、操作程序以及产品(材料)的功能性质等，均可以用语言、符号、图表表达，这些知识适合课堂学习。而默会知识(隐性知识)，如工匠的特殊技巧、技能、创意、诀窍、经验等，它依赖于特定的技术主体，很难用言语、符号等手段完全清楚地表达。默会知识的习得只能寓于行动之中。技术(主要是默会知识)知识的特性决定了职业教育必须实施产教融合、校企合作、工学结合、知行合一的人才培养模式，技术知识的构建逻辑要遵循情境实践性和工作导向性原则。[2]一是充分发挥企业的主体作用，让学生到企业实习、实践，使学生在企业的真实环境中学习技术，学生通过较长时间的技术实践，才能真正将技术吸收、内化。二是将企业真实的工作任务引入课堂，即生产过程与教学过程融合。技术知识建构过程必须与工作过程的组织顺序一致，才能保证知识建构的完整性，才能使学生在今后工作时更容易联系到所学过的知识，提升其技术应用能力。三是双师队伍建设。职业院校教师应掌握产业前沿技术，具有丰富的实践经验，同时通过经常性的教师间交流和教学反思，将默会知识变为显性知识，使默会知识得以共享。基于技术性的产教融合还体现在职业院校教师为企业提供技术服务、技术咨询和技术研发，以促进产业技术进步。教师在为企业提供技术服务的同时，了解产业、行业技

---

〔1〕 参见乔佩科：《技术知识的特性及其对技术教育的启示》，载《东北大学学报(社会科学版)》2009 年第 2 期。

〔2〕 参见王亚南、林克松：《技术知识建构视阈下职业院校学生学习范式的转向》，载《职业技术教育》2015 年第 13 期。

术发展最新动态,了解企业真实的技术工艺、设备,将企业的真实项目带进课堂,提高教育教学质量,也有利于双师素质提升。

3. 基于终身性的产教融合立法意向

随着科学技术的不断进步和产业升级,新工艺、新方法、新设备、新材料、新产品、新服务不断涌现,对产业劳动者的理论和技能提出新的要求,同时,企业员工自身职业也在不断发展,转岗、晋升成为常态,他们需要不断更新知识和提升技能。职业院校需要密切关注产业转型升级和技术创新的动态,积极调研企业员工技能提升需求,主动对接行业、企业,为企业在职员工提供及时、优质的培训。除了企业员工在职培训外,还可以开展各种岗前培训、转岗培训、就业培训、创业培训以及农村剩余劳动力转移培训,既解决了各种社会问题,又能为产业提供高素质的劳动者。目前我国职业院校基于终身教育理念的产教融合尚缺乏深度,社会培训开展并不理想,既有宏观层面的影响因素,如法律保障缺失、机制体制不健全、基于终身教育理念的现代职教体系尚未建立;也有学校层面的因素,如学校主动对接产业的意识不强、跟踪产业转型升级和企业技术创新不及时、培训信息不对称、培训资源缺乏针对性、培训教师能力欠缺等,这需要加大探索并深化改革的力度。

(二)产教融合立法的意向途径

1. 跨越物理边界,建立多维融合机制

必须通过职业教育产教融合立法,推进建立校企多维融合机制。推进建立校企多维融合机制的过程,就是柔化物理边界的过程,使合作主体的组织边界具有可塑性,能快速适应并融入外部环境和其他组织,与合作组织高效地进行资源交换、互补,合理优化资源配置。建立校企多维融合机制是在产业学院专业集群的宏观框架下,校方既通过行业协会、企业联盟,在法人层面与产业集群进行资源整合,以产业链上共性的专业技术知识和岗位群为逻辑主线,构建与之契合度高、内在关联强的专业和人才培养方案,又从二级学院、科研机构等层面与单个或多个企业实施“点对点”的个性化的精准合作，建立动态专业设置体系，根据外部变化来灵活调整专业方向和课程模块。此外，学校应当依据发展规划，按照企业的规模、实力和需求，有针对性地与企业进行分类式合作。大型集团企业具有产业优势和技术特色，有自主研发的团队和实力，对此，学校可与这类企业进行科研项目攻关、成果转化等合作，共建实训中心、研发实验室和成果转化维护中心等。中型企业相较于大型企业，自主研发能力较弱，但有一定的经营规模和实力，能把握行业发展的态势，对此，学校可与之建立“厂中校”和“顶岗实习”等，不仅能丰富其教育附加功能，还能为其提供智力支持和技术服务，提高企业产品科技含量和附加值，加强产品迭代功能，创造更大的经济效益。小型企业具有自身发展特色和个性化优势，在面对市场变化时能更灵敏地作出反应和策略调整，但经济基础相对薄弱，对此，学校可引企入校，共建“校中厂”，赋予校内基地更多的生产性功能，为企业提供培训服务等，在培养人才的同时保证了企业利益。[1]

政府、学校、行业、企业多元多维构建集人才培养、科技孵化、技术服务和智力支持为一体的有机产业专业生态圈，以“集群效应”抵消社会经济外部影响带来的不确定性和不稳定性，使校企合作能在市场灵活多变的生产活动与相对稳定的教育规律之间找到平衡点，满足产业的普适性和企业间的特异性，形成职业教育与区域经济之间的良性循环。

2. 跨越社会边界，构建多维保障机制

必须通过职业教育产教融合立法，构建多维保障机制。多维保障机制的构建基于产业专业群，由政府制定政策和规则，把握转化保障机制构建的大方向，让行业协会作牵引，参与标准制定和评价体系建设，校企接轨，多方共同打造多维保障体系，促进校企人力资源、创新技术、专业知识、生产教学与科研等资源要素的多维转化，促成职教联盟创新机制。

---

〔1〕 参见赵旖旎、买琳燕、齐立辉：《“组织边界”理论视域下的多维校企合作机制》，载《教育与职业》2019 年第 18 期。

第一,立法推进建立校企专业师资库。在产业学院专业群内建立校企专业师资库,汇集多方专业和技术骨干,打造具有教师与专业技术人员“双资格”、教育规律与行业规律“双把握”、专业理论与实践“双融通”的“双师”队伍。通过多方协同,出台“双师”教师聘用、考核和管理等相关制度、标准和激励政策,对专任、兼职教师进行一体化管理,将企业兼职教师的教学工作量和业绩纳入员工工作的绩效考核指标,将专任教师在企业开展生产研发和技术服务的工作量列入教学工作量评估中。建立师资补贴、人才引进补贴等校企师资库资金奖补机制,成立大师工作室、“双师”工作坊,把校企专业师资库打造成“双师”资源库和培训基地“双功能”机构,为产业学院开展教学和培训等人才培养活动提供师资保障。校企专业师资库在保障人才培养的基础上,还可兼顾企业利益,允许企业课程和优质教学服务市场化,探索企业在产教融合中获得人力资源输出的红利途径,推动职业教育顺应经济发展规律和企业发展需求。

第二,立法推进搭建创新科技研发平台。创新科技研发平台可使学校接触产业前沿技术,也可使企业获得服务和创新动力。该平台向教师提供企业高质量的技术培训,前期由企业工程师和技术专家带领教师参与企业项目研发,待教师熟练掌握技术技能后,委托其独立负责。教师通过此过程,能将项目技术技能和攻关难点转换成研究方向,逐渐成为具有“双身份”的企业科研专家,与企业共同攻克生产技术难题、申报科研项目,为企业产品研发、工艺革新提供技术服务。同时,教师通过企业的典型案例反哺教学,提高了教学质量和实用性,为课程开发和教学改革提供了创新思路。

第三,立法推进建立创新创业实训基地。基地采用生产研发型教学模式,以项目系统化课程为主线划分专业知识和技术技能的学习点,在项目完成过程中实现专业知识和技能提高的整合、学习与工作融合、课堂与岗位结合的三序列教学,解决学生在实际工作中面临的知识点涉及多、技能跨度大和学科交叉的问题。基地在多方协同育人的同时还能在联盟内衍生出新的商业合作机会和产品创新升级。

3. 跨越组织心理边界,打造多维动力机制

必须通过职业教育产教融合立法,打造多维动力机制。我们知道,组织特定的认知与价值体系对组织的行为活动有十分深刻的影响。企业的经济属性决定了经济利益是企业参与校企合作的根本动力。当利益得不到保障时,企业对合作就会存在很大的顾虑。同时,学校在合作中难以摆脱"学校本位"的心理定位,又对企业被动参与合作的效果不太满意,双方认知格格不入。因此,必须通过职业教育产教融合立法,打造多维合作动力机制,以政府政策为引导、多维联动的组织保障为支撑、多方助力的融资体系为支持,共同驱动校企合作的发展。

第一,产教融合立法要强调制度引领。一是完善校企合作的管理体制,完善现代职业学校制度和现代企业制度、企业参与合作和职业教育的办学制度,从法律和制度层面系统完善校企合作领域的相关配套法律法规,推动政策落实进程,充分保障合作主体的权益和规范其职责,敦促合作主体真实、充分地参与职业教育。二是完善职业教育财税制度,从实质上确保企业的主体地位。可以突破现有的制度框架,制定公共财政政策和企业税收政策,将企业参与校企产教融合的费用纳入企业成本,对企业参与校企合作的投入进行评估,减少税收。三是建立企业产教融合表彰制度。对产教融合卓有成效的企业和企业人员进行评选、表彰和奖励,从政策制度上引领校企合作的发展,推动校企深度融合长效机制的建设。

第二,产教融合立法要强调组织保障。一是政府主导。从国家宏观层面上,由政府牵头,联合教育部、科技部、财政部、国家发展改革委、经信委、人力资源和社会保障部等多个相关部门组成职业教育校企合作协调委员会,建立跨部门协同机制,宏观掌控校企合作的发展方向,制定校企合作的法律、法规、政策和实施战略,并下设校企合作办公室,具体实施校企合作相关管理工作,与地方部门进行接洽、业务指导。二是行业指导。立足于区域产业和地方经济发展特点,由校企合作办公室统筹,

会同教育部门、人力资源和社会保障部门等，以行业协会（商会）、企业和职业院校为主体，成立职业教育行业指导委员会，负责产业发展和行业人才需求信息的提供、职业岗位和技能标准的指定、为校企共建专业与课程提供指导等。三是校企互通。学校建立扁平化流通型教学组织，积极推进校企双方组织架构趋于平等、协同，打破专业、机构壁垒，建立学科交叉、跨界融合，具有较强流通互惠性、资源共享的教学组织，与企业形成“校企集团、教学工厂、工学交替、产业迭代”的动态产教融合、精准合作模式。

第三，产教融合立法要强调资金支持。高昂的投入成本是制约行业企业积极参与职业教育产教融合的重要因素。《职业教育法》提出要多渠道、多元化筹集职业教育发展基金，因此，校企合作主体可以通过多方、多渠道投资的方式建立多维的资金保障体系。一是从国家层面完善政府职业教育公共经费的投入结构，设立校企合作专项资金。政府适当对行业协会运行、校企合作过程中的一些公共开支以及校企共建的生产、研发中心等给予拨款资助，对产教融合型企业参与校企合作的绩效类比企业科技创新奖励办法进行公共经费奖励和补贴。地方政府因地制宜，设立地方性的校企合作基金，为校企改善合作的基本建设和能力等营造良性发展环境。二是建立行业企业、金融机构、社会捐赠等多渠道的校企合作资金筹集平台，鼓励社会各方积极参与职业教育建设，推动校企合作、产业发展和市场需求进一步接轨。

第七章　特定场域中的共生：产教融合立法的范围和交往结构

职业教育产教融合立法的范围，是指职业教育产教融合立法行为所指向的主体实践场域及其权利义务结构，即职业教育产教融合立法主要面对哪些主体，并如何科学建构其权利义务关系。职业教育产教融合立法范围的科学确定，决定了职业教育产教融合法的基本框架和主要内容，即其法律关系主体、法律关系主体之间的权利义务关系、法律关系主体的法律责任等。这些产教融合法律关系主体的交往结构正随着我国职业教育产教融合不断深化而走向产教融合生态圈形态，从而使产教融合的各个主体逐渐认识到协同推进产教融合的重要意义。这种异质主体间的协同共荣将唤起产教融合主体法律意识的觉醒，加快产教融合立法的进度，激发产教融合立法的跨界治理意识，改善产教融合法治环境，并对职业教育立法产生了深远而积极的影响。因此，以马克思主义交往实践理论解析这些法律关系主体之间的交往结构,对于提升职业教育产教融合立法的科学性是有重要意义的。

一、职业教育产教融合的立法范围

根据立法学基本原理,划定立法范围的前提和实质就是要搞清楚相关领域立法实践过程中相关"权力"的活动范围、活动边界、活动主体及其交往结构、游戏规则等。从实践上看,由于职业教育产教融合系统自身具备权力[1]的多重交叉,以及与社会各种权力的竞争与整合,形成了独特的实践场域。这种职业教育产教融合的实践场域及其权力结构,决定了职业教育产教融合的权力主体及其关系结构,也就决定了职业教育产教融合立法的基本框架和主要内容。

(一)产教融合的实践场域

职业教育产教融合涉及教育教学活动、生产劳动活动、政府组织活动等不同类型,但是都属于人的交往实践活动。而人的交往实践活动场域因主体差异、活动场域、耦合机制不同而显现出交互错杂的特点,产教融合活动的实质是行动者以何种方式协调效益关系以达到产教融合效能最大化的问题。法国社会学家布迪厄的实践场域理论以其关系主义的世界观为出发点,探讨了特定场域中行动者实践发生的动因及其展开方式,实践活动运行的空间结构特征,并构建权力发生与分布图式。在布迪厄看来,"所有方法论上的一元论,都声称要确立要么结构要么能动者,要么系统要么行动者、要么集合体要么个人在本体论意义上的先在性"[2]。在布迪厄看来,任何一元论都在不可避免地走向唯我论从而再

---

〔1〕 本章所指"权力",不仅包括一般意义的立法权、司法权、行政权、军事权等公权力,而且包括含有公权(政府)、私权(市场)和共权(社会)等属性的"权力",可以理解为广义的"权力(或权利)"。

〔2〕 [法]皮埃尔·布迪厄、[美]华康德:《实践与反思》,李猛、李康译,中央编译出版社1998年版,第15页。

次陷入近代哲学“主—客”二分的思维泥潭之中,找寻共在的平等必须强调关系本位的形而上学地位。在对现实社会生活的分析中,布迪厄提出了极为重要的场域(field)概念:“一个场域可以被定义为在各种位置之间存在的客观关系的一个网络,或一个构型”[1]。在布迪厄的场域理论中,一方面,人类社会由诸多独立运作的小世界构成,场域空间由于权力运作、重组关系、争夺资源的结构塑性机制而形成了各自独特的内在逻辑和游戏规则;另一方面,外在机构内化的实践主体在系统符号的支配下形成独特的交往关系网络,不同场域权力资本、符号象征形态各异,同一场域内的各类主体凭借各自占据的“位置”资本展开竞争性交往活动。

容纳职业教育产教融合实践的交往场域包含三个大的类型:第一类为经济场域,即“产业主体”中各种类型的企业用来从事实际生产活动的场所;第二类为文化场域,即“教育主体”中职业院校用来对学生进行教育活动的空间;第三类为政治场域,即“政府主体”通过制定实施产教融合相关政策从而影响产教融合实践活动的社会空间或特定场所。三种场域由不同的主体所主导,对应三种不同的实践交往方式,形成三种不同的权力结构,遵循三种不同的游戏规则。其中,职业院校期望通过产教融合交往实践提升教学水平和教育质量,培养出高端的职业技术人才,产生高质量的文化效益;企业希望通过产教融合交往实践改善人力资源状况,最终提升经济效益;政府则是把产教融合活动纳入社会整体活动范围,通过政治影响力获得社会效益。理想的产教融合交往实践活动应该是三种不同类型的实践活动都能够在交往中互融互通,通过人才培养与生产力发展的相互促进推动社会发展。目前存在的主要问题在于:“政治场域、经济场域占据强势地位,文化场域的力量被压制而处于弱势,产教融合场域的力量结构不对称使得文化场域难以充分发挥作用”[2]。

---

[1] [法]皮埃尔·布迪厄、[美]华康德:《实践与反思》,李猛、李康译,中央编译出版社1998年版,第133页。

[2] 刘林山:《实践理论视角下职业教育培育产教融合型企业存在的问题与对策》,载《教育与职业》2020年第6期。

1. 政治场域:政府通过引导、支持产教融合"双主体"进而获得更大社会效益

政治场域的目的是追求社会稳定、和谐与发展,其中起主导作用的力量是政治资本。政府通过法律、法规、政策等各种规制来引导、约束或激励社会行动主体的活动范围。国家与政府的主要职责是处理公共事务。对于现代社会而言,很重要的一个特征就是公共领域与私人领域的划分。确认公共领域是建构公共权力的前提,政治资本的适用范围也主要体现在公共领域。在传统社会,高等教育服务兼具"公私"双重属性,公共属性一方面是传统社会权威体制的结果,另一方面也是个体地位不能获得相对独立性的体现。在现代社会教育事业转化为纯粹的公共事物之后,其也就顺理成章地成为政府的职责。从现代政治的立场来看,培育具备独立性与符合社会需求的人才是促进社会团结、培育社会认同、建构社会意识的主要渠道。根据西方发达国家的历史经验,高等教育阶段进行分类教育是培养适合社会需求人才的必要步骤。精英教育与大众教育、通识教育与职业教育、专业化教育与继续教育等不同种类的高等教育要根据社会发展不同阶段对人才的不同需求进行相应的调整。由于职业院校与企业隶属于社会的不同系统,产教融合就必然需要政府发挥引导、撮合的作用,特别是初始阶段,政府甚至要发挥主导作用。

2. 经济场域:企业通过产教融合交往实践改善人力资源等经济效益

促进人力资源收益是企业参与产教融合活动的意向所在。经济场域是以货币资本为主导,围绕生产、交换、分配和消费等诸多环节而不断循环往复进行一系列行为活动的空间。经济场域的目标设定是追求利益或利润的最大化。以行动目标和行为方式为基点,经济场域的权力结构必然遵循市场话语体系的基本逻辑:经济场域的出现标志着社会行动者"为了有关的方式行事,计算、营利、积累、开发"。因此,可计算性既是资本的价值转化属性,也是市场交换的行动逻辑。所有无法转化为数字进而无法用于等值交换的、不符合功利主义原则的价值都会被市场无情地抛弃。现代社会或工业化社会的本质特征就在于盛行市场经济基本

原则,按照马克斯·韦伯的理论,这是一个被技术理性或工具理性所主导的社会空间。不仅国家要以发展经济为己任,且国家之间的竞争同样是经济发展水平的竞争。在经济场域中,所有的企业必然以资本的增值,即盈利为目的。在经济场域的话语体系中,人才被视同于货币、生产设备、生产资料一样的资源,即人力资源。企业参与产教融合活动的意愿及其强度最终必然取决于这一行为在人力资源方面的收获与其付出,即各种成本或投资的比率。只有当投资产教融合活动能够获得较大收益时,企业才可能具备参与产教融合活动的意愿。

3. 文化场域:职业院校通过产教融合提升教学和技能人才培养质量实现文化效益

教育主体的活动空间就是文化场域。文化场域的核心是知识权威或技术权威,这是一种无形的权力结构。教育本质上就是为了学习知识(技术延续行为)、传承文化、培养人才。职业院校的教育空间以学生的知识积累与技术能力获取为目标导向。从知识形态学来看,技术知识的特性就在于兼具显性知识和隐性知识的双重属性。学生无法通过课堂的知识讲授获得技术,也不能凭借简单的实地操作了解技术背后的知识原理。传统的技术养成方式、现代高等教育的知识传授方式都不适用于职业院校的人才培养过程。只有通过产教融合形成基于现代技术系统的新型技术文化,才可能得到适合于职业教育的文化资本。对于作为教育主体的职业教育而言,沿用传统的教育形态,即以课堂教学为主的教育体系既是一种惯习的传承,同时也是教育交往实践的主流形态,从而可以规避创新带来的各种不确定性的风险。可见,职业教育参与产教融合活动的意愿强度与他们对传统课堂教学的创新意愿有关。但是随着社会进步与发展,对教育特别是其培养人才的综合素质提出了更高的要求,创新与应用能力愈发重要,不符合社会需求的院校就会逐渐被社会系统边缘化从而失去话语权甚至生存的空间。因此,社会需求倒逼职业教育必须走出校门开放办学,积极利用各方面的社会力量,特别是与产业、企业紧密结合,深入对接,以更好地提升人才培养能力。由此,教学水平和教育质量的提升便成为职业院校适应社会需求、参与产教融合活动的现实目的。

产教融合实践场域是职业院校进行改革创新的实践空间,而改革创新实质上就是为了能够扩展文化场域主动权,以求最大限度地发挥教育权力的形塑作用,最终实现场域效用的整体升级。然而场域并非定理,这意味着不同文化资本背景的各大职业院校不能原封不动套用一套既定规则和运行模式。学者费孝通提出的"差序格局"是对高等教育内在构成的最好诠释,即"描述亲疏远近的人际格局,如同水面上泛开的涟晕一般,由自己延伸开去,一圈一圈,按离自己距离的远近来划分亲疏"[1]。通常来说职业院校的"差序格局"位置的远近主要由其背后的政治资本(其与政府关系的远近)来决定,因此,与"211""985""双一流"等高层次普通高校不同的是,大部分区域性的职业院校处于高等教育结构的外围。这一格局通过分批次招生制度、财政投资制度、就业制度等一系列制度设计变得"固若金汤",以至于职业院校不敢有任何打破这一既定格局的想法[2]。从职业教育内部场域的运行规则来看,职业院校的位置跃迁也较为困难。相较于普通高等学校对学科知识的创新与扩散,职业院校更加注重专业技术与操作能力的培养与传承,也更加倾向产业实践的创新与应用。由此可见,两种教育体系所侧重培养的人才类型是有一定区别的,二者所追求的教育资本、知识形态也有所不同。普通高等院校主要集中于对学术知识的研究,而职业院校则是追求技术文化的突破。因为教育模式不尽相同,因此对两种院校的评价也很难找到统一的标准,更无法草率地指派、决定两者文化资本的多寡,甚至以此为根据评判、设定其在文化场域中的位置高低。因为认识到这是两种不同的教育类型,而不仅仅是办学层次的区别,中国政府作出了建设现代职

---

〔1〕 费孝通等:《乡土中国》,上海人民出版社 2013 年版,第 25 页。

〔2〕 参见王振洪:《高职教育改革创新的实践困境与路径抉择——基于布迪厄"实践逻辑"的分析》,载《高等工程教育研究》2015 年第 2 期。

业教育体系的战略决策。[1] 尽管战略目标已被认识且接受,但是落实与执行仍然是漫长的过程,所以,在目前形势下产业融合实践场域中仍然存在行动者权力结构不均衡的情况。

从场域视角来看,深化产教融合就是要使产教融合实践场域中的行动者在保有自身特有的场域性前提下,积极构建与场域相契合的组织结构体系。在法国学者布迪厄看来,不同性质行为主体之间的利益竞争与权力斗争构成了一个庞大的行动者网络系统。针对产教融合实践场域权力结构的失衡现象,需要基于政府部门、职业院校、行业企业的功能属性、运行机制和定位分析,从制度建设、权力结构重构、完善权力运行机制等方面调整场域权力结构和树立内部游戏新规则。[2]

以技术知识的传承、创新、应用为使命的职业院校,要实现位置的跃升,关键是融入或适应新实践场域及其新变化(特别是科学技术的日新月异),并在这一新实践场域及其新变化之中,提升学生对技术知识的传承、创新、应用的能力。在这一能力提升过程中,实践场域中形成不同层次和不同情形的关系。首先,在宏观层次,形成政府及其所属有关部门的组织和协调的关系。例如,相关行政机关针对技术进步和结构调整带来的新的人力资源需要,组织和协调职业院校、相关事业单位、企业的对接和挂钩,由此形成组织和协调的关系。其次,在中观层次,形成职业院校、相关事业单位、企业之间具体的协作及管理的关系。例如,职业院校、相关事业单位、企业就学生实习对接和挂钩后,会形成具体的协作及管理的关系,其中包括相关事业单位的服务、企业对实习学生的实习安排、职业院校与企业的协作研发和攻关等关系。最后,在微观层次,形成各个主体内部的管理和服务的关系。例如,职业院校内部就相关科技研发和成果转让、安排学生实习实训等形成的管理和服务的关系,相关事

---

[1] 参见王振洪:《高职教育改革创新的实践困境与路径抉择——基于布迪厄"实践逻辑"的分析》,载《高等工程教育研究》2015 年第 2 期。

[2] 参见刘林山:《实践理论视角下职业教育培育产教融合型企业存在的问题与对策》,载《教育与职业》2020 年第 6 期。

业单位内部就对接政府与企业、政府与职业院校、职业院校和企业之间的高职人才培养的管理和服务关系,企业内部就落实与职业院校合作科技研发、学生实习实训的协议而展开的管理和服务关系,等等。

上述宏观上的组织和协调、中观上的协作及管理、微观上的管理和服务,皆属于“权力”层面。宏观、中观、微观上的这些权力层面的“权力”,随着职业教育产教融合的模式确定和国家高质量发展战略的定型,必将形成一种全新的权力结构。需要进一步强调的是:从更广泛的场域看,上述权力的运行相对于学生能力提升的社会权利而言,是属于社会义务性的,抑或说,是属于社会给付性的。因为,没有这种“给付”权力的运行或社会义务的履行,就不会有学生能力提升的社会权利的实现。由此,这也被个别学者称为社会权力的“异化”。[1]

(二)产教融合的权力主体及其建构

职业教育产教融合,离不开政府、行业企业以及职业院校的共同参与和支持。美国学者亨利·埃茨科维兹和荷兰学者勒特·雷德斯道夫共同提出了基于合作创新活动的三螺旋理论。根据这一理论,政府、企业与职业院校作为三种不同类型的创新主体,三方在履行职能与发挥效用的同时,应做到互通有无,以合作为主线延伸出共赢的结果,拓宽行动空间,推动经济发展与社会进步[2]。职业教育产教融合项目的推进,不仅需要政府部门的有力支撑,而且需要社会力量的积极助力,更需要职业院校的自我提升,在相互合作与分工中,职业教育事业才得以稳定发展。

1. 产教融合的教育主体及其建构

在政府、企业与职业院校合作建设的“三重螺旋”模型中,除政府的官方形象与企业的社会力量外,职业院校作为产业技术与专业知识的生

---

〔1〕 参见汤黎虹:《社会法论纲——基于社会法历史逻辑和理论逻辑的辩考》,载《福州大学学报(哲学社会科学版)》2014 年第 1 期。

〔2〕 参见汤黎虹:《社会法的本质:“扶权论”的理论视角》,载《江淮论坛》2015 年第 5 期。

产机构,其主体作用主要体现在知识与技术的传播、对高精尖端人才的培养,以及对传统教育的继承与创新。职业院校产教融合须以区域经济和行业动态为依据,以市场需求为导向,培养适应现代化产业体系发展和国家经济战略发展的高素质劳动者。“将学校的办学、管理和人才培养环节融合于产业链、公共服务链和价值创造链。”[1]

(1)明确组织定位,建构主体功能

教育交往实践的特点决定了职业院校的主体作用只能通过教育教学活动来予以体现,而其交往实践的效果也只能依靠其培养的学生被社会认可的程度来加以评价。这就需要明确职业院校的办学定位、教学职能、培养目标,必须要适应市场的人才需求。只有明确目标导向才能精准发力,主动融入行业产业发展、融入区域社会生活。职业教育的特殊性就在于必须满足社会特定发展阶段和特定区域产业结构的特殊需求。如果职业院校不与经济社会活动密切联系,不与产业、企业融合来确认自身的定位,就无法培养出能适应不断变化的社会需求的高质量人才。因此,各种不同类型、不同层次的职业院校必须根据各自的办学目标、办学特色以及所在地方产业定位寻找适合自己的位置,抢占先机,实现特色发展、错位发展:“针对地方支柱产业、主导产业、新兴产业、城镇化、新农村建设等情况,发展和培植优势专业。”[2]

明确战略定位和发展目标,职业院校应充分利用产教融合带来的战略机遇期,统筹政府—职校—企业联动实践活动中的资源规划,深化校企合作中的人才培养体系,为促进产业结构转型提供强有力的创新型技术人才。一方面,职业院校应主动建立平台,如校企合作协会、校企合作行业或专业委员会等。要按照行业和市场的要求以及企业的用人标准,使专业结构与产业结构相适应,按照现代企业管理的理论和实践经验推

---

〔1〕 鲁昕:《高校转型是解决就业的关键》,载人民网,http://edv. people. com. cn/2014/0426/C1053 -24945202. html。

〔2〕 杨善江:《“产教融合”的院校、企业、政府角色新探——基于“三重螺旋”理论框架》,载《高等农业教育》2014 年第 12 期。

进学校管理和教育教学工作，结合行业特点和企业特色改革教育教学方式和人才培养模式。另一方面，学校还将推进基于工作的教学改革，联合政府与企业打造适合行业要求的学生实习基地和创业政策，将产教融合、校企合作的理念融入职业院校技术人才培养的全方位、全过程。

（2）注重职业教育质量，建构长效服务机制

教育质量是衡量办学水平的生命线。职业院校在办学过程中应树立"全程监控、全体反馈、全面改进"的"三全"质量观，建立全新的教学质量控制机制，以适应产教融合新形势下的育人需求。全程监控，要求育人过程完成"教、学、产"的完整闭环，以素养和能力衡量学生，以结果和水准评价老师，以质量和服务评判学校。全体反馈，要求完善以"学校—企业"为主导的双向共同体，最大范围地接受监督，健全校内校外的教学质量反馈机制，不断拓宽监督与反馈渠道。全面改进，是指秉承公开透明的原则及时处理反馈内容，定期向社会面公布校园发展的年度报告。职业院校以服务求支持，以特色求合作，在稳健提升办学质量的同时逐步形成具有自身特色的办学模式。同时，职业院校应将自身发展与企业的需求深层绑定，重视企业的市场导向与行业规划，力求建立起一种良好的互动机制，即可以鼓励教师到企业进行实践并从事相应的研究为其生产服务，或者与之相反，吸引企业的经营管理人员和技术人员到学校兼职授课，以指导学生学习与成长。

（3）文化融合，建构校企文化共荣系统

《高等职业教育创新发展行动计划（2015—2018 年）》提出，要把培育人文素养、职业精神、职业技能为一体的育人文化作为目标之一，要充分发挥校园文化对职业精神养成的独特作用，推进优秀产业文化进教育、企业文化进校园、职业文化进课堂〔1〕。高职教育应该更加注重精神文化在育人环节中起到的积极作用，在教书育人的过程中，主动融入校园文化、红色文化、企业文化、创新文化等先进的意识形态内容。对于企

〔1〕参见《高等职业教育创新发展行动计划（2015—2018 年）》（教职成〔2015〕9 号）。

业而言,参与产教融合必须是基于资本逻辑、满足生产需要、符合市场需求才能够产生行动收益。职业教育产教融合应正视企业的效益诉求与价值立场,构建相关利益表达、转换和保障的渠道,通过各种利益转化、转换机制拉近彼此之间的利益差距,从而达成共同利益即公共利益的最大化和最优化,以提升职业教育产教融合的范围、能力和水平,挖掘双方的共同价值和观点,使校企文化由不同乃至对立走向融合和共进。另外,作为高等教育机构的职业院校,在文化建设方面应当有其优势和特色。职业院校在与企业的产教融合、校企合作中,也可以融入文化交流与合作,通过与企业文化共建(包括帮助企业凝练、归纳、提升其党建文化、企业文化、工业文化等)的方式,主动促使校企双方在文化方面形成更多相通点,有利于推进产教深度融合、校企紧密合作。

2. 产教融合的产业主体及其建构

作为"三螺旋结构"的主体之一,行业、企业在产教融合的过程中扮演着主要执行者的角色,是助推校企合作的重要力量。在市场创新创业中,企业是产教融合、校企合作过程中成果转换的主体,以技术创新、知识创新、技术转移和知识应用为主,同时也进行知识传播[1]。在激烈的市场竞争中,企业发展始终以技术革新为导向,落后就会被淘汰的企业运营逻辑也在深刻影响着职业院校的内部组织。积极向上的竞争精神和创新价值的注入,促使职业院校不断地重组、革新、调适,并在人才培育和技术研发中不断完善社会职能,达成高校与社会的良性互动。

(1)强化产业主体地位,建构良性对接机制

产业主体地位主要是通过强化行业部门联动或协调行业协会管理来实现的。各层级行业主管部门通过职能转移、授权委托等方式来协助产业组织制订产教融合一体化优化计划,针对市场需求和行业规划开展技术人才的需求预测计划,积极开展线下实践与职业技能评定等服务,

---

〔1〕 参见杨善江:《"产教融合"的院校、企业、政府角色新探——基于"三重螺旋"理论框架》,载《高等农业教育》2014 年第 12 期。

优化校企合作模式。身为社会第三部门的行业组织,是行业企业遵循自愿原则,基于相同的利益诉求组成的一种社会功能组织形态。它具有中介性与协调性,是代表行业企业与政府沟通表达需求的重要机构,也应是连接教育与产业、协同政府推动与管理校企合作的重要组织[1]。首先,其起到校企沟通重要桥梁的作用,“行业组织应广泛收集各类行业数据和信息,构建完整、详细的行业大数据资源库,从而为政府决策、职业教育开展及企业发展提供依据和参考”[2]。其次,行业主管部门针对不同专业特色的职业院校与行业组织制定切实可行的产教融合指导手册,建立校企合作绿色沟通途径,使企业与职业院校的实时动态互通有无,并对职业院校的专业规划、课程设置、实习连接等方面提供具体及时的建议,通过各项措施进一步强化行业组织在产教融合中的主体地位,增强行业组织的责任意识,使得行业组织的组织协调能力得以充分发挥。

产业主体是通过各种政策强化企业参与产教融合的意愿,助推产教融合的广泛开展。就我国现阶段的校企合作而言,大部分合作依旧仅仅停留于表面,主要体现为企业专家参与专业培养方案、开设讲座等;少部分企业将产教融合贯穿实践领域,如开设教师学习通道、提供相关专业学生的实习机会等。而要实现真正产教融合校企合作一体化发展,让企业把与高校的战略合作作为自发性职责,还有很长的一段路要走。虽然相关行业主管部门相继出台诸多激励政策,但政策的作用仅在于引导和鼓励,企业中广泛存在的被动认知一时间难以扭转。此外,院校行政部门运作复杂固化、缺乏开拓眼界在一定程度上使产教融合模式严重滞后,在这种情况下,产教融合、校企合作就会遇到“瓶颈”,急切需要更综合性的产业主管部门牵头、在更高层面上进行政策突破[3]。

---

〔1〕 参见付含菲、杨红荃:《“新工科”与高职院校产教融合的机理耦合、现实困境与优化路径》,载《教育与职业》2020 年第 6 期。

〔2〕 同上。

〔3〕 参见郭建如:《深化产教融合,推动教育与经济社会协调发展》,载《光明日报》2017 年 12 月 26 日,第 15 版。

(2)凸显产业主体社会责任,建构育人支持机制

行业、企业是产教融合过程中的重要推动力量,为促进区域经济发展,行业、企业领导也必须承担起培养产业人才的重任,明确自身优势并使其得到充分发挥,不仅要履行支持教育的社会责任,还要主动推动校企合作的形成,使其服务于产教融合。针对经济结构升级催生的新兴产业与企业组织,及时优化人才培养模式与就业渠道,抓住机遇与时机,依据行业发展动态衔接符合产业发展的产品标准和人才标准。行业发展境况及战略规划及时公布,以此为导向建立健全人力资源需求预测系统与就业程序规划制度,定期公开就业状况,鼓励企业参与学校的管理和改革,支持其参与到学校的办学之中,为之后开展校企合作提供进一步指导。行业、企业作为人才培养的摇篮,其优势主要体现在行业前沿技术、实训场地及人才市场的需求动态等方面,应以市场和企业需求为导向加快实施人才预测培养计划,也应当及时实施培养质量全程监控,提前参加"订单班""预就业班"等形式的"个性化"人才培训,提高人力资源品质及工作效能。同时,建立完善的产教融合鼓励机制,为企业获取、解读、试行相关政策、法规提供便利途径,在企业内部建立与产学合作互洽的机制。要鼓励企业与高校展开深度合作,坚持合办专业、合作研发、共创平台、共同育人、互动科研、互利共赢的双向可持续性发展模式,甚至鼓励企业自主办学。不断提升校企双向互动,一方面提高高校办学质量与就业数量,另一方面提升服务企业技术研发能力,彰显职业教育的社会贡献。

企业在生产交往中的主体性决定了其在产教融合实践过程中的主导地位。《产教融合意见》在"原则和目标"中提出"充分调动企业参与产教融合的积极性和主动性……构建校企合作长效机制","逐步提高行业企业参与办学程度"等,这些都抓住了产教融合的关键,实际上是直接瞄准了产教融合培养人才的"瓶颈"问题。实践证明,要解决职业教育的适应性问题,提高技术技能人才培养质量,实现学习与就业、学校与企业角色定位间的无缝衔接,这就需要依托企业与学校的共同努力来实现社

会效益与经济效益的统一。产教融合取得显著成效的关键在于让企业真正成为人才培养的重要主体[1]。促进产教融合、校企合作的重要举措,可以从注重鼓励企业参与职业学校的办学、改革教学、转变科技发展方式、依托职业学校共同推进职工培训等方面进行。要推动企业与职业学校合作,共建行业学校、创业基地及实习车间,以师生下车间、员工进校园等形式推动引企入校、引校入企、校企联动,吸引有条件的企业与学校共建共享实训生产基地等。

3. 产教融合的行政主体及其建构

政府在产教融合中扮演何种角色能充分阐释何为产教融合中的政府职能,这也是"三重螺旋"模型中的一个核心问题,即政府应该以何种身份深入职业院校与行业企业中,并如何处理与两者关系的问题。产教融合环境的创造离不开政府这个主要机构的作用,政府需要为产教融合的实现提供一系列的政策保障,需要提供有力的法律环境,严格规范校企合作行为,助力产教融合的实现。政府对产教融合的领导主要体现在舆论监督、立法干预、政策指引、财政投入、整体规划、宏观调控、总体协调、信息服务和监测评估九大职能上。

(1)加强顶层设计,构建政策法规体系

从顶层设计的角度出发,实现教育育人与经济社会发展的紧密结合与协同是职业教育产教融合的社会意义,产业界与教育界连续不断的能量转换也是实施产教融合不可或缺的前提。

随着我国产业结构改革与职业教育的深入推进,产教融合已成为职业教育、企业发展、社会就业发展中的重要一环。国家以及地方政府相关部门始终保持高度关注,先后颁发了《关于加快发展现代职业教育的决定》《产教融合意见》《职业学校校企合作促进办法》等一系列政策文件,文件中各项政策的出台与落实均为激励职业院校与企业之间的交流

---

〔1〕 参见郭建如:《深化产教融合,推动教育与经济社会协调发展》,载《光明日报》2017年12月26日,第15版。

合作,这既推动了产教融合的发展,又丰富了企业与高校的社会职能。国务院颁发的《国家职业教育改革实施方案》再次强调促进产教融合、校企“双元”育人的重要性。

综观我国职业院校的发展历程,可以看出政府的大力引导和支持在职业院校的改革中发挥着举足轻重的作用。由于职业院校与企业隶属于社会的不同系统,职业教育产教融合就必然需要政府发挥引导、撮合的作用,特别是在初始阶段,政府甚至要发挥主导作用。首先,政府必须加大产教融合的政策支持力度。政府应当设立产教融合专项经费,加大对职业教育产教融合的财政资金扶持,帮助其树立产教融合的信心;政府应当加大对产教融合的要素保障力度,尤其是要加大建设融汇校企双方的公共综合平台(包含公共实训中心、公共研发中心、成果转移转化中心等重要功能的公共综合平台)的力度,针对参与产教融合的企业,要落实和完善其在税收、土地、信用等方面的政策支持,基于产教融合效益评定对成效显著的企业给予表彰与奖励,提升产教融合内在活力与参与动力;政府应完善学校教师和企业职工职务评审制度,在考核评审时能够突出积极参与产教融合的学校教师与企业职工的优势所在,保障学校和企业人才互聘互用机制的有效建立。其次,政府必须推动制定和完善有关产教融合、校企合作的法律法规。除《职业教育法》《高等教育法》对职业院校的法律地位与基本职责有进一步明确外,有关职业院校和企业通过产教融合、校企合作的方式共同推进技术技能人才培养的专门法律仍未落实。产教融合交往实践中的主体地位的确立必须以社会权威准则为依托,因此法律保障在产教融合中发挥着重要作用。综上,推进产教融合立法对进一步深化产教融合至关重要。

(2)统筹要素资源,搭建产教融合平台

在地方经济社会转型中要注重强化政府统筹职能与部门的协调配合,打通部门界限,消除行业壁垒,统筹兼顾职业教育资源并对其加以整合,充分发挥并强化地方政府在产教融合中的支持和引导作用。推动合理布局的形成,职业教育的结构形式应该与产业结构梯次配置,形成各层级相互补充的技师人才培养机制,而不是仅仅将某一层次职业教育简单粗暴地对应某一产业对于技术技能人才的需求。实际上,在任何产业的不同产业链上,都会有对应不同岗位的、不同层次的技术技能人才需求,人岗匹配是最优的人力资源配置,技术技能素养低于岗位需求时就不能满足产业发展需要,技术技能素养过分高于岗位需求时就会造成人力资源浪费。政府要发挥协调资源的优势,带头解决产业结构升级发展路径,带头协调相关转型发展问题。政府应注重地区特色经济与产业结构规划,促进产教融合沟通机制建设,建立由政府和教育部门主导,学校、企业及相关部门共同参与的产教对话与合作机制、校企合作平台和科技创新平台,为产业结构升级与地区经济发展注入新活力。

(3)强化行业指导,完善体制机制

政府应加强对行业的引导作用,建立健全行业发展制度,保障行业组织工作有序展开,授权行业协会与相关部门参与制定和推广国家职业资格和行业相关政策,并优先安排行业代表作为政府政策规划和职业教育的顾问,将企业作为职业学校和企业合作的领导者和支持者,作为学校教育和培训的参与者和培训者,作为力学水平评估者和服务提供者。政府应鼓励行业、企业参与职业教育学校或培训基地的创设,发挥市场导向作用,引导人力资源优化取向,推动职业教育社会化、市场化发展。同时,政府需要完善体制机制,加强对行业绩效的考核,特别是建立“政府主责、行业主体、学校主导、企业合作、人才培养、利益共享、责任分担、过程管理”的长效治理和运行机制,将政、产、学、研和创新发展联系起来,并完善其保障机制。把政、产、学、研、用纳入长效治理和运行机制,完善保障、服务、激励和评价机制,促进产教、校企融合。地方政府可以建立专门的行政机构,整合政、产、学、研、用,规划资源配置,突破产业结构重难点分析,构建长期稳定的投资配置机制。以地区经济发展与企业效益为目标,以学生、企业、学校、社会的满意度为依据,建立完善的产教融合、校企合作绩效考评机制,并引入第三方评价。此外,还要将绩效评估与国家对高等教育机构的拨款和产教融合中的校企合作专项奖挂钩,与政府对企业的奖励和项目的优先支持政策挂钩。

(三)产教融合权力主体关系的建构

在生态学视域中,产教融合过程中的不同主体交往实践构成一个小型的生态圈,其中政府、企业、学校的职能、功能、产能、效能相互交叉,协同进化,以其多样态、复合态的非线性组合方式构成了一个开放式的社会工程活动。[1] 根据生态学的基本原理,生态圈中的不同物种之间以生态位来确定其生态化生存的主要依据,而不同物种之间的竞合关系取决于各自主体性的主动建构以及相互之间动态组分的契合。同理,产教融合中的交往实践主体也必须通过权力关系的建构来达成既能获取自身利益又能够协调彼此关系之目标。

1. 构建产教融合多元协同机制

构建产教融合多元协同机制,可以更好地将职业教育产教融合的教育主体、产业主体和行政主体等多元主体关系进行系统梳理、整合和优化。如前所述,政府在产教融合过程中主要通过发挥政策制定和统筹协调的职能促进校企融合主体之间的粘合度、融合度,即政府主导作用的发挥主要是通过加强立法干预与进行舆论引导的方式,制定相关政策鼓励校企产教融合。在产教融合过程中,政府投入经费予以支持,提供相关信息服务,还发挥其统筹规划、监督评估等方面的职能,从全局角度建构完善政策法规体系;统筹考虑到各层次、各要素,整合要素资源,搭建好产教融合平台;发挥好行业的指导作用,努力建构"政府主导、行业指导、学校主体、企业参与、人才共育、利益共享、责任共担、过程共管"的政、产、学、研、创融合发展的长效机制,这既助推了产教融合的发展,又使校企合作能够深入推进。学校是职业教育产教融合的教育主体,职业院校主要通过高素质技术技能人才培养、技术研发转化应用、社会培训

---

[1] 参见李玉芬:《新时代职业教育产教融合生态圈的建构》,载《教育与职业》2018 年第 20 期。

服务等方式满足行业企业的发展需求，也满足政府对职业院校的价值追求和期待。行业组织作为民间性的一种非营利的社会团体，主要是由法人、其他组织或公民遵循自愿的原则，基于相同的利益诉求组成。行业组织在促进产教双向供求对接中发挥着重要作用，甚至在企业与学校之间也发挥着桥梁和纽带作用，行业组织积极制订的产教融合工作计划，主要围绕人才需求预测、教育教学指导、职业技能鉴定等展开服务，促进校企两个产教融合主体间的合作对接，加强两个主体的紧密联结。企业作为产教融合和校企合作过程中的重要育人主体，在与职业院校进行合作办学的过程中，关注教学改革的推行与科技成果的转化，从而与职业院校合作共建产业学院和企业工作室，共建创新基地、实践基地以及生产性实训基地等，其与职业院校的沟通交流、合作共赢，在促进经济社会发展中满足了政府对企业和职业院校高质量发展的价值追求和期待。

2. 构建产教融合良性运行机制

职业教育在深化产教融合、推进科教融汇过程中，学校和企业的合作经常会出现"校热企冷"现象，很多校企合作停留在协议层面或劳务用工的单向度，企业未能深入参与到职业院校人才培养全过程中，这是长久以来困扰高等职业教育发展的一大"瓶颈"。通过深入实践观察后发现，产教融合"合而不深"，更主要的表现却是内在"校冷企热"。"企热"，是因为企业科技研发转型升级压力大、技术技能人才需求旺盛，而其自身却力不能及，必须借助高校等力量才能实现生存和发展，"不热不行"；"校冷"，是因为一些学校对产教融合理解不深、担心开展校企合作会致使国有资产流失等被追责，哪怕不深入推进产教融合也不影响学校运转，碰到困难就往后退，"不热也行"。因此，构建和完善产教融合运行机制，保障产教融合的顺利进行，就成为当前构建产教融合生态圈最紧迫的任务[1]。

---

〔1〕 参见李玉芬：《新时代职业教育产教融合生态圈的建构》，载《教育与职业》2018 年第 20 期。

第一,强化政府主责。要尽快构建政府对职业教育产教融合的整体谋划和系统推进机制。从中央政府层面、省级政府层面、市级政府层面和县级政府层面,应当分别出台关于产教融合的国家顶层设计和整体规划布局、省域规划和推进要素保障、市域系统部署和推进举措创新、县域权责明晰和具体落地落实的政策法规等,解决当前在产教融合中存在的"上有布局、下无行动"的困境。同时,在资源投入、设立程序、用人管理、薪酬标准、专业设置、招生及财务管理等方面,尽快出台制度白名单,减除学校在深化职教改革,推进校企合作过程中的后顾之忧。第二,坚持学校主导。学校主导就是要求学校要保障产教融合、校企合作的育人助企方向不变,结合国家重大战略和经济社会发展需要,持续优化职业教育专业结构布局,提高职业教育专业设置与市场需求的匹配度,促进职业教育与产业发展之间的双向互动。同时,引导企业深度参与职业院校专业规划、教材开发、教学设计、课程设置、实习实训,实行校企联合招生、开展委托培养、订单培养和学徒制培养等,尽快构建职业院校对推进产教融合的内部协调机制和促进机制,破除虚假的不见行动和效益的"校热"现象。第三,激活企业主体。政府层面,要加大产教融合专项补贴与扶持政策的保障力度,切实解决产教融合交往实践过程中行业企业的利益回馈问题。处于磨合期与攻坚期的校企合作模式往往不能产生直接的经济效益与社会效益,因此需要政府的引导、激励机制和政策(如财政补贴、低息贷款及减免税收等),从而提升职业教育产教融合的范围、能力和水平。高职院校层面,要立足区域特色优势产业发展需求,成立政校行企多方参与的实体化运作职教共同体,直面产业经济建设主战场,真正聚焦企业科技需求,建设共性技术服务平台,打通科技开发、技术创新、成果转移链条,为企业提供技术储备和人才支持,让企业从校企合作中获得切实的利益回报,将企业参与产教融合的内生动力有效激发出来。第四,彰显教师主力。只有教师都能高度认同和积极参与,才会有产教融合的澎湃动能。建立"学校—学院—专业—教师"为架构的学校产教融合工作组,将产教融合校企合作理念渗透到职能部门和教学单位;深化学校激励制度改革,引导教师主动为企业和社会服务,促进技术研发和成果转化,实现校企互利共赢;强化校企合作对接机制,建立人才培养对接企业需求、专业教师对接能工巧匠、教学内容对接工岗任务、素质教育对接职业素养、能力考核对接技能鉴定、研发方向对接企业难题等机制,实现行业企业与学校在教学育人、技术创新、社会服务等方面的深度融合。

3. 构建产教融合质量评价机制

产教融合作为一个运行系统,自身也存在质量评估、反馈、优化的闭环需要。唯有如此,产教融合无论是在理论研究方面,还是在实践运行方面,抑或在制度完善方面,才有螺旋上升并不断完善优化的发展。构建产教融合质量评价机制要从四个方面着力:第一,要对政府在推进产教融合方面的举措及其效度进行质量评价并向职业院校、行业企业、相关社会机构和人员反馈。前已述及,政府在产教融合方面的权责,既包括宏观管理,如出台相应政策、进行统筹规划、整合各类资源,还包括提供公共服务和监督职能,制定相应政策助推校企两个产教融合主体的合作,推动产教融合校企合作沿着更加规范化的方向发展。重点评估其在职业教育产教融合的社会服务价值方面(促进教育与产业的融合以培养和培训高素质的技术技能人才)、产业支撑价值方面(推动职业教育的技术资源与人才资源更好地服务产业转型升级)和协同创新价值方面(实现职业教育人才链、教育链与创新链、产业链有机衔接)等是否实现预设目标。第二,要对职业院校在推进产教融合方面的举措及其效度进行质量评价并向政府、行业企业、相关社会机构和人员反馈。重点评估其在职业教育产教融合的职业素养培育价值方面(通过行业企业提供生产空间、设备以及其他相关资源,为培育学生的专业技术、操作能力、职业素养等提供必要条件)和实践教育价值方面(包括但不限于充分利用相关产业企业的实践资源提供进行实践教育的基础,搭建培养高素质的技术技能型人才的实训平台)等是否实现预设目标。第三,要对行业协会在推进产教融合方面的举措及其效度进行质量评价并向政府、职业院校、企业、相关社会机构和人员反馈。重点评估其在提升职业教育产教融合的治理资源整合方面(其用于产教融合的所有资源要素)和教育资源整合方面(其在产教融合中促进教育资源整合的作为)等是否实现预设目标。第四,要对企业在推进产教融合方面的举措及其效度进行质量评价并向政府、职业院校、行业、相关社会机构和人员反馈。重点评估其在保障职业教育产教融合人才供给的能力素质结构方面(校企"双元"育人模式下所培养的技术技能人才在能力素质结构方面要达到企业用工标准)和综合职业素质方面(校企"双元"育人模式下所培养的技术技能人才要具备扎实的专业知识、娴熟的实操技能,具备解决复杂问题的能力和较强的创新能力,具备良好的环境适应能力、团队协作能力与纪律意识)等是否实现预设目标[1]。具体地,在构建评价组织方面,构建包括地方政府以及教育主管部门、职业院校和师生代表、行业企业及其代表、市场第三方的产教融合项目评价组织机构,形成全方位、多层次、宽领域的产教融合质量评估机制,并建立流畅高效的评估结果反馈及调整优化机制,是比较合理的[2]。

二、职业教育产教融合立法的主体交往结构

亚里士多德在《政治篇》中指出人天生具备社会(政治)属性,马克思也认为"人的本质不是单个人所固有的抽象物,在其现实性上,它是一切社会关系的总和"[3]。处于社会关系网络中的人只能由其交往实践活动来决定。在此基础上,哈贝马斯提出了著名的"交往行动理论",并

---

〔1〕 参见李婷、徐乐乐:《职业教育产教融合质量评价体系构建研究》,载《教育与职业》2022 年第 4 期。

〔2〕 参见李玉芬:《新时代职业教育产教融合生态圈的建构》,载《教育与职业》2018 年第 20 期。

〔3〕 韦建桦主编,中共中央马克思恩格斯列宁斯大林著作编译局编译:《马克思恩格斯文集》(第 1 卷),人民出版社 2009 年版,第 505 页。

指出现代社会的弊端就在于交往关系、交往行为的结构性失衡。事实上,在人类社会历史发展中,所有的社会问题都可以从交往结构中寻找到成因。职业教育产教融合的交往活动虽然只是社会微观领域的不起眼的实践活动,但是却涉及多种异质性的交往结构以及较为复杂的社会角色及其转化机制。

(一)产教融合的交往主体及其权力结构

场域中的交往关系网络反映着权力结构,权力是决定主体间关系的力量。在不同场域范围内,不同的权力主体凭借其拥有的权力优势和地位形成相应类型的社会资本,从而通过规则制定、话语创造、行动建构甚至用图绘的象征性符号来主导场域的行动逻辑。产教融合的多元主体交往实践活动决定了场域内部与外部之间混杂的多种权力体系和主体间性。正是由于不同主体在产教融合交往实践中不同的权力资源,从而产生了不同的意向性结构和意向性行为。只有充分了解不同主体的权力属性、权力来源、权力运行逻辑、权力结构、权力生产机制等一系列特征,才能够理解产教融合交往实践的主体结构,从而描绘其意向性结构。而意向性是意义的源头,具体的社会生活总是指向某种意义,各种意义交错形成的意义场域虽然看上去纷繁复杂,但这正是多元主体建构的主体间性的意义之所在:现代意义上的平等、正义、自由、独立都源出于此。借用哈贝马斯的话说,这正是现代性的合法性的源泉。只有对产教融合交往实践主体的权力进行深入分析,才能顺畅地梳理各种意向性结构,从而为形成产教融合意义场域奠定基础。

产教融合是现代高等教育和新时代应用型本科教育推进体制化的举措,而现代高等教育和新时代应用型本科教育体制化又是技术交往普遍化的产物。从表面上看,技术交往是人通过生产劳动过程与物的交往,但是根据黑格尔在《精神现象学》中关于“主奴辩证法”的描述,技术交往的实质是“人—物—人”的交往结构,即以物为中介的人与人的交往。技术交往的普遍化有何现实影响?其一,技术交往的普遍化促进人与人依赖关系的养成。在现代化工业体系中,与科学知识相结合的现代技术因其具备复杂性、系统性等特点而创造了精细化的分工体系,这使得在技术交往过程中人与人的依赖关系进一步深化。其二,技术交往的普遍化改变了社会交往体系。从自然经济、产品经济到商品经济、市场经济的发展,使技术交往结构渗透到社会各个领域,最终技术官僚的诞生标志着整个社会系统的技术化。从西方发达国家崛起的经验来看,教育系统对技术创新、技术扩散与传播、技术转化等活动起着无法取代的作用,是社会技术交往结构中不可或缺的中间环节。从事技术活动的技术领导、工程师、技术工人在承担着技术社会独特角色的同时,也承担着社会交往结构赋予其的社会角色。而这些社会角色的交往实践能力的基础需要由教育机构来培养。这为产教融合活动中多元主体的行为意向表达奠定了理论和现实的基础。

具体而言,政府、产业、教育主体的权力结构运行,主要体现在三个方面:一是政府应承担指导者的角色,服务于企业、高校的产教融合活动。一直以来,政府作为政治权力的掌控者在政治场域中占据着绝对核心地位。相对传统政治而言,微观政治学更加强调强化政治系统的社会交往结构,通过掌控、调节社会行动网络维护自身的权威地位或合法性。笔者认为,政府应承担指导者的角色,服务于企业、高校的产教融合活动,从外围提供政策的帮助与支持,推动或促进产教融合实践。

二是经济权力的主体也是从事经济活动的主体,即各种不同类型的企业,其中与产教融合关系最为密切的就是直接从事物质资料生产的企业,通常也称为产业实体——区别于物流、金融等非实体性、非生产性产业。产业实体的企业家参与产教融合必然是基于资本逻辑、以满足生产需要、符合市场需求为前提。市场是一个从事商品交换的物理空间,其基本原则是平等自愿基础上的等价交换,然而这里的所谓“等价”却只是表面现象,实质上市场经济是一种获利经济,资本真正追求的是在市场中获得“溢价”。这个溢出的部分,同时也是各种经学理论争议的焦点。表面上看,经济权力的所有者是拥有资本的企业家,企业家参与产教融合活动似乎与市场并无直接关系，但是企业家的所有经济行为都必须遵循市场规律，即通过资本投入组织生产活动得到对应的产品，通过销售产品获得比投入的资本更多的货币即利润，否则就无法保持其生存状态或者地位的上升。企业家或资本的成功取决于交换行为的结果，因此，市场中的商品交换行动所产生的交往关系结构是生产经济意义场域的最核心蕴含，企业家的经济行为也理应在市场交往逻辑中运行。

三是高校作为教育主体理应成为产教融合的交往实践场域的主体。在从“精英教育”向“大众教育”转化的过程中，教育的地位和作用被长期忽视。在产教融合的交往实践场域内，应用能力的培养以技术知识的掌握为前提，高校作为知识传授的教育场所，具备政府和企业都无法替代的功能，自然便成了产教融合的主体。但技术教育的特殊性就在于对实践性的强调，高校主体作用的发挥同样也离不开产教融合。

布尔迪厄认为：“我们在差异化社会中注意到的社会空间的结构是经济资本与文化资本这两个基本的分化原则的产物，因此，对文化资本的再生产起决定作用的教学机构，就成了人们为了垄断霸权位置而进行争夺的关键”[1]。在技术领域，职业教育理应是占据核心地位的主导者。职业教育包含文化传承、知识传授、技术养成与创新等职责，是技术从业者进入社会之前的规训空间。追根溯源，职业教育是从传统社会行会体系转化而来的。传统技术或技艺采用的是师傅带徒弟的传承方式，其中知识或文化含量较低，更多的是操作守则、行为规则。伴随着工业化的进程，现代技术体系奠基于现代科学知识的出现与发展，这就使进入工业职业系统的知识门槛迅速提升。第一批工业化国家的成功经验中就包含完整的职业教育系统的建立和完善。中国高等教育沿用苏联模式，在实用性方面具有一定的优势，这是以侧重于重工业优先发展的

〔1〕［法］P. 布尔迪厄：《国家精英——名牌大学与群体精神》，杨亚平译，商务印书馆2018年版，第9页。

苏联经济发展模式为前提的。改革开放之后，中国轻工业发展采用的是“用市场换技术”模式，整体上技术处于低度发展状态。这就使社会发展对侧重于技术养成的职业教育的需求不符合高等教育自身的发展规律。职业院校的社会声望，社会对职业院校的期望值都与社会发展状态有所脱节。在从“精英教育”向“大众教育”转化的过程中，职业教育的地位和作用长期被忽视。事实上，党的十八大之后，中国社会发展进入新时代，党和政府乃至全社会都开始意识到职业教育的重要性，职业教育开始进入正常的发展轨道。鉴于技术教育的特殊性之一就在于对实践性的强调，职业院校主体作用的发挥离不开产教融合。职业教育的快速发展也对产教融合提出了更高的要求，因为只有常规化、规范化的深度融合才能真正提升职业院校的才人培养能力和水平，这也是职业教育终极意义和价值的真实体现。

（二）产教融合的交往主体及其角色

1. 政府权力主体角色及其意向表达

在产教融合过程中，为企业、高校的合作提供相应的服务已成为政府的社会责任，“服务者”是政府必须扮演的社会角色。通过对产教融合活动的组织、管理，政府可以从中获得社会效益。企业、职业院校作为社会组织都是政府管理的对象，但是它们自身又具有相对的独立性，并且追求的价值目标也不一样，政府必须充分利用其拥有的政治资源、社会资本搭建产教融合平台、规范产教融合行为、营造产教融合社会氛围、评价产教融合绩效、奖励产教融合成果。政府通过对产教融合活动的深度参与，推动形成产教融合的惯习，提升产教融合的社会收益，从而获得更高的社会声望，收获更多的政治资本，创造更高阶的政治意义场域。过去，无论是政治制度的分权结构、社会组织的自治形态，还是个体的自我意识都从各个方面改变了社会政治交往结构和模式：一方面，权力的分散化导致微观政治的普遍化；另一方面，独立个体自我意识的膨胀产生了强烈的社会离心力。而各种平权运动最终形成了政治交往的普遍化，即世界交往。现代社会则不同于传统社会,一个重要特征就是其组织结构的独特性:在个人、社会组织、政府之间出现了权力分散。在政治结构发生变化的同时,政治交往的目的也发生了改变,以获取特权为目的的交往转变为实现政治价值的交往,政治交往的社会服务功能便凸显出来。因此,在产教融合的交往实践场域中,政府意向性行为的表达与收获的社会效益密不可分。

2. 产业权力主体角色及其意向表达

在激烈的市场竞争中,企业发展始终以技术革新为导向,落后就会被淘汰的企业运营逻辑助推其积极参与产教融合活动,并成为其中的一大主体。同时,基于企业在生产交往中的主体性,企业自然成了产教融合的交往实践场域的一大主导者,占据着产教融合实践过程中的主导地位,发挥了主导作用,主要体现在以技术创新、知识创新、技术转移和知识应用为主的成果转化与知识传播上。在产教融合交往过程中,绝对不能忽视生产交往的现实性,换句话说,企业的意向性行为的表达,在于企业自身需求的满足,即高质量的人力资源收益。究其原因,这与生产交往强调现实效果密不可分。生产交往是物质资料生产活动过程中各个方面的社会角色互动的过程。狭义地理解,生产活动的参与者只是企业家、企业管理者、企业员工。如果把生产活动扩展开来,广义的生产交往要包括市场管理者(政府相关机构)、资本提供者(金融系统)、商品销售行业乃至消费者。与具体情境下进行生产活动的技术交往强调效率不同,生产交往特别是狭义的生产交往更加强调现实结果:不能够完成从生产到消费的完整生产过程,生产劳动是无效的。这就使生产与现实需求之间的关系显得尤为重要。回溯到产教融合活动中,企业需求的满足既是教育成功的标志也是评价产教融合绩效的标尺。

3. 教育权力主体角色及其意向表达

在政府、企业与职业院校合作建设的“三重螺旋”模型中,除政府的官方形象与企业的社会力量外,职业院校与企业保持一致,同样作为主导者的权力主体,是产业技术与专业知识的生产机构,承担着主体作用,主要体现在知识与技术的传播、对高精尖端人才的培养,以及对传统教育的继承与创新。传统课堂教学的创新意愿又成为职业院校意向性表达的决定性因素。教育活动本质上是人才生产,教育交往是"教"与"学"的互动过程。传统"主体—客体"思维模式下的教育交往因为具有独断性而广受批判,布尔迪约甚至认为,"从教育行动(AP)是由一种专断权力所强加的一种文化专断的意义上说,所有的教育行动客观上都是一种符号暴力"[1]。因此,在教育交往过程中平等意义上的教育交流、沟通、对话机制成为学界共识。虽然传统的课堂教学在狭义的书本知识传授领域具有独特的意义和价值,但是基本无助于实践能力的养成,不能满足对学生培养实践能力的现实需要,社会和学生的需求倒逼职业院校对于传统课堂教学的创新意愿的增强,而产教融后赋予了职业院校增强这一意愿的现实途径。产教融合打破了传统的教育交往结构,通过在企业生产现场"教学"的方式,实现了真实性、情境性、互动性,并且可以通过现实的技术实践活动达成能力养成之目标。产教融合中的教育交往实践规避了传统教育交往模式的缺陷,更能够体现出现代人才培养的实效性,更加适用于教育实践活动。因此,职业院校在产教融合活动中意向性行为的持续表达则与产教融合对于培养适应现代化产业体系发展和国家经济战略发展的高素质应用型人才的现实效果密切相关(见图 7-1)。

---

〔1〕[法]P. 布尔迪约、[法]帕斯隆:《再生产——一种教育系统理论的要点》,邢克超译,商务印书馆 2002 年版,第 13 页。

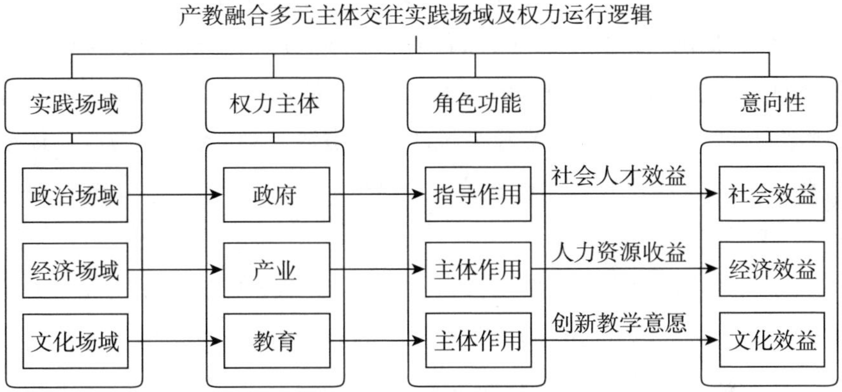

图7-1　产教融合多元主体交往实践场域权力结构关系

(三)产教融合的交往合作类型及其机制

1.产教资源整合及其机制

职业教育产教融合的实质就是要通过交往合作达到资源利用效率或效能的最大化或最优化,其中政府提供政策资源,学校提供人力资源和智力资源,企业提供生产资源和市场资源。政府的职责就是通过制定、执行各种法律、法规、政策对其管辖的社会进行全方位的治理,通过引导、激励职业院校与企业进行产教融合,有利于提升自身的社会治理能力和水平,推动社会整体的进步与发展;职业院校培养的高质量人才能够更好地满足社会发展需求;企业生产能力和水平的提升能够更好地促进经济繁荣和社会稳定。政府主导产教融合的主要方式包括搭建资源共享平台、提供信息沟通渠道、出台产教融合激励政策、制定产教融合行为规范。政府通过自身的社会影响力、政策执行力、经济统筹协调力提升职业院校、企业的产教融合意愿。产教融合必须明确各行为主体之间的"责利权",而后通过资源整合、二次分配等方式深度影响企业与职业院校之间的互动。产教融合要想可持续性发展,企业与职业院校之间必须创立稳健的资源沟通渠道,作为各自独立的行为主体,两者之间的联系必须通过资源共享、资源重组、资源置换等一系列互动过程来实现维稳与升级。企业作为市场敏感度、透明度的感知方,洞察最新的市场需求,享有最前沿的信息技术,拥有最先进的生产设备;而高职院校则拥有最具活力的技术人才、最新的科研成果。从现实意义来看,职业教育产教融合就是企业系统与高校系统的一次资源互补,旨在突破产业体系与教育体系之间的壁垒,创建高校主导、行业指导、政府引导的理想状态。

企业对职业教育进行资源投入,就是企业资本与职业院校资源进行整合的最直接的方式。从表层上看,这一行为为高校办学拓宽了资金来源。从深层上分析,资本进驻的本质是令高职教育迈向更具市场化和竞争力的运营模式,通过高投入、高回报的逻辑,营造良好的教育环境,培养更出色的时代人才。办学质量得到提高的同时,个人教育成本也相对提升。故此,这种模式实施的前提有三:一是学生愿意且有能力承担较高的教育成本;二是对学生来说教育的收益高于其教育成本;三是依托政府部门监管,以优质优价为原则合理制定价格。近年来,越来越多的高职院校践行着产教融合的原则,成立多个校企合作性质的研究中心。例如,温州职业技术学院积极引进企业投资,依据得天独厚的优势条件进行产学合作,形成多形式的“订单培养”合作,探索与行业企业的联合办学。这一举措在给办学带来稳固的资金支撑的同时,也改善了学校的办学条件、实践渠道和教学质量。企业风格的管理架构、企业投资引进的科研项目、敏锐型专职技术人才的互动等都为高校的办学模式注入新鲜血液,提供着强大的支撑。

在资源整合的另一面,是职业院校在为企业提供着优质的劳动力、优良的研发条件、成本低廉的场所等。在这一合作过程中,企业方面用正向的投入获得了高性价比的回报,不仅节约了生产要素,而且提高了生产率,与职业院校携手迈进高质量发展的科技转型行列。高职院校与企业分享自身优势的同时,也获得了企业在资金上的帮扶、就业岗位上的倾斜、技术与管理的市场向分享。当然,资源沟通得以长久的前提是,企业与高校双方都不应吝啬自身所能分享的要素,因为精致的计算合作关系往往会适得其反。

高职院校是集中培养技术型人才的场所，校企合作的模式可以最大限度、最快速度地达到为社会输送优质人才与先进技术的目标。首先，基于对部分生产要素的先天优势，高校的参与降低了企业的生成成本。其次，校园内纯粹的研发环境不断为企业发展输送新鲜血液。再次，高校同样在合作教学的过程中，获得了对专业领域最市场化的认识，扩充了专业战略储备。最后，这一教育背景具有其双重意义，在学习专业知识的同时，也锻炼了实践技能，学生是校企合作的最终受益者，优质平台培养出的技术人才最终也将反哺整个产业。企业在汲取高校提供的优质生产要素时，也应适当为高校师生提供基本生活、学习科研、专业实习等方面的便利，并支付相应的劳动报酬。当然，这种支出的界限应该设定在企业可承受的范围内，如果超出企业承受范围，合作一般就会中止。

2. 产教主体耦合及其机制

在物理学中，"耦合"是指两个或两个以上不同质的体系或两种运行形式之间通过各种相互作用而彼此影响，形成互动关系的物理现象。借用"耦合"一词，可以表达产教融合过程中职业院校和企业两类异质型主体组织之间的契合，即互补和兼容〔1〕。

专业设置需以产业结构为标杆。假设产业与专业设置相斥，在产教融合失去基础的情况下两者融合就不可能实现。专业设置适应产业发展的需要，是高职教育"服务发展，促进就业"的办学初衷，在产教融合校企合作实践中起到重要的引导作用。校企共同研判区域经济特质与发展潜能，并进行市场调研和设计专业培养计划，在校企深入合作互动中将专业融入产业并与产业因素相结合，在专业设置进程中校企双方就教育模式、发展理念、产业结构等方面可展开深入探讨与研究，实现产业与专业的深度融合。

---

〔1〕 参见李成龙、秦泽峰：《产学研合作组织耦合互动对创新绩效影响的研究》，载《科学管理研究》2011 年第 2 期。

专业与产业间的耦合是产教融合的必要不充分条件,达到产教融合效益提升就不能仅停留在对接的形式状态,而是要在此基础上进行深度的校企沟通与协作以达到教学过程与产业深度的充分融合。将职业教育与产业需求紧密联系,学校与企业共同培养应用型人才,是职业教育产教融合的重要内容〔1〕。产教融合、校企合作的目的是培养适用于现代产业企业发展的应用型技术劳动者,校企双方应共同参与到人才培养、实材和课程开发、建设培训基地和培训人才的质量标准等的教学环节之中,将专业设置与行业需求进行有效对接、课程内容与专业标准有效衔接、教学过程与行业深度融合。

产教融合的具体践行需要发挥人的主观能动性,尤其要发挥教师队伍在产教融合进程中的关键作用,提升教师自身能力及教学水平以适应产教融合培育模式。通过校企互聘、资源共享、"双师"培训等有力举措,企业深度参与教师赋能和资源开发。企业在教师培训与前沿领域拓展中起引领作用,教师在企业运作流程、产品开发与技术攻坚等领域发挥功效,校企共建成结构化的"双师"队伍,形成校企共同合作、共同建设、共享人才和资源的局面。教师队伍与企业部门之间的通达协作将工业知识纳入教师的知识结构,将教师和工业的耦合度深度融合,加深教师与产业间的联系,使其进入深度融合发展阶段。

人才培养的供给侧与产业的需求侧在结构、质量和水平上的矛盾是产教深度融合的根本矛盾所在。优质人力资源的培养与适配,需要学生在实习阶段便接受高度匹配的工作任务,这需要校企共同打造实训实习基地。按照"产教融合"及"教与学"的要求,结合各产业的技术人才需要,校企双方致力于共同打造集教学、生产和创新研究于一体的"产学研一体化"平台。这一平台不仅可以满足学生在实践和生产培训中培养操作技能的需要,还可以满足行业企业技术创新的需要。学校企业之间进

〔1〕 参见罗珍资:《"七个共同"与产教深度融合的耦合》,载《产业科技创新》2020 年第 16 期。

行优势互补，教师和学生将共同研究和开发来自行业企业的技术、工艺和产品。通过共同建立产业和教育之间的深度联系，学生实习培训平台在培养学生的操作技能、解决技术问题的能力、创新和开发产品方面促进学生和行业界之间更紧密的融合，并帮助培养区域经济社会发展所需的复合型技术人才。

3. 产教认知统合及其机制

职业教育涉及多个组织，诸如政府、学校、工业和商业，以及许多社会活动，诸如工厂和教室、工作和学习、生产和研究。它是一种跨界的资源汇集，亦是一种复杂、多层次的系统交易。随着科技创新和组织间合作的快速发展，组织间拥有更加密集和复杂的合作网络，职业教育中组织关系至今也发生了很大变化，合作的主体逐渐瓦解。合作的主要参与者正逐渐脱离传统，获得多路径、开放性和多属性的特征，而组织的边界也在变化和逐渐模糊化。因此，政府、学校和企业之间的组织间合作是一种利益高度一致的合作形式，有强烈的利益一致和异质实体的存在，这是认知统一的先决条件。

然而，企业的伦理道德责任要求其在追求自身经济利益时还要兼顾社会效益，达到经济发展与贡献社会的有机统一。产教融合交往场域中的各类主体依据自身特有的资本形态展开竞争性交往活动，因其原有惯习与在场域位置中的不同而需要作出调整与变化。公司作为教育与产业融合的重要对象并且作为公共话语的主体，需同时发挥反哺社会及兜底伦理道德的作用。公司作为工业和教育之间联系的重要对象，其身份正在转变为公众讨论的对象。在身份的动态建构理论基础上，分析得出一个主体的特定身份总是存在于一定的空间和时间中，并且可以同时存在几个身份，而在某一时刻、某一特定的社会身份将占主导地位。虽然企业在整合产业和教育时不会失去或放弃其他的社会身份，但他们在进行产教融合时会有意识地考虑新身份的好处，这些好处包括经济和非经济两方面。如果行政话语忽略了公司作为个体追求理性经济利益的倾向，而只考虑到公司在连接教育和产业方面的公共利益，那校企合作的结果可能仅限于书面或者形式层面。这就是为什么以政府为主导的产教融合会出现“政热经冷”“校热企冷”、校企合作“两张皮”的现象〔1〕。

因此,在产教融合中重塑价值理念,构建产教双方合作共赢的认知统合图景是非常重要的。虽然功利性公司的组织性质与公共利益的专业机构的组织性质存在一些差异,但理性分析表明,既不存在纯粹追求利润的公司,也不存在纯粹追求公共利益的专业机构。公司的经济行为必须以整体环境的制度机制为准绳,企业须采取宏观环境中国家认同、市场准许、公众接受的组织或行为。例如,绝大多数企业在组织结构上采取科层制,并不是因为这样的形式有利于发展,而是因为科层制是让人广为接受的组织形式〔2〕。

创造产教融合社会氛围与良好经济发展环境,需要政府、企业、学校三方的共同协作。企业参与社会公益活动不仅是展现实力,而且是推动更多的资源与注意力来形成良性动态发展局面,因此,企业和职业院校间的合作实质上是工具理性和价值理性的结合。就机构间合作达成共识的关键是建立起校企之间合作价值的理念,也就是创造一种基于合作和交流的机构文化。首先,明确区域特色经济及发展优势,以现代化产业结构趋向为导向,加强校企之间的文化联动,培养文化命运共同体意识,营造合作与交流的区域文化环境。其次,建立健全运行机制与有效的规则制度,避免产业资本在市场中的无序发展,企业应承担与之相对应的社会责任,形成经济效益与社会效益的有机统一。可以选择经济实力相对较强、与学校专业发展密切相关的企业自愿参加,且保证其也不用为了参与产教融合而被迫提供生产材料、应用场所和设备,从而损害其经济利益。最后,对于参与产教融合的企业,还要加强对他们合作精

---

〔1〕 参见李煜:《产教融合机制下政府与企业主体身份的话语研究》,载《滁州学院学报》2020年第4期。

〔2〕 参见王琼艳、胡小桃:《组织社会学视域下产教融合的困境及其破解》,载《职教通讯》2019年第21期。

神和服务意识的培训,使其更好地理解产教融合的重要性,从而把合作变成现实。

4. 产教利益嵌合及其机制

产教融合交往实践活动的有序展开有赖于多方主体利益的高度契合,由此形成多方参与、多要素融合、多层次发展的优质融合体。究其本质,各执行主体参与政策执行的本质因素,就在于实现多方主体利益的最大化。因此,整合各方的利益需求与原则边界,需对整体的利益嵌合机制进行充分考量。从社会生态角度来看,异质性的社会资本、社会权力及其结构都是围绕最终利益目标来形成和发展的。这个问题解决不好,很容易造成利益冲突从而阻碍产教融合共同体的形成和发展。在构建利益共同体的过程中,应注意以下几点:

第一,遵循自愿参与的原则。并非所有的企业都有意愿或能力参与到产教融合、校企合作,政策方案的实施需要建立在自愿互利的原则之上。国家政策及地区政府不应采取强硬的手段逼迫企业参与实施,否则不仅会破坏该政策的社会公信力,甚至会影响企业自身的正常运作与经济活动。与此同时,政府、行会及相关部门应提高企业参与产教融合的意愿,在社会政策、社会氛围等方面激发强化企业参与产学融合的动机。

第二,遵循多方决策的原则。产教融合交往实践场域的多方主体间的利益取向并不相同,需要通过政策设计达成统一,这势必要遵循多方决策的原则。协商治理的内核是公共性特征的制度表达,对于政府、企业、职业院校而言,尽管各自的公共性特征、程度不尽相同,但是可以通过多方共同相互沟通交流与不断协调利益,推动互惠共利政策的实施,有效保证多边利益,彰显政策决策的公平公正。

第三,遵循互利协同的原则。产教融合、校企合作的实践结果不应局限在人力资源的培养,双方应在各自的优势基础上互通有无、良性运作、开拓创新,积极找寻发展突破的条件与机遇,企业在进行科技创新、培养职工素质以及生产项目承接方面也应发挥作用,人才培养方案或员工培训方案由学校和企业共同制定,双方共同为学生实操实训与就业创业、教师实践、员工培训等提供保障。

在产教融合过程中过于强调任何一方的利益诉求,或者任何一方在交往实践中过于强势都会破坏多元治理的参与意向,最终导致整个行动的不可持续。多元治理模式强调每一种场域在多元互动中保持自身的属性或特色,在相互渗透中不断实现边界融合。减少彼此之间的冲突与对立,最重要的是遵循互利和协同的原则在双方的利益之间找到共同点。在现代社会多元发展及微观治理的模式中,人们对主体权力及边界利益的诉求越发提升。在保证公共利益的基础上,可以建立包括政府部门、教育部门、行业部门、就业部门、合作企业在内的利益协调管理部门,就政府、学校、企业等产教融合主体部门的利益诉求、职能地位、功能属性作详细梳理,并定期召开会议协商近期活动成果,起草相关文件保证实施。根据多方利益及发展境况作微观调整,为协议多方提供咨询和互助,使双方最终在协调中达成共识,减少矛盾。

产教融合利益客体的构成更加多元化,这些资产不仅包括有形资产,如新产品、技术和工艺产生的利润和收入,还包括一系列无形资产,如创新能力、产品声誉和通过合作创造的职业培训机构或公司的社会声誉。对利益主体而言,一方面,不同的利益相关者有参与合作的不同动机,也有对利益分配客体的不同需求。例如,公司一般需要新的有市场潜力的技术和具有创新能力的学生,而职业院校则需要创新能力的提升和科技成果转化所带来的成就感。另一方面,职教机构和企业对同一利益对象有不同的价值观。此外,还有一个独立于利益相关者价值的公允价值,它通常被合作方认可,公允价值和利益相关者的价值认知之间也可能存在差异。因此,加快建立激励机制,鼓励多方积极参与,是产教融合交往实践场域中各位主体及其参与人员共同实现产教融合目标的途径之一。通过建立健全科学的产教融合管理制度,建立灵活的、适应性强的管理人员调配制度,对管理人员的管理任务和责任进行多元评价和设立薪酬制度,对表现突出的人员进行准确的考核、给予物质和智力奖励,对参与产教融合的企业实行税收优惠政策,对经济困难的学生实行全额或部分学费减免,完善奖学金和贷款等金融制度。

(四)产教融合的主体交往结构与多元治理模式

布尔迪厄认为“自主的获得是场域形成的关键”〔1〕,当代治理理论的提出就是针对传统规制模式中主体性、自主性的缺失。在不同质的场域共同行动领域,相对于传统的政府管制、市场自由交易模式而言,当代治理理论的主要特征就是强调“行动者主体的多元化和治理结构的多中心安排”〔2〕,作为多元化主体行动的产教融合也必然适合于多元治理模式。多元治理或多中心治理意味着不同场域的交互作用,不同权力的互相交织,不同主体的多元协商,不同类型的行动者网络交错运行,这就对行为主体的平等性、自主性提出了更高的要求和限定。多元主体行动的产教融合治理模式是政府、企业与高校发挥自身优势通过外部治理模式、内部治理模式、协商治理模式形成交往互动的共同体(见图7-2)。

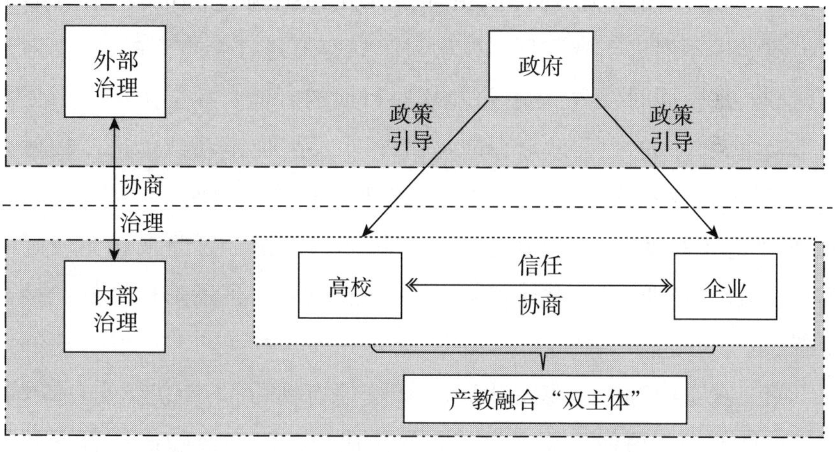

图7-2　产教融合共同体多元治理行动逻辑框架

从治理形态上看,职业教育产教融合的多元治理模式可以划分为以

〔1〕［法］皮埃尔·布尔迪厄:《艺术的法则:文学场的生成与结构》,刘晖译,中央编译出版社2011年版,第3页。

〔2〕孔繁斌:《公共性的再生产》,江苏人民出版社2008年版,第3页。

下三种：

第一种是外部治理模式，即通过制定政策支持和引导促进相关主体形成良性互动交流，营造良好氛围。同理，产教融合的外部治理主要是政府对社会生态的营造和重构，为高校和企业搭建交流互动的平台，创新产教融合政策体系、形成产教融合的实践机制。对于政府主导的治理模式而言，由于政府掌握了几乎所有的公共资源，必然在产教融合实践中占据绝对主导地位。实现外部治理模式的转型，对于产教融合的交往实践来说，首要的就是良好的社会氛围。改革开放以来，中国社会进入快速工业化的轨道，对各种类型的职业工人的需求快速上升。前 40 年中国工业系统的人力资源补充主要是依赖转型的农民工；党的十八大之后，经济转型升级，对工人特别是知识型高技术工人的需求逐步上升，但是社会对应用型高校和职业院校的歧视状态却没有大的改观。综观西方发达国家职业教育的社会声望，我们还有较大的差距。这就形成了恶性循环：高层次的企业不愿招收应用型高校和职业院校的学生工作；高能力的学生不愿进入应用型高校学习。只有通过社会生态的改良，即政府、企业、高校同时发力，才有可能摆脱目前的窘境。社会生态的形成是一个自主、自律的过程，政府只应提供外围的帮助，推动或促进产教融合实践，尽量减少不必然的直接干预，即便是发展初期使用一些财政、税收、金融等工具助推，也要在适当的时机逐步退出。目前来看比较好的模式是政府、产业、高校共建产教融合战略联盟，以帮助形成良好的社会生态。

第二种是内部治理模式，即通过改变原有惯习，不断优化交往结构，建立良性的交往信任机制。对于正在形成或已经完成的产教融合共同体而言，建构良好的内部治理模式尤为重要。由于产教融合共同体主体的异质性、目标的异质性、行动逻辑的异质性等特征，寻求共同点以及相互的信任就变得尤为重要。在场域理论中，惯习是连接场域与关系结构的中介。政府习惯于发号施令、院校习惯于课堂教学、企业习惯于生产经营，要改变已经形成的行为习惯，形成基于共同目标的惯习是内部治理模式建构的第一步。党的十八大之后,党中央提出的"以人民为中心"理念是对传统的"以人为本"理念的更新和升级。人才的培养、人才的健康成长、人才的适用性和实用性是政府、院校和企业的共同愿景。只有在这个基点上,产教融合实践才能够达成意见一致的行动逻辑。将偶尔为之的产教融合实践常规化、日常化、规范化、制度化,才能够形成产教融合的惯习,"一旦新的惯习形成,就意味着行动者养成了与环境相适应的生存习惯、禀性系统、认知结构",〔1〕从而将产教融合共同体的交往结构固化并且在常规化的交往行动中不断得到优化。内部治理模式建构的最终目的是建立起彼此之间良好的信任关系。信任是交往的基础,传统社会的信任机制建立在"熟人关系"基础之上,市场经济条件下社会信任机制的重构是基于"陌生人"社会系统的道德、规则约束。产教融合共同体的信任机制来自共同体的自我认同、身份认同、情感认同和行动目标认同。只有通过惯习的养成达成一系列的认同,才能形成产教融合交往共同体的信任。

第三种是协商治理模式,即通过非正式协商和正式协商,将异质性的主体间的外部联系转化为内部达成共识的实践行动。正如哈贝马斯认为:"合理的协商必须是双轨的,协商不仅存在于非正式的公共领域,而且存在于正式的公共领域,即公共领域的非正式协商和决策机构的正式协商"〔2〕。也就是说,一个成功的协商治理模式必然要经历从非正式协商到正式协商的过程。产教融合共同体形成和发展的实质就是从非正式的、偶然的交往活动向正式的、常规化的交往活动转化。对于产教融合共同体而言,协商治理模式的实质就是统一价值取向、统一行动意向、统一目标诉求从而达成行动的一致性,同时也把异质性的主体之间的外部联系转化为内部共同一致的交往实践活动。由于产教融合共同体的交往实践发生于异质性的场域,异质性权力结构的外部性特征必须

---

〔1〕 张意:《文化与符号权力》,中国社会科学出版社 2005 年版,第 62 页。

〔2〕 [德]哈贝马斯:《在事实与规范之间》,童世骏译,三联书店 2003 年版,第 389 页。

要通过某种渠道转化为行动者的内在动力,这个渠道就是协商治理。值得一提的是,高校和企业作为产教融合共同体的“双主体”,存在异质性的权力结构,需要采用协商治理的方式有效转化双方的目标,形成目标共识后的一致行动。而在协商过程中,利益转换是最为困难的问题。这个问题解决不好,很容易造成利益冲突从而阻碍产教融合共同体的形成和发展。从社会行动者理论来看,投入社会资本来采取社会行动的目标是要获得某种利益,因此,建构协商治理模式的核心是构建相关利益表达、转换和保障的渠道。从社会生态角度看,异质性的社会资本、社会权力及其结构都是围绕最终利益目标来形成和发展的,因此,协商治理的内核是公共性特征的制度表达。对于产教融合共同体中的政府、企业与高校三方权力主体而言,尤其需要协商治理模式作为媒介,不断寻求三方主体的“共同价值、目标和诉求”,实现共同利益。需要说明的是,尽管三方权力主体各自的公共性特征、程度不尽相同,但是可以通过各种利益转化、机制转换拉近彼此之间的利益差距,从而达成共同利益,即公共利益的最大化和最优化,从而提升产教融合的范围、能力和水平。

第八章　多元性的差异满足：产教融合立法的价值取向和基本原则

立法的价值是指制定(或修改)法律(或法规、规章)，对确认、分配、衡量、维护某种或某些社会关系与社会利益所能产生的符合立法主体需要或立法目的的效益[1]。任何一种法律制度的制定都应当有明确的目的性，都应当有其自身的价值目标和价值取向，即任何一种法律制度都有自己的价值取向问题，价值取向是对其他价值的排斥和对已选择价值的价值序位的确定[2]。相应地，任何立法活动都会在既定的价值体系内，都可能发生价值冲突，解决好价值冲突，方能最大限度地满足多元化价值主体的多样化价值诉求。职业教育产教融合是推动人才培养模式从学校教育主导型转变为多元主体参与型的主要机制。然而，当前我国的产教融合还存在政策支持不足、观念

---

〔1〕 参见郭道晖：《中国立法的价值取向》，载《法制现代化研究》1996 年第 00 期。

〔2〕 参见赵万一：《论民商法价值取向的异同及其对我国民商立法的影响》，载《法学论坛》2003 年第 6 期。

转变不足、合作动力不足、企业参与度不高与合作水平不高等问题,[1]产教融合亟须在制度化框架内运行,才能达到多方主体积极参与、社会资源高效整合、人才培养适应国家现代化发展需要等预期价值目标。而职业教育产教融合立法价值取向的确立,在很大程度上又是通过其立法的基本原则体现出来的。

一、职业教育产教融合立法的价值取向

法的价值取向,是指法律应向着社会人某种需要的方向运作和发展。职业教育产教融合立法的价值取向,即产教融合法在立法过程中所要坚守的根本立场和出发点,是我国在制定产教融合法时希望通过立法所欲达到的目的或追求的社会效果,也是当法律所追求的多个价值目标出现矛盾时的最终价值目标选择。职业教育产教融合立法必须在正确的价值取向引导和规范下,才能取得更好的立法效度。

(一)确定产教融合立法价值取向的基本思维

社会需求的多样性和社会价值观念的多元冲突性,经常使立法者面临立法的价值选择,如通过本次立法,要优先解决哪些问题,要保护哪些群体的哪些利益,要采取轻重缓急的哪些举措等,都反映了立法者的基本思维模式,也都带有了立法者相应的价值观念。

1. 确定产教融合立法价值取向必须基于系统思维

确定产教融合立法价值取向必须强化系统思维,要求在产教融合立法中,全面系统地了解职业教育产教融合所有相关问题,明确针对当前职业教育产教融合难以切实推进的突出问题,系统性分析根源,整体性

---

[1] 参见聂如月、方益权:《职业教育产教融合立法的现实需求、基本原则及推进思路》,载《职业技术教育》2022年第13期。

提出解决方案。党的十九届四中全会提出"完善职业技术教育、高等教育、继续教育统筹协调发展机制"。党的二十大报告高度重视科教兴国战略在强化现代化建设人才支撑中的重要意义，明确指出"统筹职业教育、高等教育、继续教育协同创新，推进职普融通、产教融合、科教融汇，优化职业教育类型定位"。因此，推进职业教育产教融合立法时，必须强化系统思维，必须强化对职业教育、高等教育、继续教育协同创新性的研究，必须强化对职普融通、产教融合、科教融汇的研究，必须强化对职业教育关联性、整体性和协同性的情势研究，既包括教育体系之间的关系，如职业教育与普通教育的关系，职业教育与继续教育、终身教育的关系，也包括职业教育系统内的各种关系，如教育行政部门与人社行政部门的关系、技术教育与知识教育的关系等，同时还包括职业教育与行业、产业以及国际形势之间的关系等。

2. 确定产教融合立法价值取向必须基于历史思维

确定产教融合立法价值取向必须坚持历史思维，要求在产教融合立法中，充分研究和分析我国职业教育产教融合的历史和现状，尤其是对我国职业教育产教融合的经验教训进行深入分析，以求找准实际问题、精准分析问题、真正解决问题。习近平总书记指出："历史、现实、未来是相通的。历史是过去的现实，现实是未来的历史。"自 1996 年《职业教育法》施行以来，我国职业教育产教融合改革发展积累的许多经验值得深入提炼，诸多教训值得深刻反思。此后，在推进《职业教育法》修订的过程中，也开展了深入的调查研究和经验教训总结，包括对国外国外相关立法经验的借鉴。只有深入总结我国职业教育产教融合的历史经验教训，才能找准推进产教融合立法的立足点和落脚点并精准提出解决问题的制度安排，诸如在产教融合中政府权责、企业成本分担、学校和师生权益保护等问题，校企人员互聘和学校"双师型"教师队伍建设问题，产业体和企业方资源链如何贯穿职业教育全过程等诸多亟待深入研究和解决的问题。

3. 确定产教融合立法价值取向必须基于战略思维

确定产教融合立法价值取向必须基于战略思维，要求在推进产教融合立法中，紧跟时代前进步伐，站在战略全局的高度观察、处理问题。国际职业教育产教融合的立法呈现出新趋势，大多是基于各国对自身产教融合法治实践经验、教训的总结，而产教融合虽然具有国别特点，但也有共同规律，因此国际职业教育产教融合立法呈现出新趋势是非常值得研究参考的。职业教育发达国家如德国、美国、瑞士等在产教融合方面的先进做法，如法律保障体系完善、管理部门之间职权关系理顺、职业资格与学历资格的融合发展等，也值得我国产教融合立法及其实践中予以研究和借鉴。当然，在学习的过程也要避免舍近求远，同属东亚文化圈的日、韩在职业教育产教融合方面也有很多的宝贵经验值得我们借鉴[1]。

4. 确定产教融合立法价值取向必须基于底线思维

确定产教融合立法价值取向必须基于底线思维，要求在产教融合立法中，极为关注立法内容的科学选取，这是提高产教融合立法质量的关键。合理确定职业教育产教融合立法的内容边界，需要采取底线思维，优选立法内容。公共政策的法律化就是立法内容的筛选过程，就是将政策实践中的有益经验上升为法律规范的过程。近 20 年来，我国职业教育政策的发展及其丰富的实践，为推进职业教育产教融合立法奠定了较为扎实的政策基础，对政策遴选的条件以及限度的深入研究，有助于精准处理好政策与法律之间的关系，选好职业教育产教融合的立法内容[2]。

5. 确定产教融合立法价值取向必须基于法治思维

确定产教融合立法价值取向必须运用法治思维，要求在产教融合立法中，在系统研判职业教育产教融合情势的前提下，总结历史经验，参考国际做法，以政策实践为基础，并提出相关研究假设和具体建议，还要运

---

〔1〕 参见王建洲、杨润勇：《“法法衔接”视域下〈职业教育法修订草案〉的分析与建议》，载《职业技术教育》2020 年第 24 期。

〔2〕 参见杨润勇：《以“五大思维”统领职业教育立法研究》，载《职业技术教育》2020 年第 24 期。

用法律语言和法治思维,进一步推动构建职业教育产教融合的法律制度体系。这就要求,在立法根据上,职业教育产教融合立法要与上位法紧密衔接;在调整范围上,职业教育产教融合立法要与相关的教育法、经济法、行政法、民法等合理衔接。只有保障职业教育产教融合立法与其他法律之间协调一致、功能互补,才能实现法治体系整体优化。落实到法律法规的表现文字上时,也要强调运用法律语言,将职业教育产教融合的规律性要求及制度规定表现为法律条文。[1] 一些具有"部门法交叉"或"跨部门法"[2]属性的法律法规,在立法过程中,由于"懂教育的不太懂法律,懂法律的不太懂教育"等诸多原因,其法律法规的立法技术饱受诟病,影响了立法质量和法律实施效度,这在职业教育产教融合立法中是要极力避免的。

(二)产教融合立法的主要价值取向

职业教育产教融合立法的价值取向表现在产教融合法的原则、制度和具体规范之中,决定职业教育产教融合立法的方向与目标,对我国产教融合法的制定有着基础性意义,直接影响产教融合立法行为产生的社会效果。根据现行的职业教育产教融合相关法律法规和政策规定,以及职业教育产教融合的现状和发展需要,我国职业教育产教融合立法,在价值取向上应当充分彰显推动发展取向、技能提升取向、就业促进取

---

〔1〕 参见张穹:《谈法律语言及其在立法实务中的运用(1)》,载法律语言学研究网 2002 年 5 月 6 日,http://www.flrchina.com/research/others/001/others039.htm。

〔2〕 跨部门法学是以各部门法之间具有共同性的问题为研究对象的法学学科。19 世纪末 20 世纪初以来,随着科学技术革命的兴起和社会的全面发展,形成了一股科学的整体化浪潮,交叉学科层出不穷,现代法学体系中各分支学科也和其他学科相互综合,形成新学科。而其中各部门法学之间的相互交叉、相互渗透和相互融合,便形成跨部门法学。其可分为三种形式:一是边缘部门法学,即由两个或三个法律部门相互交叉、渗透而在边缘地带形成的新学科,如经济刑法学,涉外经济法学;二是横断部门法学,即以各部门法学的结构、层次的某一共同点为研究对象的新学科,如冲突法学;三是综合部门法学,即以特定的具体问题或任务、目标为研究对象,对一系列具有相互联系的众多层次加以综合而形成的新学科,如环境保护法学。随着社会关系的日益发展和学科建设的不断完善,跨部门法学的内容和形式都将不断地得到丰富和发展。参见孙国华主编:《中华法学大辞典》(法理学卷),中国检察出版社 1997 年版,第 260 页。

向等。

1. 职业教育产教融合立法的推动发展取向

站在“两个一百年”奋斗目标历史交汇点上,面对汹涌而来的全球新一轮科技革命和产业变革,教育法律体制机制创新应当强调促进发展目标,以适应教育立法满足新时代背景下教育改革发展的需要,职业教育产教融合立法是推动促进经济社会协调发展的重要举措,也是推动经济转型升级、培育经济发展新动能的现实需求。产教融合立法必须致力于解决国家经济社会发展对技术技能人才在量上供不应求、在质上适应性不高的现状。产教融合立法面对当前技术技能人才数量严重不足、素质有待提高这一课题,强调对传统职业教育教学模式进行突破,使职业教育更加适应经济社会发展需要并接受市场竞争,有利于直面经济社会发展对教育提出的新要求,实现教育体制的自我突破。产教融合立法必须致力于职业教育高质量发展的目标;必须强调职业院校应突出推动经济社会发展导向,充分调查研究区域产业发展现状和趋势,围绕区域经济社会发展和产业迭代升级需求,把人才培养放在供给侧结构性改革和促进区域经济社会高质量发展格局中谋划,深化教育链与产业链融合,推动培养人才紧跟时代发展、紧跟技术进步、紧跟市场需求;必须满足职业院校教育教学改革发展需要,致力于推进职业院校的教育体制改革,为职业院校的课程设置、办学模式转变等提供全方面的具体方向指导,特别是要处理好理论教学与实践锻炼的关系,在促进受教育者打好牢固的理论知识基础上,推进受教育者积极学习适应劳动市场的新工艺、新方法、新设备、新材料、新产品、新服务,促进职业院校技术技能人才培养的高质量。产教融合立法必须致力于保障行业企业等相关社会组织的合法权利,促使产教融合的参与企业转变成职业教育教学的主体之一。一方面,产教融合立法必须对企业参与人才培养进行赋权,鼓励企业以混合所有制等方式参与办学,满足企业转型升级人才需求的同时,为企业节约人才培养成本、提高人才质量提供保障,并明确企业参与教育教学的权利义务界限;另一方面,产教融合立法必须对企业产教融合成本分担作出明确的法律保障,协调保障企业短期利益和长期利益,促进产教深度融合、校企长期合作共赢。产教融合立法必须致力于政府作用的发挥,应当强调政府落实好职业教育改革发展工作,通过明确政府权责界限,要求各地政府对本地产教融合的目标予以科学设定,对下属行政区域及其职能部门的分工加以明确,使各参与主体明晰自己的地位与作用,以便更迅速、精准地作出与其责任相对应的决策与行动,并加强对产教融合情况的监管评估等,同时要落实好资金投入、利益分配等问题。总之,通过产教融合立法,可以更好地发挥法律在促进职业教育高质量发展中的导向作用,推动职业教育根据经济社会发展方向创新人才培养方式,促进职业教育和产业人才需求精准对接,为经济转型升级提供制度保障,更好地服务于经济社会高质量发展。

2. 职业教育产教融合立法的技能提升取向

职业教育产教融合立法促进受教育者技能提升的价值取向,主要体现在:首先,在技能人才培养方面,必须立足于我国现有产教融合、校企合作实践经验和现实困境的现状,统筹规划未来产教融合的整体走向与目标效应,力求发挥各相关主体的主观能动性,调适人才与市场、学生与企业的供需关系,把培养各行各业需要的大批高素质技术技能人才、能工巧匠、大国工匠作为核心目标,以服务于我国社会主义现代化建设的需要[1]。其次,在技能激励方面,职业教育产教融合法必须着力健全各相关主体参与产教融合的制度保障,推动行业、企业将最新的技术原理、技术手段、技术工艺、技术操作引入学校,实现企业与学校的技术交流,提升学生的技术素养,从而为产业发展提供急需的高素质技术技能人才。最后,在技能评价考核方面,职业教育产教融合法要切实把"1 + X 证书制度"试点工作作为深化职业教育改革、提高人才培养质量、拓展就业本领的重要抓手,加大统筹推进力度,建立健全技能评估考核制度,完

[1] 参见方益权、闫静:《关于完善我国产教融合制度建设的思考》,载《高等工程教育研究》2021 年第 5 期。

善考核管理办法,实现定期考核、奖惩分明,形成良好的技能培养提升及其保障体系。

3. 职业教育产教融合立法的就业促进取向

当前,随着科学技术的不断进步和产业日益迫切的迭代升级需要,我国的人才结构与经济发展不平衡的问题越来越突出,人才培养与产业需求严重脱节。统计数据表明,美国 80% 的工科毕业生可以胜任世界 500 强企业的相关工作岗位,印度的这一比例为 25%,而我国的这一比例仅为 10% 左右[1]。产教融合立法应强化技能的激励导向作用,充分发挥企业主体作用和政府引导作用,推动提高技能人才的待遇,通过高待遇、高福利等措施维护就业稳定性,通过强化在职培训以减少再就业空窗期损耗和再培养熟练工的时间损耗,通过对未就业人员的精准技能培训以减少待就业群体带来的人力资源浪费,实现劳动者以其创造经济效益能力提升为前提的收入水平提升,促进社会性的更加充分更高质量就业。一方面,产教融合立法应当将企业需求融入人才培养全过程、各环节,提高技术技能人才培养质量,实现教育资源转换为劳动力资源的效率最大化,保障职业院校毕业生更加充分更高质量就业,这是产教融合立法的重要使命。另一方面,产教融合立法必须回应终身教育的需要,推进构建技能型社会的终身教育体系。产教融合法必须鼓励开展各种岗前培训、转岗培训、就业培训、创业培训以及农村剩余劳动力转移培训等,既服务于企业员工成就其职业生涯发展的追求,又服务于农村剩余劳动力等获得更高技能并实现更高质量就业的需要。这有利于彰显职业教育的托底功能,助力推动共同富裕。因此,职业教育产教融合立法应当聚焦促进就业这一关键问题,开展有针对性的制度设计。

[1] 参见孙锐:《"十四五"时期人才发展规划的新思维》,载《人民论坛》2020 年第 32 期。

二、职业教育产教融合立法的基本原则

法律原则，是指集中反映法的一定内容的法律活动的指导原理和准则。法律原则较之法律规范，更直接地反映出法的内容、法的本质，以及社会生活的趋势、要求和规律性。[1] 法律原则以其在法的体系结构中所处的不同地位和所起的不同作用，可以分为法的基本原则和法的一般原则。[2] 法的基本原则在法的体系结构中居于核心地位，起到最根本的指导作用。法的一般原则是法的基本原则的派生，是基本原则在法的体系各部分中的相对具体化。职业教育产教融合法的基本原则是产教融合立法价值取向的重要表现，在较大程度上决定着职业教育产教融合立法的方向与目标，决定着立法者对该法的本质、指导原理和准则的把握程度，立法者对该法所涉社会关系的认知水平，以及立法者对该法的价值取向的基本把握，对我国产教融合法的制定有着基础性意义，直接影响产教融合法的立法质量和施行效度。

（一）确立产教融合法基本原则的重要性

原则是指经过长期经验总结所得出的合理化的现象。这是一个代表性及问题性的定点词，代表行为所依据的准则。在法学含义中，原则这一概念的含义又进一步具体化，较为典型的含义主要包含以下三个层面：首先，原则可以是一种能推导法律规范的非法律规范；其次，原则可以是法律规范中的一般条款；最后，原则可以是未采用正式法律条文规定、却具有法律效能的规范的一般原则。可见，法律原则是规定在法律规范中，能够直接或间接反映法的内容、法的本质等法律内容或社会发

---

〔1〕 参见孙佑海：《〈反食品浪费法〉：统筹推进制止餐饮浪费的制度建设》，载《环境保护》2021 年第 10 期。

〔2〕 参见郑昆白：《论现代商法的基本原则》，载《巢湖学院学报》2006 年第 4 期。

展趋势和规律等非法律内容的指导原理或准则。法律原则作为法律规范中不可或缺的组成部分,以其在法的体系结构中所处的不同地位发挥着不同的作用与功能:一方面,法律原则是人们解释或理解法律条文的工具与准则。这些法律原则通常在一般原则和法律条文的上位,往往不以法律条文本身存在,对法律的本质、时代的规律、社会的趋势进行说明。另一方面,法律原则可以等同于法律条文加以使用。通常指规定在法律条文当中的一些技术性原则。一般而言,根据法律原则地位和作用的不同,法律原则被划分为法的基本原则和法的一般原则,法的基本原则又派生出更为具体化的法的一般原则。在职业教育产教融合立法过程中,确定其基本原则是非常重要的,具体体现在以下方面。

1. 产教融合法基本原则是产教融合立法的指导方针

职业教育产教融合法的基本原则,是贯穿职业教育产教融合法的各个部分,对各项产教融合规范、制度起统帅与指导作用的立法方针。它是职业教育产教融合立法程序、管理制度、发展政策、实施措施在法律上的集中反映,也是职业教育产教融合法调整的各种主体关系本质特征的集中反映。职业教育产教融合法基本原则的内涵,体现了职业教育产教融合法律规范与其他相关法律法规的区别,将职业教育产教融合法律规范和类似法律法规,如职业教育法、教育法、劳动法等划清了界限。

2. 产教融合法基本原则是产教融合各主体应遵循的行为准则

职业教育产教融合法的基本原则,不仅指导了产教融合的立法工作,也是产教融合各参与主体应始终遵循的行为准则。产教融合各参与主体在开展产教融合相关活动时,不仅应该遵守职业教育产教融合法的具体规范,还应该接受职业教育产教融合法的基本原则的指导与要求。当现行法律法规中缺乏相应的具体规范对各参与主体的行为进行调整与规范时,应按照基本原则的要求行事。

3. 产教融合法基本原则是理解和解释产教融合相关法律法规的基准

职业教育产教融合法的基本原则,是对相关法律法规进行理解和解释的基准。当在产教融合相关的案件审理、矛盾处理时,需要以基本原则为基本准则,对所适用的法律法规进行解释,阐明相关法律法规条文的基本含义,确定其法律效果。在法律解释过程中,无论适用何种解释方法,其解释结果都不能和基本原则的规定相违背,当出现两种相反的解释结果时,也应该选取其中符合职业教育产教融合法的基本原则的含义作为最终解释结果。

4. 产教融合法基本原则是填补产教融合相关法律漏洞的基本依据

法律法规本身就不具备预测与规范所有相关社会现象的能力。何况,职业教育产教融合尚处于探索发展时期,制定的产教融合法律法规更无法预测职业教育产教融合在未来发展过程中出现的所有问题,当产教融合法律法规无法成为案件审理或矛盾处理的依据时,说明其存在一定的漏洞,此时,职业教育产教融合法的基本原则就可以为职业教育产教融合相关法律法规提供正确的法律方向指引,能有效填补相关法律规范的法律漏洞。换言之,在现行法律法规缺乏相应的具体规范时,可直接适用基本原则解决相关问题。

(二)产教融合法的基本原则

1. 统筹协调原则

在词义学上看,统筹协调包括洞察事物、工作谋划、整体部署、衔接沟通、整合协调和创造性思维等方面,与合力推进、融合推进、协同推进、系统推进、有序推进、有效推进、创新推进等相关。产教融合是新时代职业教育的基本特征,在这一基本特征中,多元主体参与产教融合的重要前提就是能在职能或功能上统筹协调,包括一切有利于产教融合发展的资源、技术、人才、基地、学习、生产等,能纳入各参与主体的有效利用之中,甚至纳入产业与教育互动的体系之中,这是产教融合法最基本的原则。正因为存在统筹协调,才有可能真正推进产教融合。当然,统筹协调首先是政府在推进产教融合中应当承担起来的重要职责——面对复杂多元的产教融合参与主体,政府在产教融合实践中承担着统筹协调、引导促进和监督评价等职能,具有“掌舵人”的角色特征,不容缺位、错位。因此,统筹协调原则应确立为产教融合法的首要基本原则,并贯穿产教融合的所有相关规范性文件之中。

在当前的产教融合相关法律法规中,统筹协调原则已有所体现,这也是这一原则在现行法上的根据。

首先是《职业教育法》。该法在第6~8条、第14条、第15条、第23条、第56条等条款中,明确产教融合主体“统筹”或“协调”或“统筹协调”的地位,尤其是第6条规定:“职业教育实行政府统筹……”;第7条规定:“各级人民政府应当将发展职业教育纳入国民经济和社会发展规划,与促进就业创业和推动发展方式转变、产业结构调整、技术优化升级等整体部署、统筹实施”;第8条第1款规定:“国务院建立职业教育工作协调机制,统筹协调全国职业教育工作”;等等。这些规定相当明确地表述了职业教育中的产教融合应遵循的统筹协调原则。

其次是《产教融合意见》。该意见在第一部分总体要求中,明确规定了“统筹协调,共同推进”的原则和目标。第2条第1款指出:“统筹协调,共同推进。将产教融合作为促进经济社会协调发展的重要举措,融入经济转型升级各环节,贯穿人才开发全过程,形成政府企业学校行业社会协同推进的工作格局。”该意见在第二部分构建教育和产业统筹融合发展格局中,明确将统筹协调原则贯彻始终,其第3~7条的规定包括“同步规划产教融合与经济社会发展”“统筹职业教育与区域发展布局”“促进高等教育融入国家创新体系和新型城镇化建设”“推动学科专业建设与产业转型升级相适应”“健全需求导向的人才培养结构调整机制”等。并且,该意见除了这两个部分集中、明确表述了统筹协调原则外,其他部分也体现了这一原则,如第16条规定支持企业人才到校任教、在职教师到企业实践,这其实也属于职业教育“双师型”师资队伍建设方面的统筹协调。

最后是其他各类相关规范性文件。其他各类相关规范性文件体现统筹协调原则,主要包括两种情况:其一是国家其他层面的规范性文件体现了该原则。例如,《国家产教融合建设试点实施方案》第 2 条第 1 款规定:“统筹部署、协调推进。坚持政府主导,发挥市场作用,形成各方协同共进的工作格局。充分发挥城市综合承载改革功能,以城市试点为基础,突出城企校联动,统筹开展行业、企业试点。”再如,《建设产教融合型企业实施办法(试行)》第 8 条规定:“产教融合型企业的建设实施由国家发展改革委、教育部会同相关部门结合开展国家产教融合建设试点统筹部署。”其二是地方规范性文件基于上位法的规定,根据自身情况与需要,明确了当地推进产教融合必须坚持统筹协调原则,如《浙江省人民政府办公厅关于深化产教融合的实施意见》第二部分(第 1 ~4 条)中明确规定了“统筹教育和产业融合发展”,《福建省人民政府办公厅关于深化产教融合推动职业教育高质量发展若干措施的通知》第一部分中明确规定“统筹推进职业教育与区域发展深度融合”。

产教融合的统筹协调原则,最集中地反映了我国相关立法所要调整的法律关系的本质特征,也是我国立足职业教育实际情况对各产教融合主体的法律要求。在奥地利、澳大利亚、英国、德国等各国职业教育和产教融合的相关法律法规中,都或多或少体现了该原则,或以该原则引导相关具体条款。例如,《奥地利联邦职业教育法》第 1 条(a)“职业教育目标——质量管理”第 3 款规定:“为实施第一款及第二款所述职业教育目标,联邦经济、研究和经济部门和机构要协调和促进职业教育相关部门和机构制订职业教育战略以及职业教育质量保障与发展措施的方案”。[1] 该条相对直接地表述了统筹协调原则。再如,《澳大利亚劳动力技能改善法》在目标描述中体现行业引领要求,“(b)通过联邦、各个州以及工业之间的协作与合作来推动制定国家性职业教育和培训方法。(c)确保高质量和国家一致性的职业教育和培训,包括通过提供灵活和加速的培训交付达到该目的”[2]。这种行业引领要求同样包括了产教

---

〔1〕 刘立新:《奥地利联邦职业教育法(连载一)——联邦学徒职业教育法,2015 年 7 月 13 日版》,载《中国职业技术教育》2016 年第 6 期。

〔2〕 张祺午:《澳大利亚职业教育法文本分析》,载《职业技术教育》2014 年第 27 期。

融合领域,通过有关部门统筹协调,确保职业教育、产教融合有序推进,这是在具体条款与具体事项过程中对该原则的体现。

综合国内外相关理论和实践,产教融合统筹协调原则在应然层面上至少包括以下几个方面的内容:一是经济社会协调发展的重要举措。产教融合应为经济、社会以及两者协调发展服务。二是融入经济转型升级各环节,贯穿人才开发培养全过程。经济产业与教育教学密切结合、相互支持、相互促进。三是政府主导,多元参与,形成协同推进格局。从规划、机制、部署到具体实施,产教融合需要公权力主导和统一规划,企业、学校、行业、社会协同推进。四是统筹协调不仅是主体层面的要求,也应覆盖到内容和举措层面。在政府主导下,所有的产教融合相关主体都是统筹协调的主体,根据各自所处的不同领域、职责以及能力范围,整合协调其他主体、资源,谋划部署产教融合计划和实践。

2. 服务需求原则

只有坚持以需求为导向,职业教育产教融合才能有的放矢,服务产业与教育双向协同发展。在《职业教育法》中,虽然没有直接使用“服务需求”一词,但共有 17 处提及“服务”,7 处提及“需求”。在各个不同条款中,都体现了职业教育强烈的“服务需求”的要求。当然,这种服务需求的原则也应贯彻产教融合的全过程。正因为有利于促进职业教育发展、有利于促进经济社会繁荣等因素,产教融合才被高度重视并积极推进,即当前产业、教育都存在一定困境,尤其是相互脱节而不是相互促进的问题比较突出。因此,服务需求也不仅只是一个动词,必然内在地包含着产教融合的目的和效果。产教融合服务需求原则,也指产教融合的效率性和效益性,但凡一切涉及产教融合的项目,都应有一定的目标与实效,不能毫无作用、无功而返;并且,产教融合服务需求原则也不仅指职业教育必须服务产业发展需求,还包括产业发展必须服务于职业教育的发展需求。在产教融合中,产业和教育的双方需求都必须被服务、被满足,这样的产教融合才具有真正持久、旺盛的生命力。当前,我国产教融合相关法律法规条款也体现了该原则的基本精神。

首先是《职业教育法》。该法第 11 条、第 14 条、第 16 条、第 23 条、第 26 条、第 36 ~ 37 条、第 39 条、第 54 ~ 55 条、第 61 条等条款,从不同层面、从不角度、不同机构的视角提出了服务需求的内容。例如,第 11 条规定:"实施职业教育应当根据经济社会发展需要,结合职业分类、职业标准、职业发展需求,制定教育标准或者培训方案……"可以说,该条开门见山、直截了当地阐明了该原则。再如,第 23 条第 2 款规定:"行业主管部门、工会和中华职业教育社等群团组织、行业组织可以根据需要,参与制定职业教育专业目录和相关职业教育标准,开展人才需求预测、职业生涯发展研究及信息咨询,培育供需匹配的产教融合服务组织……"该条直接针对行业需求,提出产教融合的要求。诸如此类的条款还有不少,总体而言,《职业教育法》立足产业、经济、社会以及教育的需求,对人才培养、职工培训、教学活动、实习实践等方面作出的相关规定,都是服务需求原则的具体体现。

其次是《产教融合意见》。该意见在第一部分总体要求中规定了产教融合的原则和目标,其第 2 条第 2 款明确指出:"服务需求,优化结构。面向产业和区域发展需求,完善教育资源布局,加快人才培养结构调整,创新教育组织形态,促进教育和产业联动发展。"不仅如此,该意见还在多处涉及了服务需求的内容,如第 7 条同样明确规定:"健全需求导向的人才培养结构调整机制……注重发挥行业组织人才需求预测、用人单位职业能力评价作用……"当然,也有的条款虽在字面上未明确指明服务、需求等问题,但在实质上也反映了该原则的理念。例如,第 5 条规定"促进高等教育融入国家创新体系和新型城镇化建设"、第 6 条规定"推动学科专业建设与产业转型升级相适应"、第 11 条规定"以企业为主体推进协同创新和成果转化"等条款。可以说,正是因为新型城镇化建设、产业转型升级、创新成果转化等各类需求,才有加快推进产教融合的强烈必要,而这个过程也在不断优化着产教融合的机制、结构以及功能定位。

最后是其他各类相关规范性文件。其他各类相关规范性文件也同样规定了该原则的内容。一是国家层面的规范性文件,如《国家产教融合建设试点实施方案》在试点目标中就明确规定“推动产业需求更好融入人才培养过程,构建服务支撑产业重大需求的技术技能人才和创新创业人才培养体系”;在试点对象“(一)产教融合型城市”部分明确规定“面向区域协调发展战略,统筹试点城市布局,中西部地区确定试点城市要适当考虑欠发达地区实际需求”;在试点任务中也明确规定“充分考虑教育和人力资源开发需求”“健全需求导向的人才培养结构动态调整机制”“促进校企各类需求精准对接”;等等。二是地方层面的规范性文件,如《宁波市人民政府办公厅关于深化产教融合的实施意见》第4条规定:“强化学科专业供需对接。加强产业需求和人才供给对接,完善政府主导,行业组织、科研院所、职业院校等共同参与的产教供需双向对接机制……”

综观国外产教融合相关立法和实践经验,服务需求原则可谓是基本共识。例如,《澳大利亚劳动力技能改善法》规定:“(a)通过提供能够满足澳大利亚商业、工业、社会和个人将来需求的高技能劳动力而增强澳大利亚的经济基础。”〔1〕德国《职业教育法》第1条“职业教育的目标与概念”之第2款规定:“职业预备教育的目标是通过传授获得职业行动能力所需的基础内容,从而使学习者进入针对国家认可的教育职业的职业教育。”〔2〕可见,服务需求不仅是学习者对于职业教育或产教融合的需求,更是商业、社会对产教融合的需求——相对应地,所谓的服务也是从宏观发展的角度着手理解,这点在国外也同样如此。当然,一些国家产教融合法律法规的相关规定中也体现了职业教育或产教融合的服务需求原则,如“美国《职业教育法》把受教育者个体的技能发展作为根本目标,同时关注国家竞争力的提升”〔3〕,在微观上这种服务对应个体技能需求,在宏观上这种服务对应国家竞争需求。

---

〔1〕 张祺午:《澳大利亚职业教育法文本分析》,载《职业技术教育》2014年第27期。

〔2〕 刘立新、张凯:《德国〈职业教育法(BBiG)〉——2019年修订版》,载《中国职业技术教育》2020年第4期。

〔3〕 李玉静:《美国职业教育法文本分析》,载《职业技术教育》2014年第27期。

总体而言,该原则几乎是各国产教融合法中一致认可的基本理念,也是在产教融合实践中一定需要强化的内容。无论是现代学徒制、订单班的实施,还是技术协同、职工培训的开展,几乎所有的产教融合行动都围绕着需求与供给因素而展开。如在我国的产教融合实践中,职业院校需要精通技能的教师提升学生的技术技能水平,企业需要有理论素养的人才指导其突破技术“瓶颈”问题并实现产业转型升级,那么校内教师去企业挂职交流、企业的技师来学校兼职授课等,这都是产教融合的具体举措,而这些举措之所以能够被广泛实践,主要还是因为双方的需求在这种合作中都能被满足。可以说,该原则最能体现职业教育特色,也是产教融合最广泛、最实际、最深刻的原则。职业教育产教融合以实际技能、技术为核心,相较于研究型教学与实践,弱化了推理、逻辑、想象等研究行为,凸显了解决实际问题、现实问题的动机,这样的属性、特征也决定了产教融合要想落于实处,必须为需求服务,为国家、社会、个人的发展服务。

3. 校企合作原则

产教融合注重产与教的深度融合,强调以此促进产业链、教育链、创新链、人才链四链贯通。而校企合作强调校企两大实体的合作,是工学结合、产学合作、产教融合的合作平台。党的十九大报告提出,完善职业教育和培训体系,深化产教融合、校企合作。习近平总书记在全国职业教育大会上对职业教育工作作出重要指示强调:优化职业教育类型定位,深化产教融合、校企合作,深入推进育人方式、办学模式、管理体制、保障机制改革。

当前社会竞争激烈。实际上,学校所有的正是企业所缺的,企业所有的也正是学校所缺的;反过来,学校所求的与企业所求的正好错位,不会出现恶性竞争。因此,校企双方天然具有深度开展产教融合、校企合作的基础和条件——校企双方不能“谈一场轰轰烈烈的恋爱,过上幸福甜蜜的爱情生活,结出产教融合、校企合作的甜美果实”,是难以想象并不可原谅的。

教育行业内部的竞争在于各校为谋求自身高质量发展,必须增强职业教育适应性,培养更多高素质技术技能人才、能工巧匠、大国工匠。这就要求各校必须深化产教融合、校企合作,从根本上破除理念层面、制度层面、举措层面的校企之间根深蒂固的樊篱:在办学理念上,努力让学校从幕后走出来,沉下心去倾听和把握企业对职业教育的需求,并以企业需求为导向对学校的管理制度、教育制度等进行颠覆性变革,切实提升职业教育的适应性;在学习理念上,努力让学生从课堂中走出来,走进企业、走进车间、走上产线,切实提升技术技能,掌握一技之长,实现技能报国、技能富家、技能强己的目标;在教育理念上,努力让教师从理论中走出来,不是单纯以理论体系完备性的视角教育学生,而是注重以企业现实和发展的岗位需求为视角培育学生,注重理实结合,培养高素质技术技能人才、能工巧匠、大国工匠;在创新理念上,努力让技术从操作中走出来,培养学生发现、分析和创新性地解决生产实际中遇到问题的能力;等等。

行业内部的竞争在于各企业决策竞争力、组织竞争力、员工竞争力、流程竞争力、文化竞争力、品牌竞争力、渠道竞争力、价格竞争力、伙伴竞争力、创新竞争力等,根本在于企业的人才竞争力。这就要求企业必须深化产教融合、校企合作,通过产教融合、校企合作参与到学校的人才培养过程中,最终获得自身发展需要的高素质的各类人才;通过产教融合、校企合作获得学校的科技研发和成果转化支持,解决自身发展需要的创新竞争力问题;通过产教融合、校企合作从学校获得自身员工的培训提升资源,促进员工终身学习、不断成长;通过产教融合、校企合作从学校获得企业文化和品牌建设方面的支持,提升自身的社会责任感;等等。

因此,校企合作也是产教融合最基础、最关键的样态。可以说,脱离校企合作,产教融合也不复存在。总体而言,校企合作是深植职业教育产教融合之中,是一项最彻底的原则,这是新时代我国职业教育基础属性与发展趋势所决定的。无论是学校高质量发展、学生人人成才,还是企业更好获得人力资源、实现科技创新等,都离不开更深层次的校企合作。校企合作既融于职业教育、产教融合实践中,也体现在我国现有相关法律规范中。

综观《职业教育法》所有条款,虽然直接写明“校企合作”的只有5处,但大量其他条款所规定的内容也涉及校企合作的内涵。直接提到“校企合作”的条款包括《职业教育法》第4条、第6条、第27条、第40条、第41条。这些条款大致可分为两类:第一类是将校企合作直接视为职业教育原则、理念,例如,第4条规定:“职业教育必须坚持中国共产党的领导,坚持社会主义办学方向,贯彻国家的教育方针,坚持立德树人、德技并修,坚持产教融合、校企合作……”第6条规定:“职业教育实行政府统筹、分级管理、地方为主、行业指导、校企合作、社会参与。”第二类是以权利、义务的方式对校企合作作出相关规定,还具体规定了所涉及校企合作的具体问题、具体内容,例如,第27条规定:“对深度参与产教融合、校企合作,在提升技术技能人才培养质量、促进就业中发挥重要主体作用的企业,按照规定给予奖励……”该条规定涉及校企合作激励、奖励的问题。最具典型意义的是《职业教育法》第40条的规定:“职业学校、职业培训机构实施职业教育应当注重产教融合,实行校企合作……国家鼓励职业学校在招生就业、人才培养方案制定、师资队伍建设、专业规划、课程设置、教材开发、教学设计、教学实施、质量评价、科学研究、技术服务、科技成果转化以及技术技能创新平台、专业化技术转移机构、实习实训基地建设等方面,与相关行业组织、企业、事业单位等建立合作机制。开展合作的,应当签订协议,明确双方权利义务。”该条直接对校企合作的内容进行列举式规定,这也是产教融合的重要内容。《职业教育法》还有一些条款虽未直接写明“校企合作”这几个字,但在内容上其实规定了校企合作。例如,第43条第1款规定:“职业学校、职业培训机构应当建立健全教育质量评价制度,吸纳行业组织、企业等参与评价,并及时公开相关信息,接受教育督导和社会监督。”第45条第1款、第2款规定:“国家建立健全职业教育教师培养培训体系……鼓励行业组织、企业共同参与职业教育教师培养培训。”在《职业教育法》对产教融合项目、激励、队伍、监督等制度设计中,均体现了对校企合作原则的规划与实施。

另外,《产教融合意见》对校企合作原则也有明确规定。该意见第2条第4款规定:"深化产教融合的主要目标是,逐步提高行业企业参与办学程度,健全多元化办学体制,全面推行校企协同育人,用10年左右时间,教育和产业统筹融合、良性互动的发展格局总体形成,需求导向的人才培养模式健全完善,人才教育供给与产业需求重大结构性矛盾基本解决,职业教育、高等教育对经济发展和产业升级的贡献显著增强。"该条款对校企合作原则的定位、目标都有深层次的阐述,一是深化产教融合的主要目标,校企合作作为产教融合的基础理念,须贯彻始终;二是产教融合持续发展需要继续发挥校企合作的作用;三是校企合作需要总体布局,并且需要进一步考虑模式、需求等问题;四是校企合作原则之所以势在必行的效果体现于教育与经济的双重贡献。正如要验证校企合作的基础性与发展性,该原则在《产教融合意见》后续的所有部分几乎都有大量阐述,如在构建教育和产业统筹融合发展格局部分(第二部分)第5条规定:"……健全高等学校与行业骨干企业、中小微创业型企业紧密协同的创新生态系统,增强创新中心集聚人才资源、牵引产业升级能力……"在强化企业重要主体作用部分(第三部分)第9条规定:"深化'引企入教'改革。支持引导企业深度参与职业学校、高等学校教育教学改革,多种方式参与学校专业规划、教材开发、教学设计、课程设置、实习实训,促进企业需求融入人才培养环节……"

此外,还有大量其他与产教融合相关的规范性文件,也大篇幅阐明了该原则。如在《国家产教融合建设试点实施方案》的第三部分"试点对象"中规定了产教融合型城市、行业、企业等板块,都明确了产教融合势必需要教育与企业的融合,尤其是在"产教融合型企业"这部分中更是如此,其表述为:"积极建设培育一批深度参与产教融合、校企合作,在职业院校(含技工院校)、高等学校办学和深化改革中发挥重要主体作用,在提升技术技能人才和创新创业人才培养质量上发挥示范引领作用的产教融合型企业。"后续的"试点任务"也皆是该原则具体落实措施的体现,类似"推进产教融合校企合作人才培养改革、降低校企双方合作的制度性交易成本"等。当然,还有一些地方规范性文件亦是如此,涉及产教融合的规范性文件几乎都对校企合作原则及其施行作了相关规定。

产教融合中的校企合作原则在不少国家相关法律法规之中也有体现。例如,《澳大利亚劳动力技能改善法》在目标描述中表述了行业、企业与教育的关系"(b)通过联邦、各个州以及工业之间的协作与合作来推动制定国家性职业教育和培训方法"[1]、《奥地利联邦职业教育法》第2条第2款规定"工商企业主可在教育职业目录确定的某一教育职业对学徒进行培训"[2]、德国《职业教育法》第2条职业教育的学习地点中规定"第2款第1款所指的学习地点在职业教育实施中相互合作(学习地点合作)"[3],等等。

在我国语境下,校企合作不仅对产教融合而言是重要的,而且对整个职业教育而言都是至关重要的。一直以来,相较于普通教育,我国职业教育一直处于弱势。为了区别于普通教育,以及明确未来的发展模式,在产教融合相关法律法规中确立校企合作原则必不可少。事实上,校企合作所衍生的相关法律关系,体现了职业教育所涉及的相关主体之间的权利义务,即职业教育与校企合作几乎是捆绑的。为体现这一属性,必须明确校企合作原则的意义。当然,需要注意的是,如何将该原则适用于实际,并明确校企合作模式与措施,是该原则在产教融合实践中发挥作用所需要进一步研究的问题。或者说,如何设置企业与校方的权利、义务,以实现校企真正合作,是该原则能否真实被确定并发挥应有的效用之关键。

4. 问题导向原则

在词义学上,问题导向就是以解决问题为方向,少做与问题关联不

---

〔1〕 张祺午:《澳大利亚职业教育法文本分析》,载《职业技术教育》2014年第27期。

〔2〕 刘立新:《奥地利联邦职业教育法(连载一)——联邦学徒职业教育法,2015年7月13日版》,载《中国职业技术教育》2016年第6期。

〔3〕 刘立新、张凯:《德国〈职业教育法(BBiG)〉——2019年修订版》,载《中国职业技术教育》2020年第4期。

大、不做与问题无关的无用功。众所周知,法的作用是指法对人与人之间所形成的社会关系所发生的一种影响,可以分为规范作用与社会作用,规范作用是从法能调整人的行为使之符合规范角度而言,社会作用则是从法在社会生活中要实现一种目的的角度来认识的,这意味着法律是具有目的性的。

进一步而言,产教融合立法势必存在背后的立法动机,以及立法者的预期目的,那么与这些目的相左的做法或行为都将成为被法律所排斥的内容,通过法律关系的适配来解决问题也就成为法的目的和功能。当前,我国产教融合处于初级阶段、摸索阶段,也存在许多亟待解决的问题,包括产教融合发展路径与模式不清、企业重要主体地位并未显现、产教融合在人才培养中作用有限等,这些堵点问题不解决,产教融合立法的作用就难以显现。或者说,之所以说产教融合立法极为重要而迫切,就是因为在立足于我国基本经济制度的前提下,以法律的强制力来引导,在保障各相关参与主体利益的同时,疏通产教融合的"堵点"、消除产教融合的"痛点"、攻克产教融合的"难点",保障产教深度融合并发挥其应有的效用,为构建技能型社会提供有力支持。这也是在产教融合立法中要特别强调问题导向原则的原因。

职业教育是对受教育者实施的某种职业或生产劳动所需的知识和技能的教育,是直面生活生产实际,讲究现实有益效果的一项教育活动。产教融合作为职业教育重要环节,是职业学校根据所设专业,积极对接相关产业,使产业与教学密切结合,相互支持、相互促进,把学校办成集人才培养、科学研究、社会服务、文化传承创新、国际交流合作等于一体的产业性经营实体,形成学校与企业浑然一体的办学模式。在这样的模式下,产教融合必然需要结合行业的实际情况、需求、问题等,甚至相互融合,互相参与到各自的项目之中。在产教融合中,校内办厂、厂内办校、工人作为兼职教师、师生参与企业实习实践、协同技术创新等措施,无不是站在解决实际问题的角度所展开的。围绕现实产业转型升级、工厂技术更新、技术人才培养、学生实习就业等问题,产教融合的所有价值来源于能解决教育和产业的实际问题并所发挥的作用。国家需要大国工匠,社会需要应用型人才,企业需要技术工程师,基于国家、社会以及企业的发展问题,职业教育与产教融合的重点不是理论推导、公式演绎,而是基于实际问题、解决实际问题,这一理念是职业教育产教融合的本质,也需要贯彻到相关法律法规之中,尤其是针对当前产教融合的堵点问题,在产教融合立法时应有针对性的解决路径。

综观我国立法,并没有直接规定该原则。但是,溯源法律规范初衷,梳理规范文件逻辑,就会发现该原则其实已是一条潜在的原则,立法活动及其立法成果都是对当时相关领域堵点问题的回应或映射。如产教融合程度整体较低,包括规模与深度都远低于预期;企业参与积极性不高,实际参与"戏份"少;产教融合仍以高校安排为主;等等,这都是当前产教融合所面临的大问题。为此,我国相关法律规范予以了回应,《职业教育法》第9条第2款规定:"国家发挥企业的重要办学主体作用,推动企业深度参与职业教育,鼓励企业举办高质量职业教育。"《产教融合意见》第三部分(第8~13条)规定强化企业重要主体作用。与此同时,《国家产教融合建设试点实施方案》《建设产教融合型企业实施办法》等规范性文件,也都回应了企业的参与积极性问题,规定了相应的激励机制等。类似问题导向的体现还有很多,如面对产教融合实施与产业实际需求仍有出入的问题(一方面高技能岗位面临巨大的人才缺口,另一方面大量学生因专业匹配度低面临高质量就业压力等),《职业教育法》第11条明确规定:"实施职业教育应当根据经济社会发展需要,结合职业分类、职业标准、职业发展需求,制定教育标准或者培训方案。"《产教融合意见》第五部分(第20~23条)强调促进产教供需双向对接,也是对此作出的回应。这些规定说明在实然上我国立法存在问题导向的潜在逻辑,法律以实现公平正义为目的,无数先哲为例证法律正义而努力,产教融合立法在应然上也须在解决堵点问题、发挥更好效度的逻辑中寻找正义的路径,可以说,唯有解决实际存在的堵点,职业教育与产教融合才能摆脱困境,实现质变,这种发展的理念也符合法律正义的理念。

从国外相关立法实践来看,问题导向原则几乎是所有国外立法的潜在逻辑。例如,美国《卡尔·帕金斯职业技术教育改进法》把受教育者个体的技能发展作为根本目标,同时关注国家竞争力的提升。该法第2条规定"目的",具体要求"更全面地提高那些选择报名参加生涯和技术教育计划的中等教育学生和中等后教育学生的学术、职业和技术技能"[1]。虽然该条款是对职业教育目的作出规定,但窥探其背后的逻辑会发现所潜在的目的是解决学生技能提升的问题。诚然,让学生更好地掌握职业技能是产教融合最重要的目的之一,面对实际中一些不能实现目的的职业教育、产教融合的问题行为,有必要从原则的初衷以及原则背后的具体措施予以解决。为此,该法不仅规定了目的,也在后续条款中规定了实现这一目的的系列措施内容,如制定技术标准、技术指导、技术预备教育、技术教师素质等,都是为了解决现实中一些教学与技术措施并非真正服务于职业教育或者教育效果差等问题。类似的其他例证还有不少,比如面对职业教育经费滥用问题,《澳大利亚劳动力技能改善法》就规定了具体的经费划拨条款,以保障这些经费能够被合理使用;再如,面对职业教育公平问题,该法又规定:"州必须确保该州具有客户咨询安排,该安排应能够确保在做出与职业教育和培训方面的决定是考虑到所有学生的意见,尤其是弱势学生或孤立的学生的意见"[2]。面对同样的公平与学习效果问题,《奥地利联邦职业教育法》也有类似的条款,如在该法第8(b)条融合式职业教育第1款就规定:"为促进具有学习障碍的弱势群体人员融入职业生活,可在学徒教育关系开始或期间在学徒教育合同中协商确定相对于该教育职业的学制(第7条第1款第b项)更长的学习时限。"这都是在面对实际问题时有针对性地作出的规定。

[1] 李玉静:《美国职业教育法文本分析》,载《职业技术教育》2014年第27期。
[2] 张祺午:《澳大利亚职业教育法文本分析》,载《职业技术教育》2014年第27期。

第九章　教育权利的体现：产教融合中学校的权利

现代法学一直强调权利本位，并认为法律上的义务与权利具有不可分割的联系，义务的实在内容和设定义务的目标指向仍然是一定的权利和利益，义务本身不过是为实现某种利益，享受某种权利而同时应尽的责任。因此，对于产教融合主体的研究，必须以权利本位切入。产教融合的基本特征是以职业院校的专业对接产业发展为先导，以校企合作系统培养技术技能人才为基础，强化实践实训教育，打破校企人才供给和人才需求分割藩篱，开展校企全面深度合作育人。推进产教融合，既涉及学校人才培养模式改进，还事关教育组织形态和国家政策服务供给方式的变革〔1〕。因此，在职业教育产教融合中，职业院校是关键主体。明确界定产教融合中职业院校的具体权利，对于职业院校科学设计产教融合相关制度、合法推进产教融合项目开展、健全产教融合监督评价

〔1〕 参见李永生、牛增辉：《论产教融合及其深化内容》，载《北京教育（高教）》2018 年第 5 期。

等,都具有重要意义。

一、职业院校教育权利的现行规范

职业院校是产教融合的重要主体,其重要地位理应在相关制度中予以明确,其权利义务理应在相关制度中予以界定。然而,在现有的产教融合规范性文件中,职业院校的权利基本限定于获得产教融合资金支持等非常笼统的规定,如有权申请并规划使用来自企业方、政府以及民间组织的资金支持;而义务则主要集中在地方政府关于产教融合的顶层设计架构下,结合各校自身发展需求和企业需求,制定相关办学制度和培养方案,保护师生在产教融合中的合法权益等方面的原则性规定。在现有的产教融合规范性文件中,尚未出现对参与产教融合时校方权利义务作出明确具体规定的规范性文件。[1] 但是,通过相关法律法规的规定,我们也可以在一定程度上推衍出产教融合中学校教育权利的相关内容。

(一)学校权利的一般规定

从目前有关教育法律法规和相关规范性文件来看,职业院校在产教融合中的权利,是以《教育法》《高等教育法》《职业教育法》等法律规范为主的,其中,《教育法》中关于学校权利的规定更广泛一些,其范围涉及普通教育、高等教育、辅助教育等诸多方面。由于我国职业学校教育分为属于高中阶段教育范畴的中等职业学校教育和属于高等教育范畴的高等职业学校教育,因此,职业院校在产教融合中的权利,主要是在《高等教育法》和《职业教育法》所规定的相关权利框架内。

---

〔1〕 参见方益权、闫静:《关于完善我国产教融合制度建设的思考》,载《高等工程教育研究》2021 年第 5 期。

1.《教育法》的学校权利规定

我国《教育法》对学校权利的规定，集中体现在《教育法》第 29 条："学校及其他教育机构行使下列权利：(一)按照章程自主管理；(二)组织实施教育教学活动；(三)招收学生或者其他受教育者；(四)对受教育者进行学籍管理，实施奖励或者处分；(五)对受教育者颁发相应的学业证书；(六)聘任教师及其他职工，实施奖励或者处分；(七)管理、使用本单位的设施和经费；(八)拒绝任何组织和个人对教育教学活动的非法干涉；(九)法律、法规规定的其他权利。国家保护学校及其他教育机构的合法权益不受侵犯。"在第四章"教师和其他教育工作者"中，规定了教师的权利义务，同时也依法赋予了学校保障教师权利的义务和依法管理教师的权利。在第五章"受教育者"中，规定了学生的权利义务，同时也依法赋予了学校保障学生权利的义务和依法教育管理学生的权利。[1]

2.《高等教育法》的学校权利规定

我国《高等教育法》是以举办高等教育相关的内外部关系为调整对象的单行法律。这里的高等教育，是指在完成高级中等教育基础上实施的教育，包括学历教育(专科教育、本科教育和研究生教育)和非学历教育，采用全日制和非全日制两种教育形式。

在《高等教育法》中，规定了高校两项基本权利：一是高等学校的自主权。高等学校以培养人才为中心，开展教学、科学研究和社会服务；[2]高等学校可以制定招生方案，自主调节系科招生比例；自主设置和调整学科、专业；[3]自主制订教学计划、选编教材、组织实施教学活动；[4]自主开展科学研究、技术开发和社会服务；[5]自主开展与境外高等学校之间的科学技术文化交流与合作；[6]自主确定教学、科学研究、行政职能部

---

〔1〕《教育法》第四章、第五章。

〔2〕《高等教育法》第 31 条。

〔3〕《高等教育法》第 32 条、第 33 条。

〔4〕《高等教育法》第 34 条。

〔5〕《高等教育法》第 35 条。

〔6〕《高等教育法》第 36 条。

门等内部组织机构的设置和人员配备，按照国家规定评聘教师和其他专业技术人员的职务，调整津贴其工资分配；[1] 自主管理和使用由举办者提供的财产、国家财政性资助、受捐赠财产。[2] 二是国家举办的高等学校实行中国共产党高等学校基层委员会领导下的校长负责制。校党委统一领导学校工作，支持校长独立负责地行使职权。[3] 校长是学校的法定代表人，全面负责本学校的教学、科学研究和其他行政管理工作。[4] 高等学校设立学术委员会，履行审议学科建设，专业的设置，教学，科学研究计划方案，评定教学，科学研究成果等有关学术事项的职责。[5] 高等学校通过以教师为主体的教职工代表大会等组织形式，依法保障教职工参与民主管理和监督，维护教职工合法权益。[6]

根据《高等教育法》的规定，可以从十一个方面对我国的高等院校权利进行概括：一是制定招生方案和调节系科招生比例的权利；二是设置和调整学科专业的权利；三是制订教学计划、选编教材、组织实施教学活动的权利；四是科学研究、技术开发和社会服务的权利；五是依法开展对外科学技术文化交流与合作的权利；六是设置内部组织机构和配备人员的权利；七是评聘教师和专业技术人员的职务职称的权利；八是调整津贴及工资分配的权利；九是学校财产依法自主管理和使用的权利；十是对教师、管理人员以及其他人员管理、考核权利；十一是依法对学生或学生社团进行教育和管理的权利。[7] 此十一项高校教育权利可谓高校在产教融合中的权利的缘起，如产教融合之中的实习实训、协同创新、职工培训、委托研发所涉及的高校权利，实质都是在上述权利基础上延展开来的。

---

〔1〕《高等教育法》第37条。

〔2〕《高等教育法》第38条。

〔3〕《高等教育法》第39条。

〔4〕《高等教育法》第41条。

〔5〕《高等教育法》第42条。

〔6〕《高等教育法》第43条。

〔7〕参见刘标：《高等学校教育行政权有关问题研究》，苏州大学2004年硕士学位论文，第3页。

(二)《职业教育法》的学校权利规定

《职业教育法》是为了推动职业教育高质量发展,提高劳动者素质和技术技能水平,促进就业创业,建设教育强国、人力资源强国和技能型社会,推进社会主义现代化建设,根据《宪法》制定的法律。[1]《职业教育法》对职业院校权利进行了概括规定,主要体现在以下几个方面:

一是职业学校教育和职业培训实施权。《职业教育法》第 15 条规定:职业学校教育分为中等职业学校教育、高等职业学校教育。中等职业学校教育由高级中等教育层次的中等职业学校(含技工学校)实施。高等职业学校教育由专科、本科及以上教育层次的高等职业学校和普通高等学校实施。根据高等职业学校设置制度规定,将符合条件的技师学院纳入高等职业学校序列。其他学校、教育机构或者符合条件的企业、行业组织按照教育行政部门的统筹规划,可以实施相应层次的职业学校教育或者提供纳入人才培养方案的学分课程。第 16 条规定:职业培训包括就业前培训、在职培训、再就业培训及其他职业性培训,可以根据实际情况分级分类实施。职业培训可以由相应的职业培训机构、职业学校实施。其他学校或者教育机构以及企业、社会组织可以根据办学能力、社会需求,依法开展面向社会的、多种形式的职业培训。

二是职业学校设立、资金收取使用等权利。《职业教育法》第 26 条规定:国家鼓励、指导、支持企业和其他社会力量依法举办职业学校、职业培训机构。地方各级人民政府采取购买服务,向学生提供助学贷款、奖助学金等措施,对企业和其他社会力量依法举办的职业学校和职业培训机构予以扶持;对其中的非营利性职业学校和职业培训机构还可以采取政府补贴、基金奖励、捐资激励等扶持措施,参照同级同类公办学校生均经费等相关经费标准和支持政策给予适当补助。第 42 条规定:职业

[1] 《职业教育法》第 1 条。

学校按照规定的收费标准和办法，收取学费和其他必要费用；符合国家规定条件的，应当予以减免；不得以介绍工作、安排实习实训等名义违法收取费用。职业培训机构、职业学校面向社会开展培训的，按照国家有关规定收取费用。第 54 条规定：国家优化教育经费支出结构，使职业教育经费投入与职业教育发展需求相适应，鼓励通过多种渠道依法筹集发展职业教育的资金。

三是职业学校办学自主权。《职业教育法》第 36 条规定：职业学校应当依法办学，依据章程自主管理。职业学校在办学中可以开展下列活动：(1) 根据产业需求，依法自主设置专业；(2) 基于职业教育标准制定人才培养方案，依法自主选用或者编写专业课程教材；(3) 根据培养技术技能人才的需要，自主设置学习制度，安排教学过程；(4) 在基本学制基础上，适当调整修业年限，实行弹性学习制度；(5) 依法自主选聘专业课教师。

四是职业学校教师队伍建设权。《职业教育法》第 44 条规定：国家保障职业教育教师的权利，提高其专业素质与社会地位。县级以上人民政府及其有关部门应当将职业教育教师的培养培训工作纳入教师队伍建设规划，保证职业教育教师队伍适应职业教育发展的需要。第 45 条规定：国家建立健全职业教育教师培养培训体系。各级人民政府应当采取措施，加强职业教育教师专业化培养培训，鼓励设立专门的职业教育师范院校，支持高等学校设立相关专业，培养职业教育教师；鼓励行业组织、企业共同参与职业教育教师培养培训。产教融合型企业、规模以上企业应当安排一定比例的岗位，接纳职业学校、职业培训机构教师实践。第 46 条规定：国家建立健全符合职业教育特点和发展要求的职业学校教师岗位设置和职务（职称）评聘制度。职业学校的专业课教师（含实习指导教师）应当具有一定年限的相应工作经历或者实践经验，达到相应的技术技能水平。具备条件的企业、事业单位经营管理和专业技术人员，以及其他有专业知识或者特殊技能的人员，经教育教学能力培训合格的，可以担任职业学校的专职或者兼职专业课教师；取得教师资格的，可以根据其技术职称聘任为相应的教师职务。取得职业学校专业课教师资格可以视情况降低学历要求。

五是职业学校学生管理权。《职业教育法》第 51 条规定:接受职业学校教育,达到相应学业要求,经学校考核合格的,取得相应的学业证书;接受职业培训,经职业培训机构或者职业学校考核合格的,取得相应的培训证书;经符合国家规定的专门机构考核合格的,取得相应的职业资格证书或者职业技能等级证书。学业证书、培训证书、职业资格证书和职业技能等级证书,按照国家有关规定,作为受教育者从业的凭证。接受职业培训取得的职业技能等级证书、培训证书等学习成果,经职业学校认定,可以转化为相应的学历教育学分;达到相应职业学校学业要求的,可以取得相应的学业证书。接受高等职业学校教育,学业水平达到国家规定的学位标准的,可以依法申请相应学位。

结合教育法律规范,职业院校在产教融合中的权利不仅包括《教育法》《高等教育法》所涉学校或高等院校的具体权利,也包括《职业教育法》以及产教融合相关规范性文件所指向的具体权利。需要强调的是,职业院校管理权具有一定自主性,我国《教育法》第 29 条第 1 款第 1 项规定“按照章程自主管理”;《职业教育法》第 36 条第 1 款规定“职业学校应当依法办学,依据章程自主管理”。这里的“章程”主要是指高等院校依照相关法律法规的授权并根据自身教学管理实际制定的校内规范性文件,高校的规则制定权可以被视为一种自治权,即高校在自主权范围内制定相关规则,以此为依据对学校各项事务进行管理,其中也应该包括如何推进产教融合、校企合作。[1]

综上所述,职业院校作为深化产教融合、校企合作的重要主体之一,在推进产教融合发展中的权利和义务应当在相关制度中予以明确。但是,现行相关法律法规在这方面呈现出相当程度上的缺失。实际上,就

〔1〕 参见马鹰:《高校管理权与学生权利冲突分析》,河北大学 2010 年硕士学位论文,第 5 页。

职业院校在产教融合中的权利而言，一是要适度扩大学校的办学自主权并予以法律保障，破除学校参与产教融合的制度“瓶颈”。如学校引入行业企业、科研院所、社会组织等参与办学，在理事会制度下学校办学自主权的保护问题；学校面向企业的创新需求，校企共建混合所有制性质的研发机构所涉及的设施设备、技术、科技成果等的权属和权责问题；学校的创新成果向产业技术转化，所涉及的职务科技成果、国有资产性质界定和转化权责问题；学校以购买服务方式获取企业教育资源或与企业共建共享教育资源，所涉及的具有特殊性的采购项目、采购方式、采购程序问题；等等。二是要明确学校在产教融合过程中如何获得相关政府资源和如何实现与政府部门的协同推进。如学校获得各部门支持配合的权利如何转化为各部门法律上的义务，以确保产教融合发展的工作效率与实效性问题；产教融合资金如何实现专项化及其取得、申领、使用问题；学校推进混合所有制办学、建设混合所有制研发机构、校企合作共建共享教育资源等，政府部门如何给予指导、保障和推进问题等。就学校在产教融合中的义务而言，一是学校深度推进产教融合以增强职业教育适应性的义务。这是学校在国家产教融合法治框架内，必须突破观念桎梏、打破理念枷锁、敞开思维思路，切实解放思想、敢闯敢试、大胆创新，以主体身份努力推进产教供需对接、资源转化、价值交换和利益共享，推进产教资源、平台与机制等要素系统化，推进教育链、人才链与产业链、创新链的贯通融合，着力推动教育与产业协同发展，为构建职业教育和产业、职业教育与区域经济统筹融合的发展格局发挥重要作用。二是学校在深度推进产教融合中，必须对如何保持自身独立性作出回应。产教融合高度关注人才培养供给侧和产业需求侧在结构、质量、水平上的适应性问题。但由于教育自身具有独特的发展规律和能动性，在着力构建教育和产业统筹融合发展格局的情况下，如何保有教育所具有的自身规定性，保持学校的公共性、公益性和教育性等法律地位，是学校在产教融合中必须认真予以思考和回答的重要问题。三是学校在深度推进产教融合、校企合作时，如何保护学校、学生和教职工的合法权益，以及如何为师生权益损害提供及时有效的救济问题。[1]

二、职业院校教育权利的理论源流

(一)职业院校的法律地位

国内外学者对职业院校教育权利的广义理论源流问题进行了深入讨论,并且提出了很多见解。由于职业院校法律地位直接关系或者说决定其在产教融合之中的作用以及权责,厘清职业院校教育权利的广义理论源流(特别是法律地位问题)显得尤为重要和迫切。

在法国,公立高校在法律上和理论上归属于"公务法人"。公务法人是指除国家和地方团体之外的,依法从事一定公务活动,独立享有行政法上权利与义务的行政主体。作为一种行政主体,高校担负着特定的行政职能,服务于特定的行政目的,拥有一定的公共权力。然而,公务法人与其利用者之间存在丰富而特殊的法律关系,其法律关系并不都以公法为依据。在法国,行政主体的私产管理行为、公务活动中的私管理行为,虽然是为了满足行政活动的需要,但在本质上仍属私法行为,适用私法规则。[2]

在美国,由于没有公、私法截然划分的传统,公立、私立高校适用的法律大多相同。不过,公立高校毕竟是政府所设、代表政府为社会提供教育,当然要受到旨在规范政府行为的宪法、行政法上的一些规则的特殊约束。因此,针对公立高校和私立高校,法院在某些方面适用不同的规则。比如,在审查公立高校的录取行为时,法院适用来自正当程序和行政法上的"武断专横和反复无常"标准;而对于控告私立高校"武断专

---

〔1〕 参见方益权、闫静:《关于完善我国产教融合制度建设的思考》,载《高等工程教育研究》2021 年第 5 期。

〔2〕 参见范奇:《论我国公办高等院校公务法人的定性》,载《西南政法大学学报》2020 年第 6 期。

横”的理由,法院往往不会接受。所以,美国的公立高校不仅受普通法的规范,而且全面受宪法、行政法的制约。[1]

在我国,对于职业院校教育权利的广义理论源流的讨论也长期存在。依据我国的法律规范,学校(包括职业院校)被视为事业单位。为此,一些学者努力就事业单位法律地位予以界定证成,即我国民商法理论依据是否以营利为目的,将法人分为营利法人、非营利法人和特别法人。凡是以取得利润并分配给股东等出资人为目的成立的法人,为营利法人,营利法人包括有限责任公司、股份有限公司和其他企业法人等;为公益目的或者其他非营利目的成立,不向出资人、设立人或者会员分配所取得利润的法人,为非营利法人,非营利法人包括事业单位、社会团体、基金会、社会服务机构等;机关法人、农村集体经济组织法人、城镇农村的合作经济组织法人、基层群众性自治组织法人为特别法人。[2] 职业院校属于事业单位,因此属于非营利法人。

但是,认定为非营利法人依然不能将职业院校的法律地位予以厘清。一方面,面临着公法、私法或者说公法人、私法人的拷问;另一方面,事业单位概念的模糊性以及变化性,很难精准确定其内涵、外延,也就难以纳入法理逻辑系统之中。为此,一些学者(如马怀德)基于职业院校法律规范授权事实,认为职业院校具有教育行政权力,将其界定为公务法人。公务法人是公法人的一种类型。大陆法系国家将公法人分为“公法团体、公共机构和公法财团三大类”,其中,公共机构是依照公法成立的,由某些物及人组成的,以持续方式达成特定行政目的的组织体,也称为公务法人,如公立学校、图书馆、博物馆、公立医院等。这种观点认为,我国的事业单位法人与大陆法系国家的公立公益机构(公务法人)在功能方面有很多类似之处,因此职业院校应当定性为公法人。对于职业院校

---

〔1〕 参见张琼:《高校管理权法律问题研究》,中国政法大学2004年硕士学位论文,第9页。

〔2〕 参见余中根:《〈民法总则〉法人制度视野下民办高校分类管理存在的问题与解决机制研究》,载《高教探索》2019年第1期。

公法人的法律地位界定,也存在不同视域下的论证,即从法律法规授权组织的角度来确定高校的行政主体地位。[1] 依据我国《行政法》与《行政诉讼法》,具有行政主体资格的法人大致分为两类,一为国家机关,二为法律、法规的授权组织。显然,学校(包括职业院校)属于后者。我国《教育法》规定学校拥有招生权、处分权、颁发学业证书权等,这些权利都符合行政权力的主要特征[2]。由此推断,从这一视域看,职业院校是经由国家法律的授权,行使国家行政权力或公共权力的事业单位,具有行政主体资格。

伴随理论与实践的发展,不少学者窥探到职业院校有时表现出类似公权力的能力,而有时又表现私权利的行为,诚如劳凯声、仇叶教授所表述的,高校兼具公私法域双重特质:一方面接受法律法规授权,代表国家履行教育行政职能,表现教育行政关系;另一方面以财产所有和流转为主要内容,表现教育民事关系。总体而言,简单以公法人定位职业院校难以将其特征进行精准归纳,不少学者也开始考虑职业院校性质的特殊性,尝试一些新的法律地位探讨。有的学者(如劳凯声)认为职业院校应是公法人中的"特别法人"。这种观点是在公务法人理论的基础上更进一步的论述,《教育法》《高等教育法》明确学校的法人地位,绝不仅仅是一种民事主体地位,而是包括在行政法上的特殊主体地位。这种地位不仅在民事活动方面将学校与政府的法律地位区别开来,而且在民事活动之外的教学、科研、教师及学生管理等领域也明确了学校与政府在法律地位上的不同——公立学校不再是政府的附属部门,与政府之间是两个法人之间的关系,更遑论私立学校。[3]

基于公法人中的"特殊法人"的基本判断,有的学者(如于安)开始着手研究高校教师的法律地位,从高校教师的法律地位反证高等院校的

---

[1] 参见马怀德:《公务法人问题研究》,载《中国教育法制评论》2002 年第 00 期。

[2] 参见孙成娟:《高校行使行政管理权的法律制度探析》,延边大学 2006 年硕士学位论文,第 0 页。

[3] 参见周光礼:《政府、社会与学校:我国教育治理关系的变革》,载《学习时报网》2009 年 3 月 16 日,第 6 版。

法律地位。其中,有两种观点具有较大影响:一是将高校教师界定为公务雇员。相对而言,这是基于将高校偏向于公法人定位,认为高校与其教师在本质上属行政隶属关系,只是这种行政隶属关系并不像行政机关与其公务员之间那样,其同时又接受聘用合同的限制与弹性。二是将高校老师界定特殊劳动者。相对而言,这是基于将高校偏向于私法人定位,认为高校与其教师在本质上属劳动聘用关系,只是基于职业院校的特殊目的,而使其劳动者也必须遵守一些特殊的规定或行使特殊的行为。总体而言,上述两种观点均兼顾高校的私法与公法特质,从不同的视角构建相关理论框架,代表相对前沿的学术观点,本研究也将在下文对该两种观点进行比较分析,并提出自己的观点。

综上所述,现阶段教育学或教育法学理论对高校法律地位界定仍存有较大争议。而高校所有的作用、权利、责任等逻辑与内容均以其法律地位为基础,受其左右,被其决定,包括职业院校在产教融合、校企合作中的作用、权利、责任等亦是如此,尤其是产教融合立法及其相关研究,更是以产教融合相关法律关系为基础性研究,而法律关系和规律的起点同样是法律地位的厘清。

鉴于职业院校法律地位与职业院校教师法律地位戚休相关,本研究在此部分不仅直接论证职业院校的法律地位,也一并阐述职业院校教师的法律地位,并通过教师的法律地位反证职业院校的法律地位。因为唯有如此,才能真正对此予以厘清。如上文所述,职业院校属于公法人中的特殊法人,但是该定位也存在理论分歧,这种分歧并不能直接从职业院校定位中清晰论证,而需要从职业院校教师究竟属于公务雇员,还是特殊劳动者中进行求证、反证。

新时期高校教师人事制度的内涵式改革,是以内部人员管理体制的调整向人力资源配置方面转变。一方面,政府需要通过“去编制”来回应现代大学制度的建设;另一方面,政府又需兼顾高等教育的公益性以规避市场盲目发展的风险。自从推行教师聘任制以来,聘任制度实施效果远滞后于政策推行进度与速度,诚如中国人事科学院吴江所言:“有效解决问题的关键在于加强顶层设计,运用法律手段有效破解改革难题。”现阶段,高校人事制度改革面临“瓶颈”,不但规范与实务之间存在冲突,而且规范与规范之间同样存在冲突,顶层设计较为混乱。就教育法理逻辑而言,顶层设计可以具象为法律关系,而法律关系又可以从双方身份谈起——概言之,意图厘清和构建高等教育法律理论体系,解决问题的关键还应从职业院校与教师的法律地位及其法律关系着手。

通常而言,多数学者以传统公法或私法体系分析职业院校与教师的法律地位及其法律关系。例如,有的学者(如申素平)把职业院校在法律地位上归入公法人,定位为“公务法人”且以“行政契约关系”将教师纳入公法体系(以公法域适用)。有的学者(如陈恩伦)则认为职业院校应当遵循市场化的规律,以普通劳动者身份定位高校教师地位(以私法域适用)。有的学者(如劳凯声)则采用“折中主义”,一方面认为中小学教师是国家教育责任的具体担当者,教育本身所具有的公共产品属性需要通过教师的工作才得以实现,因此,中小学教师职责具有公务性质,中小学教师所实施的教育教学活动是一种具有公务性质的活动,具有典型的强制性、公益性、连续性和稳定性。另一方面,认为介于二者之间的一类学校教育机构与其教师之间法律关系的性质比较复杂,根据其工作性质的不同以及政策选择的不同而会有所不同。为了更好地体现教师职业的性质和特点,高中教师应更多强调其公务性质,而高等学校在取消编制后,对教师主要实行岗位管理,其职业性质更多地表现为比较典型的专业性质,为此其身份应更强调专业人员的归属。[1] (实际上,教师的专业人员属性与其是否具有编制或具有何种性质的编制,并不是非此即彼的关系)但是,上述路径均未能从根本上解决职业院校及其教师人事争议中存在的理论与实务的难题。伴随“社会利益”、“群体概念”、“国家人到社会人”和“社会公益性”等理论的发展,“法域理论”逐步衍化出新的视角,即“社会法理论”。某种程度上,社会法域不断结合公法与私

---

〔1〕 参见劳凯声:《教师法律身份的演变与选择》,载《中国教育学刊》2020年第4期。

法的特质,以致融合成一套自成体系的新理论,这就是第三部门法,即社会法。一方面,以社会法理论适用教育法体系(尤其是适用于明确职业院校的法律地位),可以充分体现职业院校与教师本身的公私法域相互结合的特质;另一方面,以社会法理论适用教育法体系(尤其是适用于明确教师的法律地位),符合我国职业院校教师人事制度改革的发展趋势,可以为深化教师人事制度改革提供有力的理论支持。

(二)职业院校的法律属性

社会法理论适用于教育法体系有助于明确职业院校及其教师的法律地位,具体体现为以下两个方面:

1. 职业院校表现出公法特质

职业院校受公法规制表现在其办学自主权力和人事、财政、管理、监督等制度的各个方面,如职业院校具有招生权、学生管理权,这是法律法规授予的行政权力。再如,绝大多数职业院校主管单位为教育行政部门,需要服从行政决定、命令,接受行政管理、监督,出席、列席政府相关会议,表现出一定的行政隶属性。由于权力、管理、监督等内容在下文会另行阐述,此处仅以人事角度为例具体展开论证。

现阶段,虽然职业院校教师逐步消除了其传统公务员的管理属性,但是,普遍沿用或参照公务员体制的管理办法,又让事业单位编制的高校教师作为“类公务员”存在,并且在管理与监督上与公务员并无二致,这在实质上体现了相当的行政隶属关系。由此可见,职业院校以及其教师的法律地位具有公法特质。

此外,我国高校及其院系和处室的相关领导(即使其中具有教授、副教授等专业技术职务的专家型领导)也往往因其在高校中的行政管理岗位而被赋予相应的行政级别。2010 年 6 月《国家中长期人才发展规划纲要(2010—2020 年)》规定高校将取消行政级别,但从目前来看,这种行政级别实际上依旧存在并难以在短期内被取消(其被取消在我国社会实际状况下对教育的利弊得失尚无定论)。由此,在普遍认知与实践适用上，公立高校具有一定的行政色彩，且在不同情况下，等同于相应的"行政机关"级别。

公立高校教师具有"事业单位工作人员"的身份，而事业单位编制又具有某种公职取得的含义。高校教师聘任制实施后，国务院通过颁布施行《事业单位人事管理条例》这一行政法规的方式，以聘用合同的管理方式将其区别于《劳动合同法》规定的劳动合同管理方式，就有优先考虑教育公共服务属性和政府职责的因素，并将教育公益性保障职责保留于政府和立法机构。

2. 职业院校表现出私法特性

我国职业院校同时表现出一定的私法特征，这体现在其相关权利和人事制度、财政制度、管理制度等方面。例如，职业院校有权接受市场主体委托，承担科技研发等横向课题，接受企业研发经费资助，独立或合作开展研发工作，将技术成果予以市场转化，在法律法规规定的范围内开展培训活动并自主收支培训费用等，这都是其私法权利的体现。与上文公法特质对应，此部分同样以人事角度为例予以进一步阐述。

2013 年 11 月 12 日中国共产党第十八届中央委员会第三次全体会议通过的《中共中央关于全面深化改革若干重大问题的决定》第 15 条第 3款指出："加快事业单位分类改革，加大政府购买公共服务力度，推动公办事业单位与主管部门理顺关系和去行政化，创造条件，逐步取消学校、科研院所、医院等单位的行政级别。建立事业单位法人治理结构，推进有条件的事业单位转为企业或社会组织。建立各类事业单位统一登记管理制度。"[1]为进一步深化高等教育体制机制改革，在理论研究上，有学者主张将职业院校教师视为劳动者。在实践中，也有一些地方开展了推进高校教师去编制化、高校管理去行政化的探索。依据最传统的法律部门划分，劳动合同法被纳入民商法的范畴当中，为保障相关法律关系主体之间的契约自由与意思自治，带有明显的私法内涵。我国《劳动合

---

〔1〕《中共中央关于全面深化改革若干重大问题的决定》。

同法》第96条就遵从了“特殊法”优先于“普通法”的逻辑作出规定，即以“法律、行政法规或者国务院另有规定”为“特殊”，以《劳动合同法》为“普通”，作出了对于高校与教师之间聘用关系的规定。[1] 另外，部分学者以“普通法”为根本，提出《劳动合同法》适用于劳动者，因此教师属于“劳动者”，而不是“公务员”的观点。[2] 再者，我国《事业单位人事管理条例》规定：“事业单位工作人员与所在单位发生人事争议的，依照《中华人民共和国劳动争议调解仲裁法》等有关规定处理。”[3]这也就意味着在权利救济方面，职业院校教师的法律地位与普通劳动者的法律地位并无差别。不仅如此，我国部分规范性文件也将公立高校教师排除于国家工作人员行列，如2008年11月，最高人民法院和最高人民检察院共同发文《关于办理商业贿赂刑事案件适用法律若干问题的意见》就将教师利用职务便利，非法收受销售方财物，为销售方谋取利益的行为定性为非国家工作人员受贿罪。[4] 由此可见，在不同语境下，职业院校教师的法律地位或许有所不同，但其具有一定的私法特征，这一点是难以否认的。[5]

三、职业院校产教融合权利的制度体现

遵循职业教育特有属性，依据产教融合具体实践和相对特色，对职业院校权利作出具体的制度性规定成为必然。从理论上看，可将该制度性规定分为外部合作权和内部管理权两大类。

---

[1] 《劳动合同法》第96条。

[2] 参见陈玺名、肖凤翔：《公立高校教师法律身份的变迁与思考——基于高校教师人事制度市场化改革视角》，载《现代教育管理》2010年第4期。

[3] 《事业单位人事管理条例》第37条。

[4] 《关于办理商业贿赂刑事案件适用法律若干问题的意见》第5条。

[5] 参见吴希：《社会法视阈下公立高校教师法律地位探讨》，载《教育科学》2018年第4期。

(一)外部合作权

1. 产教融合考试招生衔接权

我国《教育法》第 29 条规定,学校及其他教育机构有权招收学生或者其他受教育者。我国《高等教育法》第 32 条规定:“高等学校根据社会需求、办学条件和国家核定的办学规模,制定招生方案,自主调节系科招生比例。”我国《职业教育法》第 37 条第 1 款、第 2 款、第 3 款规定:“国家建立符合职业教育特点的考试招生制度。中等职业学校可以按照国家有关规定,在有关专业实行与高等职业学校教育的贯通招生和培养。高等职业学校可以按照国家有关规定,采取文化素质与职业技能相结合的考核方式招收学生;对有突出贡献的技术技能人才,经考核合格,可以破格录取。”该法第 30 条规定,鼓励和支持有技术技能人才培养能力的企业特别是产教融合型企业与职业学校联合招收学生,以工学结合的方式进行学徒培养。基于产教融合视域,职业院校的自主招生权在产教融合之中主要表现为招生方案上的自主权和特殊性,如高等职业学校可以采取文化素质与职业技能相结合、以考核方式招收学生的考试招生制度,[1]这与普通高校以文化素质为主、以考试作为主要方式的考试招生制度有很大区别;高等职业学校对有突出贡献的技术技能人才,经考核合格,可以破格录取,这与普通高校的录取制度有很大区别;鼓励和支持企业与职业学校联合招收学生,以工学结合的方式进行学徒培养,而普通高校的招生录取和人才培养中还没有相关的法律规定。这些规定都是基于推进产教融合、校企合作的考量,具有鲜明的职教特色。

可见,《职业教育法》在职业院校的自主招生权方面作了一些符合职业教育特点和推进产教融合实际需要的特殊制度设计,如相较于传统招生文化素质或应试考核方式,职业教育自主招生应当融入职业技能考核方式,并且对特殊技能型人才有破格录取的设定,这是目前所欠缺的,但

[1] 《广东省教育厅关于做好 2021 年高等职业院校自主招生工作的通知》。

确实有必要成为职业院校自主招生权利的应有内容。《职业教育法》的相关规定,突破了原有教育法律制度关于高校考试招生的制度规范,即高等职业学校可以按照国家有关规定,采取文化素质与职业技能相结合的考核方式招收学生;对有突出贡献的技术技能人才,经考核合格,可以破格录取。再如,相较于传统招生优先录取的制度,职业院校的自主招生权合规合理地行使,也应当包括适度提高招收职业教育学校毕业生比例,逐步提高招收有工作实践经历人员的比例等,以体现职业教育特色,更好促进产教融合和职业教育高质量发展。另外,职业院校有权根据实际情况(专业特性、师资情况、设备设施、实践基地、合作企业等),制定"订单班"或"学徒制"招生和培养方案,这与普通高校的招生和培养方案也有显著区别。例如,订单班主要是指由与大型企业提前预定(以签约方式)的学生组成的班级,职业院校按照企业提出的人才培养目标和知识能力结构,制定招生和培养方案,修订教学计划,组织教学活动;现代学徒制主要是指通过学校、企业深度合作,由校企共同主导人才培养,由职业院校教师和企业师傅联合传授,比传统人才培养模式更加注重技能传承,对学生以技能培养为主的现代人才培养模式。订单班或现代学徒制虽然涉及整个教育教学过程,但其列明在职业院校的招生简章之中,成为职业院校招生和培养方案的一部分,职业院校也可以根据实际情况自主调节订单班或现代学徒制招生规模、比例等。

《职业教育法》着力建立健全服务全民终身学习的现代职业教育体系。该法第 15 条规定:"职业学校教育分为中等职业学校教育、高等职业学校教育。中等职业学校教育由高级中等教育层次的中等职业学校(含技工学校)实施。高等职业学校教育由专科、本科及以上教育层次的高等职业学校和普通高等学校实施。根据高等职业学校设置制度规定,将符合条件的技师学院纳入高等职业学校序列。其他学校、教育机构或者符合条件的企业、行业组织按照教育行政部门的统筹规划,可以实施相应层次的职业学校教育或者提供纳入人才培养方案的学分课程。"该法第 16 条规定:"职业培训包括就业前培训、在职培训、再就业培训及其他职业性培训，可以根据实际情况分级分类实施。职业培训可以由相应的职业培训机构、职业学校实施。其他学校或者教育机构以及企业、社会组织可以根据办学能力、社会需求，依法开展面向社会的、多种形式的职业培训。”该法第17条第1款规定：“国家建立健全各级各类学校教育与职业培训学分、资历以及其他学习成果的认证、积累和转换机制，推进职业教育国家学分银行建设，促进职业教育与普通教育的学习成果融通、互认。”该法第19条规定：“县级以上人民政府教育行政部门应当鼓励和支持普通中小学、普通高等学校，根据实际需要增加职业教育相关教学内容，进行职业启蒙、职业认知、职业体验，开展职业规划指导、劳动教育，并组织、引导职业学校、职业培训机构、企业和行业组织等提供条件和支持。”由此着力构建了纵向贯通、横向融通的职业教育体系。[1]纵向贯通上，开展本科及以上教育层次的职业教育，打破了职业教育止步于专科层次的“天花板”。横向融通上，构建职业教育、继续教育、普通教育的有机衔接、协调发展的“立交桥”，规定国家建立健全各级各类学校教育与职业培训学分、资历以及其他学习成果的认证、积累和转换机制，促进职业教育与普通教育的学习成果融通、互认；规定职业学校教育与职业培训并重，职业培训机构、职业学校和其他学校等都可以开展职业培训。因此，高等职业院校不仅在考试、招生、培养方面要与现代职业教育体系全面融通，且应在考试、招生、培养过程中具有积极的衔接权利。

2. 产教融合专业设置与调整权

我国《高等教育法》第33条规定：“高等学校依法自主设置和调整学科、专业。”我国《职业教育法》第36条规定，职业学校在办学中可以“根据产业需求，依法自主设置专业”。职业院校的专业设置与产业联系相对紧密，其可以根据行业更替、产业迭代等需求，决定是否设置相关专业

〔1〕 参见公海燕：《构建测绘职业教育纵向贯通、横向融通的人才培养“立交桥”——访河南测绘职业学院校长郭增长》，载《中国测绘》2021年第8期。

以及专业人才培养方案。例如,某高职院校基于数字经济、人工智能产业发展的现实需求,将原先的工业设计、电子信息专业,自主调整为设计与数字艺术专业、人工智能专业;再如,某高职院校基于新时代市场经济发展对知识产权应用型人才需求,设置知识产权管理专业;等等。自主设置、调整专业是职业院校的权利,也是推进产教融合、校企合作与时俱进的要求,诸多产教融合规范性文件,也要求职业院校专业建设要与产业转型升级相适应,以市场需求导向调整人才培养结构。例如,《产教融合意见》规定:"……建立紧密对接产业链、创新链的学科专业体系。大力发展现代农业、智能制造、高端装备、新一代信息技术、生物医药、节能环保、新能源、新材料以及研发设计、数字创意、现代交通运输、高效物流、融资租赁、电子商务、服务外包等产业急需紧缺学科专业……"[1]

3. 产教融合协同教学权

我国《教育法》第 29 条规定,学校及其他教育机构有权自主组织实施教育教学活动。我国《高等教育法》第 34 条规定:"高等学校根据教学需要,自主制定教学计划、选编教材、组织实施教学活动。"《职业教育法》第 36 条规定,职业学校在办学中可以基于职业教育标准制定人才培养方案,依法自主选用或者编写专业课程教材;可以根据培养技术技能人才的需要,自主设置学习制度,安排教学过程;可以在基本学制基础上,适当调整修业年限,实行弹性学习制度。职业院校以非营利法人定位,倾斜保护学生合法权益,在诸多需要保护的权益中,以保障学生的受教育权益为核心。新时代的学生受教育权早已不仅是让学生有机会接受教育,更是让学生有效、适当、高效地接受教育,实现人人成才、人人出彩。即使在产教融合、校企合作中,职业院校也要全面保障学生受教育权,而这离不开职业院校开展高质量的产教融合、校企合作育人的教育教学活动——这是职业院校的义务。至于如何开展产教融合、校企合作育人的教育教学活动,这又是职业院校的权利,即产教融合协同教学权。

---

〔1〕《国务院办公厅关于深化产教融合的若干意见》第 6 条。

一方面，产教融合协同教学权强调职业院校与行业组织、企业等的协同。在教育教学意义上，职业学校、职业培训机构可以通过与行业组织、企业、事业单位等共同举办职业教育机构，组建职业教育集团，开展订单培养等多种形式进行合作。国家鼓励职业院校在招生就业、人才培养方案制定、师资队伍建设、专业规划、课程设置、教材开发、教学设计、教学实施、质量评价、科学研究、技术服务、科技成果转化以及技术技能创新平台、专业化技术转移机构、实习实训基地建设等方面，与相关行业组织、企业、事业单位等建立合作机制。[1] 诚如上文所述，这既是权利也是义务，唯有如此，才有可能在实质上实现产教融合。另一方面，产教融合协同教学权强调自主教学。《职业教育法》第 36 条第 1 款规定的“职业学校应当依法办学，依据章程自主管理”，以及职业学校在办学中可以开展五项活动的权利，即职业院校在产教融合协同教学权中的自主教学权。

为了完善产教融合协同教学权的内容与形式，《产教融合意见》第四部分“推进产教融合人才培养改革”中（《产教融合意见》第 14 条至第 19 条），对产教融合协同教学权在职业教育深化阶段中的重要特征予以强调，即在职业教育高速发展之际，产教融合协同教学权利或义务以如下特征为方向：其一，基础教育增强职业特色。在基础教育中融入劳动教育、工匠精神，职业院校有权将实训基地面向普通中学开放。可见，其协同教学权的范围在隐性上可以向不同教育层次延伸。其二，推进产教协同育人，即推进职业学校和企业联盟、与行业联合、同园区联结。大力发展校企双制、工学一体的技工教育。深化全日制职业学校办学体制改革，在技术性、实践性较强的专业，全面推行现代学徒制和企业新型学徒制，推动学校招生与企业招工相衔接，校企育人“双重主体”，学生学徒“双重身份”，学校、企业和学生三方权利义务关系明晰。实践性教学课

---

〔1〕《职业教育法》第 40 条。

时不少于总课时的50%。[1] 其三,强化产教融合师资建设。这也是该权利协同因素的重要体现,即职业院校有权聘请企业技术和管理人才到校任教,设置产业教师(导师)特设岗位计划,有权组织在职教师进入企业进行实践,与企业协同推进校企人才交流。[2] 其四,职业教育网络课程与智能管理。时至数字经济、信息技术新时代,职业院校的教学自主权也应当延伸至网络教学层面,职业院校有权联合行业、企业开发优质教育资源,包括网络教育课程。基于大数据技术应用,职业教育因其技能教育特殊性,也应有权利和义务做好教学过程的安全管理、数字管理以及相关记录。其五,深化产教融合教学学分模式。《产教融合意见》强调,推动探索高校和行业企业课程学分转换互认,允许和鼓励高校向行业企业和社会培训机构购买创新创业、前沿技术课程和教学服务。[3] 近年来,在深化教育改革过程中,学分银行一直被提倡与适用,职业院校有权就学分管理与转换互认进行探讨与管理,这种管理与转换互认不仅是校内学院与学院之间,或者学校与学校之间,更是职业院校与行业企业之间的转换互认,这对推进产教融合深化发展具有重要意义。

4. 产教融合协同研发与社会服务权

我国《高等教育法》规定:"高等学校根据自身条件,自主开展科学研究、技术开发和社会服务。国家鼓励高等学校同企业事业组织、社会团体及其他社会组织在科学研究、技术开发和推广等方面进行多种形式的合作。"[4]《职业教育法》规定,国家鼓励职业学校在科学研究、技术服务、科技成果转化以及技术技能创新平台、专业化技术转移机构等方面,与相关行业组织、企业、事业单位等建立合作机制。[5] 除此之外,其他产教融合规范性文件中,也有规定职业院校的此项权利,如《产教融合意见》规定:"以企业为主体推进协同创新和成果转化。支持企业、学校、科

---

〔1〕《国务院办公厅关于深化产教融合的若干意见》第15条。

〔2〕《国务院办公厅关于深化产教融合的若干意见》第16条。

〔3〕《国务院办公厅关于深化产教融合的若干意见》第19条。

〔4〕《高等教育法》第35条。

〔5〕《职业教育法》第40条。

研院所围绕产业关键技术、核心工艺和共性问题开展协同创新，加快基础研究成果向产业技术转化。引导高校将企业生产一线实际需求作为工程技术研究选题的重要来源。完善财政科技计划管理，高校、科研机构牵头申请的应用型、工程技术研究项目原则上应有行业企业参与并制订成果转化方案。完善高校科研后评价体系，将成果转化作为项目和人才评价重要内容。继续加强企业技术中心和高校技术创新平台建设，鼓励企业和高校共建产业技术实验室、中试和工程化基地。利用产业投资基金支持高校创新成果和核心技术产业化。"[1]并规定："加快学校治理结构改革。建立健全职业学校和高等学校理事会制度，鼓励引入行业企业、科研院所、社会组织等多方参与。推动学校优化内部治理，充分体现一线教学科研机构自主权，积极发展跨学科、跨专业教学和科研组织。"[2]科学研究和面向行业企业的科技服务一直是高等院校的重要职能之一，职业院校的协同研发与社会服务权更突出应用型、技术型研究，更强调研究技术成果转移转化的过程与结果。从协同研发与社会服务的形式意义上看，校企协同研发往往以委托技术研发、横向课题项目、教师实践任务、校办企业技术更新等形式展现。从协同研发与社会服务的内容上看，校企协同研发内容往往源自企业生产一线实际需求，就产业关键技术、核心工艺和共性问题展开协同创新研发和成果转移转化。基于产教融合特征，职业院校在协同研发与社会服务过程中与社会或市场有紧密的联系，如接受社会或市场委托、经费来源市场化支出、结合生产一线技术、为了解决市场问题、应用社会或市场实践等。为此，职业院校产教融合协同研发与社会服务权不仅表现为高等院校创新研究的属性，也表现为社会或市场服务的特征。

职业院校还可以多种途径承担社会服务项目，行使产教融合社会服务权利，如承接政府购买服务或者企业委托项目，定期或不定期对企业

[1]《国务院办公厅关于深化产教融合的若干意见》第11条。

[2]《国务院办公厅关于深化产教融合的若干意见》第18条。

职工进行培训;对社会开放实习实训基地,甚至组织专题夏令营等类似的教育实践活动,让广大群众或特定群体了解相关专业技术内容,或者以科普形式让广大群众或特定群体进行参观和体验等。这些产教融合社会服务权利不仅体现了职业院校承担社会责任的担当,也体现了产教融合视域下职业院校社会服务权行使内容的职业特色。

职业院校产教融合协同研发与社会服务权,也必然使其具有另一项重要的权利——产教融合合作缔约权。产教融合势必需要职业院校与行业企业加强相关合作,这是职业院校产教融合合作缔约权的现实基础。合作缔约权并非天然的教育权利,而是职业院校作为非营利法人的身份权利之延伸与教育权利相互结合的结果——某种意义上,产教融合合作缔约权是一种教育合同权利。在典型的民法理论,尤其是合同法理论中,合同的成立生效需要经过要约、承诺的过程,这也是职业院校行使合作缔约权的过程,由学校或企业先行发出要约,阐述产教融合校企合作要约内容,再经过不断协商(要约与反要约的过程),最终由另一方作出对于协商要约的承诺。通常而言,产教融合要约与承诺以书面形式记载,并且由双方盖章、签字为成立生效形式要件。总体而言,合作缔约权是校企双方在产教融合过程中作为平等民事主体所共同具备的一项权利,也是产教融合的基础性权力。学校与企业秉持平等、自愿、公平、诚信等原则缔结校企合作协议。《职业教育法》第30条第2款规定:“企业与职业学校联合招收学生,以工学结合的方式进行学徒培养的,应当签订学徒培养协议。”第40条规定,职业学校、职业培训机构“开展合作的,应当签订协议,明确双方权利义务”。产教融合实践中,几乎所有项目均会涉及职业院校合同缔约权,如职业院校与企业签订“订单班”合作协议、职业院校与企业签订协同研发合同、职业院校与企业签订共建实训基地合同等,以合同缔约规定双方法律关系内容,明确双方权利义务,从而保障双方按合同计划开展产教融合行为。

职业院校产教融合协同研发与社会服务权,还必然使其具有产教融合项目建设权。我国产教融合相关规范性文件对产教融合项目建设提出了明确要求,如《产教融合意见》《国务院关于加快发展现代职业教育的决定》《建设产教融合型企业实施办法(试行)》等规范性文件,均对产教融合基地、实习实训基地、产教融合企业、协同创新中心等建设提出要求与期望。当前,我国职业教育学习借鉴德国“双元制”,在德国“双元制”模式下学生学徒主要身份为企业员工,以学徒与员工双重身份在职业院校进行课程学习。为此,在我国,也有两条主线需要把握:一是职业院校学生需要向企业员工身份靠近,二是企业员工需要向职业院校学生身份靠近,即学校学生需要顶岗实习、参与实践项目等获得实际工岗技能和经验,而企业员工需要继续教育、课程补习等获得技能成长和提升。这两者都需要职业院校与企业紧密联合进行实习实训基地等方面的项目建设。与此相对应,职业院校与企业经规范性文件授权拥有产教融合项目建设权,在法律法规授权范围内,有权联合相关单位,就产教融合项目进行协商、合作、践行,以推进产教融合实质发展。

5. 产教融合境外交流合作权

我国《高等教育法》第 36 条规定了高等院校自主开展与境外高等学校之间的科学技术文化交流与和合作权利。《职业教育法》第 13 条规定:“国家鼓励职业教育领域的对外交流与合作,支持引进境外优质资源发展职业教育,鼓励有条件的职业教育机构赴境外办学,支持开展多种形式的职业教育学习成果互认。”《国务院关于加快发展现代职业教育的决定》第 19 条也有类似规定,即加强国际交流与合作,包括接受职业教育学生交流互换、中外院校合作办学项目、国内院校国外办学、国内企业境外发展等。这是高等教育与职业教育的视域,这些内容自然延伸、融入我国产教融合体系建构之中。但产教融合就其应然层面而言不应只限于与境外高等学校或职业教育机构之间的交流合作。诚如前述,产教融合首先强调的是实现产业与教育的交流合作,因此,从职业院校的职能看,无论是人才培养,还是科学研究、社会服务,职业院校都应有权依法与境外的相关行业、企业、高等学校、教育机构等相关组织进行相关交流合作;即使转换为企业视角,依托职业院校推进我国相关行业、企业与境外的相关行业、企业、高等学校、教育机构等相关组织进行相关交流合作,也有利于提升我国相关行业、企业的科技竞争力、服务竞争力等,并有助于我国相关行业、企业"走出去",提升其国际影响力。

6. 衍生或辅助权利

在上述法定主要权利基础上,职业院校还有一些衍生或辅助权利,如职业院校的就业推荐权。职业院校对于赴企业完成实践技能学习任务的学生,享有推荐其到企业优先就业的权利,企业在招聘员工时,有权优先录用在本企业完成实习实训的职业院校毕业生。而对于企业来说,其主动参与产教融合校企合作,积极投入实践教育教学资源的一大动力便是为了享有优质毕业生的优先选择权。职业院校按照企业的培养目标和要求对学生进行定向培养,学生毕业后直接输入定点企业,可以为企业节省员工入职后培训的成本。[1] 当然,《职业教育法》第 49 条规定:"职业学校学生的合法权益,受法律保护。"其中,就包括学生的就业自主选择权。因此,职业院校的就业推荐权是职业院校履行人才培养职责的重要内容,但该项权利不能侵害学生的就业自主选择权。

再如,职业院校对校企共建实践教学资源的使用权。职业院校享有对校企双方投入的设施设备、原材料、产成品、技术等实践教学资源进行合理使用的权利。在校企双方共建实习实训基地等合作协议中,职业院校可以与合作企业约定并依约对实习实训基地的各项资源进行合理使用。相对应地,企业则负有依约向职业院校提供相应场地、设施设备、资金、技术等支持的义务。当然,伴随产教融合不断深入发展,职业院校将相伴相生出更多其他相关权利,职业院校在产教融合之中的权利体系也需要在不断深化的实践探索和制度完善中予以归纳和提升。

---

[1] 参见季周扬:《产教融合企业激励法律制度研究》,温州大学 2021 年硕士学位论文,第 32 页。

(二)内部管理权

1.产教融合建章立制权

伴随依法治校理念不断深入发展,职业院校建章立制权被诸多学者普遍提及。一般认为,职业院校建章立制权,即职业院校为实现国家的职业教育目的以及学校的办学目标,维护学校的顺利运行,由学校相关部门依据相关的法律、法规和行政规章,按照一定程序制定全校人员予以遵守的规范性文件的权利。[1] 根据《职业教育法》第36条第1款关于"职业学校应当依法办学,依据章程自主管理"的规定,职业院校依法享有制定学校规章制度的权利,但同样也存在权利边界,其效力低于法律、地方性法规以及政府规章,职业院校规章制度不能与上述法律、法规、规章相抵触,否则将被视为无效。

就职业院校作为非营利法人的地位而言,职业院校所制定的规章制度分为向外型与对内型两类。其中,向外型规章制度主要体现在职业院校行使外部职权上,比较典型的包括在人才培养合作方面,为实现学校对接区域、系院对接园区、专业对接产业的目标,职业院校必然要与行业企业在诸多方面共建合作关系;在社会服务与科研合作方面,职业院校为了发挥自身的科研优势服务社会,必然要与其他单位产生法律关系,这都需要职业院校制定一系列的规则来协调相互间的权利和义务。对内型规章制度则主要是指职业院校为实现国家的职业教育目的以及学校的办学目标,维护学校的顺利运行而制定的一系列规章制度,这些规章制度主要包括党委领导下的校长负责制议事规则、党建工作制度、人事管理制度、教学管理制度、学生管理制度、财务管理制度、科研管理制度、设备管理制度、后勤管理制度等。

就产教融合视域而言,职业院校建章立制权同样可从向外型与对内

---

[1] 参见陈举欣:《高校规章制度法制化建设问题研究》,山东大学2013年硕士学位论文,第8页。

型两方面理解。一方面,从向外型视角来看,产教融合涉及职业院校与合作企业等社会组织在教学、实习、科研、技术、基地、服务等方面的深度合作,这些合作必然产生各种法律关系,职业院校需要通过建章立制的方式与企业等社会组织深入交流,按一定程序沟通、协调、确定其与企业的权利义务关系等。另一方面,从对内型视角来看,产教融合涉及职业院校内部教学管理、师资建设、科研管理、设备管理等诸多事宜,同样需要通过建章立制的方式规范学校行为和学校内部管理、协调校内相关部门关系、明确师生权利义务、保护学校合法权益等。

2. 产教融合教师评价权

我国《高等教育法》第 37 条规定:"高等学校根据实际需要和精简、效能的原则,自主确定教学、科学研究、行政职能部门等内部组织机构的设置和人员配备;按照国家有关规定,评聘教师和其他专业技术人员的职务,调整津贴及工资分配。"[1]《职业教育法》第 46 条规定:"国家建立健全符合职业教育特点和发展要求的职业学校教师岗位设置和职务(职称)评聘制度。职业学校的专业课教师(含实习指导教师)应当具有一定年限的相应工作经历或者实践经验,达到相应的技术技能水平。具备条件的企业、事业单位经营管理和专业技术人员,以及其他有专业知识或者特殊技能的人员,经教育教学能力培训合格的,可以担任职业学校的专职或者兼职专业课教师;取得教师资格的,可以根据其技术职称聘任为相应的教师职务。取得职业学校专业课教师资格可以视情况降低学历要求。"[2]普通高校教师包括教师岗位设置、职务(职称)评聘、工资分配等相关教师评价制度,该制度大多针对校内在编在岗教师而创设,并且比较强调其所具有的学历学位和学术水平等考量因素。但在教育类型化指导思想下,在职业教育领域,在产教融合视域下,这种传统的教师评价制度应该而且必须被尽快打破。同时,职业院校应当尽快构建符合

〔1〕《高等教育法》第 37 条。
〔2〕《职业教育法》第 46 条。

职业教育特点和发展要求的、以工作经历或者实践经验为基本要求的、以技术技能水平为基本考量因素的、具有相应教育教学能力的教师评价制度。至于教师评价权中的教师工资待遇权,也是一个亟待改革的敏感话题。如果“具备条件的企业、事业单位经营管理和专业技术人员,以及其他有专业知识或者特殊技能的人员”,担任了职业院校的专职或者兼职专业课教师,其工资待遇(包括课时费)过低,则学校难以吸引到优秀的人才,必将影响学校人才培养和社会服务水平的提升;如果其工资待遇(包括课时)要达到企业所能给予的相当水平,则存在原有校内教师与这类师资之间的待遇平衡问题,并涉及人事制度改革中的“绩效工资额度”等具体的现实问题,这需要在产教融合立法等制度变革中予以科学分析和解决。

3. 产教融合教师继续教育权

我国《高等教育法》第 51 条第 1 款规定:“高等学校应当为教师参加培训、开展科学研究和进行学术交流提供便利条件。”[1]《职业教育法》第 44 条规定:“国家保障职业教育教师的权利,提高其专业素质与社会地位。县级以上人民政府及其有关部门应当将职业教育教师的培养培训工作纳入教师队伍建设规划,保证职业教育教师队伍适应职业教育发展的需要。”[2]这是教育法律层面首次作出这样的规定,强调了政府对职业教育教师培养培训工作的责任。第 45 条规定:“国家建立健全职业教育教师培养培训体系。各级人民政府应当采取措施,加强职业教育教师专业化培养培训,鼓励设立专门的职业教育师范院校,支持高等学校设立相关专业,培养职业教育教师;鼓励行业组织、企业共同参与职业教育教师培养培训。产教融合型企业、规模以上企业应当安排一定比例的岗位,接纳职业学校、职业培训机构教师实践。”[3]从内容分析,具体包括加强职业教育教师专业化培养培训和鼓励行业组织、企业共同参与职

[1] 《高等教育法》第 51 条。
[2] 《职业教育法》第 44 条。
[3] 《职业教育法》第 45 条。

业教育教师培养培训两个方面:在加强职业教育教师专业化培养培训方面,基于职业教育教师的成长规律,无论是专门的职业教育师范院校,还是高等学校设立相关专业,在培养职业教育教师的过程中,都必然要与企业开展深度合作,使其在参与企业实际工岗训练中获得将来作为职业教育教师所必须具有的职业技术技能。在鼓励行业组织、企业共同参与职业教育教师培养培训方面,既包含了前述职业教育教师专业化培养培训,也包含了"具备条件的企业、事业单位经营管理和专业技术人员,以及其他有专业知识或者特殊技能的人员",[1]担任职业院校的专职或者兼职专业课教师,还包含了职业院校教师将走进企业进行技术技能再教育、再提升终身学习等。

4. 产教融合财产管理与使用权利

我国《高等教育法》第 38 条规定:"高等学校对举办者提供的财产、国家财政性资助、受捐赠财产依法自主管理和使用。高等学校不得将用于教学和科学研究活动的财产挪作他用。"[2]在职业教育领域,职业院校同样既有财产管理与使用的权利,也有不得滥用财产的义务。综观我国职业教育或产教融合相关制度规范,多数规范仅从财产保障、激励方面作出规定,对于职业院校如何管理与使用财产并没有作出具体规定。就制度规范层面而言,职业院校财产管理与使用具有一定弹性。在教育实践中,上述所言的弹性往往由财政部门规范文件或职业院校内部相关管理制度所确立。同一区域内,相关职业院校的财产管理与使用制度往往一致或趋同。毫无疑问,职业院校具有依法自主管理与使用财产的权利,但是这种权利在具体行使中受到不少限制,也因此带来了不少现实问题。现行职业院校的产教融合经费以多元形式投入,其中,包括企业协同职业院校进行技术研发、企业协同职业院校开展职工培训、企业设置产教融合奖教金或奖学金、企业协同职业院校设立横向研发课题、企

---

[1] 《职业教育法》第 46 条。
[2] 《高等教育法》第 38 条。

业资助投入经费建设相关实习实训基地等。但多元投入形式并没有配套相应的灵活使用机制,职业院校相关产教融合经费报销难、使用难问题突出,长期没能得到有效解决,这在实质上已经对产教融合、校企合作进程带来诸多不良影响。如企业委托技术研发或职工培训,其与职业院校协商一致,订立委托合同(含预算清单),在合同成立生效后,企业将约定经费支付给职业院校,依据相关规范性文件和职业院校内部财务制度,在从事一线研发或培训教师中如要使用该经费,不仅需要在之前计划的预算清单使用范围内,且需要提供相应的发票、通知、审批单、转账记录等繁杂的证明材料。一方面,产教融合由于市场因素影响,与企业合作过程存在诸多的不确定因素,职业院校相关产教融合项目实施者实际行为所产生的费用经常会出现与预算清单不符的情况而难以报销,即限制预算清单范围也将限制产教融合过程中的任何变化。另一方面,繁杂的证明材料和相关流程让一线教师疲于报销,难以集中精力完成相关产教融合项目或任务,这不仅会消磨教师参与产教融合的积极性,甚至会带来一些道德上或法律上的风险。近年来,教师因科研经费报销而设立公司、买卖发票等情况在少数,在职业院校的财产使用中也存在这样一个诡异的现象:真正的科研或培训支出不能得到报销,而另辟蹊径的形式化满足却得到支持。产教融合势必带来更多中间地带的经费使用,如不能解决职业院校及其相关教师更为合理和灵活地使用经费问题,最终将会影响产教深度融合发展。

5. 产教融合监督管理权

在职业教育产教融合中,作为校企合作的实际参与者,职业院校自身也拥有对产教融合的监督管理权。如果说政府以行政机关主导产教融合进程的话,那么职业院校与企业在政府主导作用下,在其职能范围内也享有相应的产教融合监督管理权。由于职业院校为非营利法人,其监督管理权的核心为倾斜保护学生教育权益。凡以学生教育权益为核心所衍生的相关内容,职业院校均有权依法和依教育职责予以监督管理或处置。其实,职业院校对产教融合所实施的监督也是为了更好地管理并推进产教融合。职业院校对产教融合所实施的监督管理,包括职业院校自行监督管理以及委托第三方监督监督,通过监督管理的方式保障对学生的教育教学质量。《职业教育法》第35条第3款规定:"职业学校可以通过咨询、协商等多种形式,听取行业组织、企业、学校毕业生等方面代表的意见,发挥其参与学校建设、支持学校发展的作用。"[1]其中,听取各方面代表的意见,是指听取各方面代表对学校办学全方面的意见,其中就包括产教融合、校企合作的内容、方式、成效等。该法第43条规定:"职业学校、职业培训机构应当建立健全教育质量评价制度,吸纳行业组织、企业等参与评价,并及时公开相关信息,接受教育督导和社会监督。县级以上人民政府教育行政部门应当会同有关部门、行业组织建立符合职业教育特点的质量评价体系,组织或者委托行业组织、企业和第三方专业机构,对职业学校的办学质量进行评估,并将评估结果及时公开。职业教育质量评价应当突出就业导向,把受教育者的职业道德、技术技能水平、就业质量作为重要指标,引导职业学校培养高素质技术技能人才。有关部门应当按照各自职责,加强对职业学校、职业培训机构的监督管理。"[2]其中,就包括学校主动组织开展的监督管理(含自评和行业组织、企业等参与评价)和学校被动接受的监督管理(含政府组织的监督管理、政府委托第三方进行的监督管理)等,这些监督管理必然都涉及产教融合、校企合作的相关开展情况。

综上所述,对于学校如何推进产教融合持续发展,学校在产教融合中的地位、价值和作用范围如何明晰,怎样切实保障学生与教师在产教融合中的合法权益等问题,在相关规范性文件中均不够明确、具体。当前,在产教融合实践中,企业基于在合作关系中的优势地位,主导着产教融合的重要事项。这一强势的主导地位为其在产教融合中获得各种利

---

[1] 《职业教育法》第35条。

[2] 《职业教育法》第43条。

益创造了先决条件,但其获得的各种利益大多建立在对产教融合另一重要的参与主体——学校方的相关利益挤压之上。学校在地方政府借用“公共利益”建构的产教融合政策话语体系中处于虚置状态,导致产教融合理论中的“权力—教育—资本—市场”空间逻辑畸形,学校在产教融合中的主体地位被削弱,学校与企业的主体结构失衡,学校的权利义务被弱化。如果学校强化其在产教融合中的主体地位和权益保护意识,产教融合、校企合作就经常会呈现出“校热企冷”的现象。现有地方规范性文件都提出,把鼓励企业以独资、合资、合作等方式参与学校治理作为强化产教融合深度的重要举措。但是,此时学校的办学自主权如何保障、企业参与学校治理的权责如何界分、企业参与学校治理的结果和责任由谁监管等一系列复杂问题却缺乏法律制度予以明晰、规范和指引。[1]

---

〔1〕 参见方益权、闫静:《关于完善我国产教融合制度建设的思考》,载《高等工程教育研究》2021 年第 5 期。

第十章　企业利益的延伸：产教融合中企业的权利

职业教育产教融合中企业的权利，必须在企业所涉及的法律关系找寻找本初的逻辑。如果解构法律关系的内涵，会发现法律关系包括关系的主体、客体以及内容，而其中法律关系的内容又包括权利和义务的内容。那么，在研究产教融合所涉及企业的所有法律问题时，就存在一个这样的潜在逻辑，即几乎所有的问题都需要关注法律关系这一关键词，因为其涉及企业在产教融合中的权利、义务等内容，合乎权利即为可选择的企业行为，而违反义务的行为则需要企业为之承担责任。企业权利为法律关系中的本位，但这一本位始终需结合义务而言，这在研究的命题上存在三方面的逻辑：一是企业的法律地位是其之所以拥有相应权利的前提，没有如此的企业法律地位也势必没有相对应的权利体系；二是企业权利体系不仅包含初始权利，也包括其在成为产教融合主体时，基于法律规定所获得的更进一步的具体权利，这是特殊法的逻辑；三是企业权利始终与企业义务相联系，为此需要辩证统一看待企业权利的命题。

一、产教融合中企业的法律地位与特征

在商品经济范畴内,企业主要是指企业所得税法及其实施条例规定的居民企业和非居民企业至少具备以下特点:有一定的组织规律、有机构成的经济实体、一般以营利为目的、供给产品或服务获得利润。常见的企业组织形式包括独资企业、合伙企业以及公司,其中公司制的企业是当前主要的形式。相应地,在法学上,我国《公司法》成为具体企业地位界定的主要依循,当然相配套的法律法规还有《个人独资企业法》《合伙企业法》等。当前,以"公司"组织形式作为主体的企业已成为参与产教融合的主力军,当然其他组织形式的企业主体也在积极参与产教融合,共同组成了"企业"这一产教融合的参与主体。

综观企业法律规范,其实不难发现企业作为市场主体,具备了市场经营主体的所有特征,这哪怕在产教融合中也应当被认知和尊重。当前实践表明,一些产教融合的参与方似乎并没有深刻认识这一点,致使不少产教融合项目流于表面、流于形式、流于短期,甚至签约即濒临"破产"。如果不明确企业参与产教融合的根本利益和基础利益,那么无论再怎么强调价值取向、奉献情怀或者社会贡献,都难以让企业在产教融合中产生原生发展的强劲动力,难以激发企业主体的参与度、积极性、主动性、持续性,这些问题的根本解决都需要正视企业原有的本初法律地位与特征,并予以尊重。

(一)企业的营利法人特征及其对产教融合的影响

营利法人的概念要从私法人的概念谈起。公法与私法理论上的分界,让法律关系主体也产生了公法人与私法人的区分。政府属于典型的公法人,这在下文将会论述。与公法人相对应的私法人,其特征主要包括私人根据自身意愿设立、为了追求私人目的、在法律属性上属于法人

等。在国外,有关私法人还有不少分类,如英美法系将其进一步分为财团法人、社团法人、公益法人、营利法人等。虽然我国法律法规没有明确采用这种分类,但是这种分类所蕴含的法律思想和特征分析还是带来了相应的影响:在我国法学理论上有不少关于财团法人、社团法人、公益法人、营利法人等的研究;在我国立法实践中,《民法典》也将法人区分为营利法人、非营利法人和特别法人三种类型。作为营利法人的企业,在产教融合过程中至少具有如下这些"不可否认"的特征:

1. 企业的营利性

企业运营是以营利为目的的,这是企业的本质特征之一。可以说,除非是野蛮式的强迫或个别特殊原因,否则企业不会做无利可图之事,包括其不会无偿、公益投入产教融合之中。当然,这种利润或利益可能被潜藏、掩盖,但是这些利润或利益一定是存在的。例如,企业参与产教融合可能并非为了直接的经济目的,而是为了间接获得人力资源、科技成果、经营场所等——实际上其也可以通过一定方式或在一定期限后转化为经济目的。这个特征看似理所当然、无人不知,但是在产教融合实践中常被忽略,例如,一些学生难以在匹配度高的企业实际工岗上进行顶岗实习实训,很大程度上就是因为职业院校对企业的营利目的考虑不够。开放相应工岗作为学生顶岗实习实训的岗位,所带来的生产效率下降、耗材成本提高、产品优良率下降、场所占用增加、企业技师指导费用等企业参与产教融合的成本,是否能通过职业院校购买教育资源服务的方式获得补偿,或者是否能通过政府对企业的产教融合激励方式获得代偿?

2. 企业的权利能力与行为能力

企业是独立享有权利、承担义务的社会组织。企业的这种权利能力、行为能力,主要是就民事的角度而言的——企业能够以自己的名义参与到法律关系之中,并有以自己的行为享受权利、承担义务的资格。企业属于法人的一种具体形态,是能够独立对外开展相关活动的社会组织。企业的独立法律地位是其具有相应权利和义务的来源。具体就产教融合视角而言,企业所涉及的法律关系可以表现为约定的协议法律关系,如企业与学校签订产学基地共建、技术合作研发等协议,那么这一纸协议所约定的内容也就成了企业相应的权利、义务的来源;企业所涉及的法律关系也可以表现为法定的行政监管关系,如公权力机关对企业实施的产教融合监督管理行为,并对产教融合中的违法企业作出相应的行政处罚等,都需要依循此逻辑。

3. 企业的社团属性

虽然我国法律法规没有直接承认企业属于社团法人,但是不排除其本身的社团属性,[1] 即企业对内形成管理的机能。例如,我国《公司法》明确规定公司应当制定章程及载明事项,应当设置股东会、董事会、监事会等机构,这均表明其对内的管理属性。相应地,企业参与产教融合,如为职业院校的学生提供实习实训,也将涉及这种对内性的调整,实习实训的学生将会被置于企业的管理之中,在一定程度上,实习实训的学生与企业也将形成一种特殊的隶属关系,其应当接受企业的管理、监督,以及服从企业的章程等;企业要根据实际需要对实习实训的学生的工作进行合理安排,并根据实际情况确定是否需要支付报酬等。

4. 企业的市场属性

企业在原则上或常态上处在一种自由竞争的外部市场条件之中,这在很大程度上决定了企业的主要行为方式。相对于公法人的垂直管理或领导的机制,国家对企业的行为约束性较弱,只要符合法律规定,企业可以采用任意行为,相对灵活地投入到所从事的市场经营活动之中。当然,这种经营还面临着一个事实,那就是我国经济法所强调的市场自由竞争,"适者生存""优胜劣汰"是市场自由竞争的必然结果,是企业作为营利法人必然面临的现实情况。企业参与产教融合并不能无视这种现

〔1〕 一人公司、国有独资公司是企业社团属性的例外情形,这两种公司都只有一个股东。但是,企业的社团属性除了含有社员因素外,还包括其有团体组织性的含义,即企业与单个人的个人特性不同,它是一个组织体,就这个特性而言,一人公司和国有独资公司同样体现出了企业的社团属性特征。

实情况,还应当将其考虑在内并巧妙利用。例如,处于较为自由的市场竞争环境下,由于产教融合、校企合作可以为企业提供更有保障的技术技能人才供给、更有效益的技术研发服务、更有社会影响力的信誉"背书"等等企业会有参与产教融合的强烈愿望、强劲动能。

(二)产教融合视域下企业衍生的特殊性质与社会属性

除了前述的企业作为私法人与营利法人所表现的特征会对其参与产教融合产生影响外,产教融合作为新事物,也让企业的法律地位和特征出现一些新的可能性,这需要我们在产教融合制度设计中予以积极回应。其中比较显著的变化是,在产教融合语境下,企业可能衍生出公益特征,即公益性可能成为产教融合衍生出的企业新特征。

通常来讲,营利法人强调企业的营利目的,这与公益目的基本是相悖的。但是,如果从产教融合目的视角进行思考,企业法律地位的关系似乎会有些微妙,甚至存在一个悖论,这也是当前产教融合面临的最大问题——校企之间关于产教融合的几乎所有问题均可能是由此衍生出来的。一方面,在产教融合中,企业势必仍然是私法人、营利法人,其强调对利润的崇拜这一特征并未改变;另一方面,产教融合提出企业与学校协同、合作的要求,深化产教融合需要企业同时注重教育的公益性目的。市场利益与教育公益如何被看待并获得良好协调,也将决定企业参与产教融合时会处于一种怎样的法律地位。如果在法律地位特征中完全排除企业的教育公益属性,以传统私法人、营利法人对企业进行全部定位,显然不能实现校企之间推进产教融合的所有目的并达成产教融合的所有要求;但是,如果承认参与产教融合的企业具有公益性特征,那么就必须对传统意义上的企业法律地位问题进行重构,甚至赋予企业(至少是产教融合型企业)在法律地位上一定的公益法人特征。

难以否认的是,在产教融合的一些领域内不得不考虑公益性以及弱势群体等因素,这个逻辑其实与法律中常言的"举重以明轻"类似。我国《劳动法》《劳动合同法》以立法倾斜保护劳动者,以实现对劳动公益目的之保障。在产教融合中,最具典型性的是学生顶岗实习实训。此时,学生与企业之间的法律关系不仅表现为劳动隶属性,也在教育公益目的上表现为受教育者属性,这种兼具劳动者和学生的双重法律属性,也决定了参与产教融合的企业应当考虑社会法的命题——其核心地位固然为营利法人,但不排除其与社会法人部分特征相融,成为一种特殊营利法人或者新的法律组织。而这种法人或组织在产教融合中也势必要相较于普通企业考虑更多的公益性问题,否则将可能违反合同约定,或者违反行政规范而受到行政处罚。还需要特别说明一个概念,即这里所说的具有一定公益性特征的企业,主要是针对产教融合型企业而言,这既表明产教融合的特殊性,也表明这些企业与普通企业实质上已经有所不同。概括来讲,产教融合型企业不仅如普通企业一般表现出前述其作为私法人、营利法人所具有的四大特征,还具有因其参与产教融合所具有的新的法律地位而表现出新的特征,即一定程度上的公益性特征。而基于这一特征,又将进一步带来产教融合型企业与其他企业在相关法律关系内容上的变化。

二、产教融合中企业的权利结构

在深入分析企业法律地位的前提下,需进一步拷问的是:在产教融合中企业究竟拥有哪些权利?这是权利论证的实体内容。并且,这种实体内容不应当是碎片化的,而应当置于一定的权利结构中。从法律地位出发,企业至少有三项宏观的权利需要论证与思考:企业的生存权利、发展权利和社会权利。企业的前两项权利(企业的生存权利和发展权利)依从营利法人的属性,如我国《公司法》规定一般公司的订约权、抵押权、雇佣权、应诉权、处置权等,这些权利皆是为了保障公司能够正常经营、自由发展而设定的。而后一项权利(企业的社会权利)则需要作出新的思考——企业权利也存在新旧更替而产生的新形态,产教融合的新情景为这种变化创造了条件,这需要作出具体的制度性的解释说明。为此,本章节的行文逻辑既从传统视域出发,简要归纳企业的基础权利,即通常意义上的权利,又从产教融合的角度出发,论证产教融合中企业的具体权利,以及对这种新情景下企业可能衍生出的权利进行详细说明,由此形成对产教融合中企业的权利结构分析。

(一)企业享有的基础权利

我国企业包括国有企业、私营企业、股份制企业、外商投资企业等。企业的一般权利,是指这些企业法定的对应其他主体的自主经营管理权,这是企业参与产教融合的权利基础。综观我国《公司法》《企业国有资产法》《外商投资法》等相关法律法规,我国企业有两项基础权利,即对外经营权和对内管理权。一方面,基于法律意义上的独立法人属性,现代企业以公司形式为主,拥有自己的名称、组织机构、住所、财产等,具有相应的民事权利能力和民事行为能力,以其全部财产独立承担法律责任。因此,在合法合规范围内,企业有权自主调整经营范围,对生产经营予以决策,享有材料与物质采购的权利,享有生产销售的权利,有权支配自身财产,并对投资作出决定,当发生纠纷时还有权以自身名义提起诉讼或予以应诉,等等。这些都是企业作为营利法人所具有的权利,是维持企业生产经营的基础属性,包括生产经营过程中所涉及的意思自治、签订合同、加工制作、交付运输等,都是基于该权利所衍生的权利。另一方面,企业为了保障对外经营,必不可少地要开展对内管理,在应然的逻辑上就有了对内的权利,如企业享有内设或内置机构的权利、劳动用工权利、人事管理权利、工资与奖金分配权利等。企业的对外经营权和对内管理权共同构成了企业基础权利的结构,这是一般企业都具有的权利。

(二)企业在产教融合中的具体权利

具体到产教融合中,企业权利实质上有两种变式:一是较常见的基础权利变化出了新的形态——虽然仍是作为原有的基础权利,却在新语境下有了新的形态;二是因为法律地位中社会法人的新属性而赋予了新的权利,这种新的权利虽未得到法律法规的明确确认,但确实已经在产教融合中存在,并且有必要予以新的权利界定。由于企业权利是一个庞大的概念,无法全部列举,为此,本章选取一些因企业参与产教融合而发生较大变化、较为重要的必须予以说明的权利以及较为典型的新的权利,予以具体阐释。

1. 产教融合订约权

如果从法律形式的视角来看待产教融合的过程,那么签订相关协议、合同将是产教融合项目启动的重要依据。无论是作为民事主体,还是作为市场经营主体,企业具有签订合同的权利,在与合同相对人自由意思的基础上,确定合同内容以及明确约定的权利、义务。在产教融合中,企业的合同相对人包括学校、政府、行业协会等社会组织。其所签订的产教融合合同既可以是约定有关实习实训、人才培养、教师实践等内容,也可以是约定技术研发、项目合作、平台共建、证书认证等内容。几乎所有的产教融合项目都离不开合同的签订、项目的起始、项目的变更以及项目完成等阶段,即合同订立、生效、履行以及终止的过程。正如梅因在《古代法》中提出"从身份到契约"的论断一样,企业身处市场之中,作为民商事主体,势必将通过约定一个又一个合同从而实现其营利的目的。契约不仅是企业作出行为的凭证,也承载着其约定享有的权利、义务。在产教融合中,企业的订约权并没有变化,发生变化的是约定内容可能不仅是通常意义上的生意往来,也包括因产业、教育的需要而所促成的约定内容。这是产教融合中企业之所以有订约权的法理依据。在法律实践层面,这种权利同样是有依据的。这种合同缔约权,不仅是我国《民法典》所允许的,如我国《民法典》合同编就列举了技术开发合同、服务合同等,这些合同在产教融合中经常被适用,而且这种合同缔约权在法治建设过程中也被极力提倡,如当前一些地方政府要求强化行政合同签订、备份等工作。产教融合可能涉及政府购买服务,那么也势必会产生此类合同——企业与政府之间履行订约权,以合同方式明确权利义务关系，也有利于相关项目履行的透明度。

2. 获得合理利益(利润)权

当前，不少规范性文件和相关理论研究成果，涉及了产教融合企业激励等成本补偿问题。在构建产教融合企业激励机制时，给予企业相应的优惠、补助、减免是最常见的手段，几乎所有涉及激励机制的规范性文件都鼓励使用这些手段。这是因为企业作为市场经营主体，其以营利为核心目的，无论理论如何证明企业可能具有公益、情怀潜力的特征，都无法掩盖社会实践的一种经验，即如果想让企业主动、积极参与到产教融合中，必须允许企业在参与过程中获利，以及配套以相应的利益机制。换言之，产教融合中企业具有获得利益或利润的权利，这应该被无偏见地确认。这种利益既包括直接经济利益，如政府以购买服务、直接拨款等方式购买特定企业参与产教融合的具体项目，政府给予积极参与产教融合的企业以相应的金钱补助、减免一定的土地使用费或税收等；也包括间接利益，如通过政府性的宣传、颁奖等方式，增加产教融合型企业的知名度并使其在市场竞争中居于某种更有利的地位，企业通过校企合作更有效地突破相关技术"瓶颈"、获得更多更好的技术技能人才供给，等等——这些利益虽不是直接的物质、资源、金钱的供给，但也能让企业发展受益。整体而言，产教融合中企业获得利益或利润权是由其法律地位所决定的，应当被正视、被保障，而不能因为产教融合具有教育的公益目的而被排斥、被忽略。但相应地，这种权利又应当限定在合理的范围之内——在这里，其实要严格区分两种语境：一是自由竞争的市场语境，在这种语境下企业仅为营利法人，那么在市场中企业追求利益最大化是相对合理的；二是产教融合下附带的教育语境，在此语境下企业行为可能影响教育活动的开展，也由此在产教融合过程中展现出一定的社会法人的特征，此时企业就需要部分抑制其获利的驱动。换言之，如果企业只注重经济利益，而忽视教育责任，如不为学生提供相应的实习实训工岗并给予必要指导、不为教师下企业锻炼给予必要的便利等，就很有可能属于未尽到其产教融合义务的行为。

3. 开展职业培训权

当前，产教融合之所以被广泛提倡，乃是因其对国家、社会、学校和企业等都存在一些重大的实践利益，其中提升职业技术技能、培养大国工匠是重要的一项。如果深入研究德国“双元制”就会发现，这种职业培训既包括培训学生职业技能，也包括对企业的工人进行职业素养培训。我国《职业教育法》第 16 条第 3 款规定：“其他学校或者教育机构以及企业、社会组织可以根据办学能力、社会需求，依法开展面向社会的、多种形式的职业培训。”可以说，该权利既源自法定，也源自法定背后的现实需求——无论是职业院校的师生，还是企业的职工，都需要在职业技能领域不断获得学习提升的机会，那么，无论是职业院校还是企业，就需要为这种机会提供条件。在实际中，职业院校的教师更擅长理论研究和课程教学，而企业技师更擅长进行技术技能指导。我们知道，职业院校学生（企业未来员工）以及企业员工，可以技术养成为主，但对理论的必要认知是其技术养成和其未来职业发展所不可或缺的。在产教融合的理想状态下，职业院校学生以及企业员工，如果既能接受职业院校教师关于理论知识方面的教育，又能受到来自高水平的企业技师在具体技术技能方面的指导，两者的互补优势将极大地推动其职业素养的提升。因此，相应地，这种开展培训的权利从目的论视角应作广义的解释，即不仅包括企业自身所具有的开展职工培训的权利，也包括校企之间通过签订合同的方式，开展企业技师进学校、职业院校教师进企业等类型多样的培训权利。

4. 参与教研工作权

在产教融合中，如果说师生拥有参与企业挂职、实践锻炼、实习实训、就业预留等权利，以满足他们参与到实践工作中的学习提升要求，那么，相应地，产教融合中企业也应当有参与教学、研究的相关权利，以保障其有资格、能力与教育领域进行更好融合，并从与教育领域的更好融合中满足企业需求。我国《职业教育法》第 31 条规定：“国家鼓励行业组织、企业等参与职业教育专业教材开发，将新技术、新工艺、新理念纳入职业学校教材……”由此可见，企业具有的参与教研工作权利体现在产教融合的多个方面。不少地方制定实施的产教融合规范性文件，也涉及了这种权利的行为形式，如《朝阳市深化产教融合实施方案》就明确规定“校企共同开发教材和更新教学内容，共建大型公共实习实训基地和生产性实训基地，共同实施培养过程和评价培养质量，广泛开展委托培养、定向培养、订单培养；职业教育全面实行工学结合、顶岗实习的人才培养模式改革，开展现代学徒制改革，协同实施校企双元主体育人”；“完善园区企业技术需求及院校成果数据库，搭建产学研和技术研发平台建设”；等等。不仅是法律规范、规范性文件对于这种权利进行了规定，企业在产教融合中参与教研工作权利也可以从企业的实际需求中获得论证。产教融合的前提是通过产业与教育间的互动，不断增进相互之间的互动、了解，不断完善产教融合的路径、举措、机制、体制，使产教双方最终走向供需平衡、权利义务平衡，进而形成产业与教育之间相互支撑、相互滋养、相互成就的格局。在这种处境与逻辑下，让企业参与教研是促进产教融合的最好选择。一方面，企业参与教研是企业了解教育领域相关信息、情况的过程，充分了解教育领域相关信息上，企业才能促进校企之间的相互合作；另一方面，企业参与职业院校的教研工作本身就是在践行产教融合，尤其是如何发挥企业主体作用，让企业主动参与其中可以说关乎产教融合的成败和成效的大小，为此，应当充分保障企业享有这一权利。

5. 组织实习实训权

在产教融合中，职业院校学生的实习实训作为重点内容，一直被高度重视。在企业参与产教融合的利益链中，获得优质和稳定的人力资源供给一直是企业参与的重要动力来源，尤其是经过实习实训且被评价为优秀的学生，如果能继续留任势必更能激发该企业参与产教融合的热情。多年来，各个层面强调并推进产教融合都一再强调企业的主体地位，但是企业在学生实习实训过程中所表现出的积极性仍然不足、所能发挥的作用仍然较为有限，这既是学校、企业、学生等多元主体之间利益关系不均衡的表现,也是多元主体之间相互缺乏权利层面深层互动的表现。具体而言,学校基于教育行政部门的授权对学生实习实训进行考核和要求,学生通过实习实训的方式达到获得学分的目的以如期获得毕业,企业更注重最终获得人力资源补充的利益结果,三方的利益、需求处于割裂的状态。当前,学生实习实训仍旧以学校组织为主,企业大多是被动接受;不少职业院校甚至基于减少工作压力、降低办学成本支出等动机,鼓励学生自行寻找实习实训岗位,致使学生实习实训呈现"放羊"的状态——在这样的一种身份架构中,接受学生实习实训的企业的身份与地位就显得更加尴尬。进一步而言,学校掌握教育权利以及教育利益并因此而管理学生,学生为顺利毕业而遵守学校的相关规定,但是企业究竟基于什么样的权利才能够在产教融合中对参与实习实训的学生进行管理?当然,一些职业院校也会给予企业导师一定的管理学生的权利,如企业导师可以评价学生实习实训中的表现并给予打分。但是,这些方式的效果其实并不理想,一方面,因为这种监督学生的权利在本质上是由学校委托的,企业本身并没有任何能够监管学生的法定直接赋权;另一方面,在现实中,类似实习实训等产教融合项目主要由学校主导行使权利,企业最终难以对学校形成任何有效制衡。既然如此,又何谈企业的权利意识、主体作用呢?因此,切实赋予企业组织学生实习实训的权利,有利于实现企业在参与产教融合中获得人力资源供给的内在需求,对于推进产教融合是非常重要的。

6. 产教融合监管权

当前,在产教融合中,企业总体上处于相对被动的状态,绝大多数产教融合项目的进程是由学校主导和推动的,并且企业在产教融合过程中很难享有监督、管理的权利。为此,从现实情况出发,企业对产教融合的监管权利更像是一种应然的权利,尚有待确认和界定。例如,一些职业院校在专业论证时看似邀请了企业相关专家参与专业人才培养方案论证,可实际上并没有采纳企业专家的意见,存在较为严重的"课程分赃""因人设课"现象,人才培养严重脱节于企业的人才需求;一些职业院校在毕业生职业生涯调研中看似走访了很多企业并作了很多调研、访谈等,却没有将调研中发现的问题在学校人才培养中进行有效反馈和矫正;等等。久而久之,企业的参与积极性会越来越低,产教之间的脱节和割裂也会越来越严重。因此,无论是在制度设计层面上,还是在潜在的观念意识中,对于职业院校学生的实习实训教育、教师的科技研发活动或者学徒班等项目,如果仍然以职业院校为核心驱动,参与企业仍然缺乏对于这些活动的有效监督管理权利,那么产教融合其实是名不副实的。进一步而言,在这种情况下,企业与学校在产教融合中的权利已然不平等,又何谈融合之可能?最终的结果要么是"一头冷一头热"的强制捆绑,要么是"貌合神离"的表面功夫。有的专家想当然地认为,企业具有技术研发、工人教育、人力资源等需求,职业院校恰好能较好地满足企业的这些需求,企业是否可能因为需求原因而积极参与产教融合呢?在机制体制没有理顺的情况下,除非企业的上述需求只能通过产教融合予以满足,不然在毫无权利或利益保障的情况下,企业是很难积极投入产教融合的。这也是讨论企业在产教融合中是否应该具有监管权利的价值所在:一方面,赋予企业这一监管权利,可以促使企业与学校就产教融合事宜有条件开展平等对话;另一方面,唯有让企业具有这一监管权利,才能进一步体现企业主体作用,企业才具有产教融合的相应话语权,从而以实际人才、技术需求等为导向。当然,该权利还可以继续细化,如赋予企业监管人才培养方案修改的权利、监管职业院校实习实训方案及其落实的权利、监管职业院校产学研项目实施的权利等。

7. 项目自由实施权利

当前,产教融合仍然属于"新鲜事物",尤其是在实践领域,仍然需要不断开拓项目、创新发展,并不断在实践中发现问题、总结经验教训、完善机制体制,促进产教之间更全面、更深度的融合。虽然在不断深化改革的过程中,职业院校被赋予了越来越大的办学自主权,但是行政色彩依旧较浓,这也导致职业院校(尤其是公办职业院校)在产教融合中相对"保守",对不少产教融合项目是否能够开展持保守、观望态度。另外,由于产教融合相关法律法规不够完善，使职业院校在设计产教融合项目时畏首畏尾，有“戴着镣铐跳舞”的拘束。毫无疑问，这极大地限制了产教融合的活力与空间，因此急需对职业院校参与产教融合的相关机制体制予以优化，为职业院校制定参与产教融合的负面清单，使其能够在产教融合方面迈出更大步伐、作出更大创新、奉献更大作为。与此同时，企业作为产教融合的另一重要主体，其创新开展产教融合项目所需的职权也应被依法确认和保障，而保障企业开展相关产教融合项目职权的最好方式是依法赋予权利，即依法赋予企业在开展产教融合项目的自由实施权利。当前，我国相关法律法规已授权企业从事一些特定的产教融合项目，例如，《职业教育法》第 26 条第 1 款规定：“国家鼓励、指导、支持企业和其他社会力量依法举办职业学校、职业培训机构。”又如，《保山市人民政府办公室关于深化产教融合的实施意见》第 6 条规定：“……鼓励支持企业到职业学校共建生产线、生产性实习工厂，探索校企股份制合作、独资经营、租赁承包、前校后厂等多种校企合作模式……”这些产教融合项目由法定形式确定并赋予企业开展实施的权利。不限于此，企业参与产教融合项目的自由实施权利还可能源自产教融合各相关当事方之间的约定，包括政府、职业院校、企业等签订产教融合合同后，企业根据合同所约定的产教融合项目内容开展实施的权利。某种意义上，越是在深化职业教育改革阶段，产教融合项目的自由实施权利越将呈现广义化解释——当前规范性文件主要以列举方式阐释产教融合的实施范围，实际上可以将这种产教融合项目的自由实施权利在合法性和合理性原则下赋予其开放性与自由性，即但凡不违背法律规范、社会风俗的产教融合项目，在原则上都应被允许。

8. 企业的其他权利

当然，在产教融合中企业还拥有各种各样的权利，尤其在当前处于职业教育深化改革之际，产教融合的实践探索远比产教融合的制度完善和理论研究更加创新和丰富，产教融合实践的千变万化也容易导致产教融合中各相关主体权利结构的改变。换句话说，很难完全列举产教融合中企业所具有的全部具体权利,这也就有必要对产教融合中企业所具有的其他具体权利作出更详尽的说明。当然,这种说明必须承认三个事实前提:一是产教融合中企业的具体权利呈现多样化状态;二是这些权利本身处于不断变化和丰富之中;三是企业权利结构体系应当是存在某种逻辑自洽的,即在企业基础权利之上关联其参与产教融合的事实所推导出的具体权利,但这里所称的具体权利实则是企业诸多权利中相对固定、一致以及通用的法律关系内容,这些具体权利并不能涵盖企业本身所衍生的各种类型的相关权利,产教融合中企业二次衍生的具体权利需要以规范性文件的方式予以补充说明和进行法律法规上的确认。

这些产教融合中企业的二次衍生权利以法律法规的规定为基础与界限,因产教融合的实践需要并根据相关的规范性文件而产生。如《江苏省政府办公厅关于深化产教融合的实施意见》(以下简称《江苏省产教融合的意见》)就对企业在产教融合中的权利体系进行了更为全面而深刻的再探索,该意见至少为我们展示了以下一些具体权利:

一是评议权利。《江苏省产教融合的意见》第5条规定:"……建立行业和企业参与的学科专业设置评议制度,形成根据社会需求、学校能力和行业指导科学设置新专业的机制……"

二是办学权利。《江苏省产教融合的意见》第7条规定:"拓宽企业参与途径。支持企业以独资、合资、合作等方式依法参与举办职业教育、高等教育……允许企业以资本、技术、管理等要素依法参与办学并享有相应权利,支持地方政府和民办职业学校合作举办混合所有制性质的职业学校或二级学院(系部)……"

三是学生培养权利。《江苏省产教融合的意见》第7条规定,鼓励科技企业设立"江苏省研究生工作站",评定"江苏省优秀研究生工作站"和"江苏省优秀研究生工作站示范基地",支持"校企共同培养研究生"等。《江苏省产教融合的意见》第8条规定:支持企业深度参与职业学校、高校教育教学改革和学校专业规划、课程设置、教材开发、实习实训等工作,促进企业需求融入人才培养环节。

四是建设产教融合基地权利。《江苏省产教融合的意见》第 8 条规定:支持企业依托或联合职业学校、高校设立产业学院和企业工作室、工程中心、实验室、创新基地、实践基地。

五是协同创新权利。《江苏省产教融合的意见》第 10 条规定:“以企业为主体推进协同创新和技术转移。实施产学研协同创新行动计划,支持企业与学校、科研机构围绕产业关键技术、核心工艺和共性问题开展协同创新,共同组建技术研究平台与产业技术创新战略联盟……”

六是适用信息化技术权利。《江苏省产教融合的意见》第 13 条规定:鼓励有关部门、行业、企业、教育机构运用云计算、大数据等信息技术,建设市场化、专业化、互联互通、开放共享的产教融合信息服务平台。

七是招工衔接权利。《江苏省产教融合的意见》第 15 条规定,推动学校招生和企业招工相衔接,明确学生学徒“双重身份”,强化学校和企业“双主体”实施,推进学历与技能并重的人才培养模式。

八是加入职教组织权利。《江苏省产教融合的意见》第 17 条规定:支持组建由行业组织、企业参加的院校理(董)事会、专业建设委员会、校企合作委员会并有效发挥作用。

综观产教融合中企业的具体权利,我们可以发现对企业相关具体权利进行阐释是有规律可循的:其一,这些二次衍生权利是在企业的基础权利与产教融合的基础权利之上衍生出来的,这些权利具有相对独立性,这些权利主要依据相关的规范性文件予以推导获得,在法理逻辑上仍属于法定权利的逻辑。其二,这些二次衍生权利符合潜在上位法与下位法的逻辑,因为上位法不可能考虑到所有情况,所以需要下位法作出一些具体规定,多数产教融合中企业的二次衍生权利即在这种理由中产生。其三,这些二次衍生权利讲究实效性,这些权利之所以被相关规范性文件确定为产教融合中企业的具体权利,主要因为开展产教融合的实际需要,即这些权利能够解决产教融合中出现的相关实际问题。通过这些规律性的呈现,我们可以确定:产教融合中企业的权利结构整体上仍呈现动态发展态势。

综上所述,企业应当发挥自身在产教融合中的重要主体作用。各大中小型企业要根据自身的能力和需求等,充分发挥参与产教融合的主观能动性,加强多方参与主体间关于共同利益和合作模式的沟通交流。企业要结合自身人才发展需求与学校人才培养模式,做好人力资源规划,积极参与学校人才培养方案的制定与实施、教材开发、教学设计、教学资源建设、课程设置、实训基地建设、考核评价等人才培养的全过程,实现教学标准与产业标准、课程及教学内容与职业资格标准、教学过程与职业岗位劳动生产过程、学历教育与职业资格证书培训的全面对接,提高学校与企业在人力资源供需方面产教融合的紧密度。企业要结合自身科技发展规划和学校科技供给能力,做好科技研发规划,推进校企合作共建产业发展联盟、企业研究院、研发中心,实现校企之间在研发资源和研发成果上的共建共享;企业可以通过"企业出题、学校接题、教师析题、师生破题"的创新模式,以学校教师、企业工程师、学生创新创业团队"三位一体"的项目化方式,向高校购买定向研发、定向转化、定向服务的科技研发成果;企业可以通过校企合作进行科技成果转移转化平台建设与功能拓展,建立区域产业知识产权联盟,搭建开放性的成果转移转化信息管理平台,成立区域产业技术转化研究院等成果转移转化中心,促进创新链和产业链精准对接,跟踪科研成果从样品到产品再到商品的全链条转化过程,进一步提升校企之间科技研发与服务的整体"增溢效能"。[1]

三、产教融合中企业的权利保障

在产教融合过程中,可以通过多个视角分析企业的相关权利保障问题:一是从企业履行产教融合相关义务的视角看,意图完整、全面阐释和

---

[1] 参见方益权、闫静:《关于完善我国产教融合制度建设的思考》,载《高等工程教育研究》2021年第5期。

保障企业在产教融合中的相关权利,就始终不能脱离企业在产教融合中的相关义务自说自话,从义务的侧面反观权利结构,以权利与义务辩证统一的视角,真正塑造产教融合中的企业权利体系;二是聚焦具体法律关系主体探讨其相关权利面临的侵害及其保障问题,在这种语境下,产教融合中的企业相关权利可能面临受侵害的风险,因此需要进一步考虑其相关权利保障与责任承担问题。

(一)企业在产教融合中的义务结构

"权利本位"是法律关系的前提。在产教融合中企业拥有多少权利就意味着其在能多大范围内进行何种程度的自主行为,这是对于行为自由的解释。义务与权利相对,并且形成对应的关系,这种对应关系不仅是数量上的对应,更是以义务促进权利实现,两者具有辩证统一的联系。在产教融合中,自然不能脱离企业义务空谈企业权利,一方面,由于企业作为产教融合的权利主体,其是否参与产教融合相关项目以及在多大程度上参与此类项目,应由其自由选择;另一方面,企业一旦参与了相关产教融合项目,作出了产教融合缔约和履约等行为,就必然对应地受到法律约束,当然这种约束因法律关系类型不同而有所不同。在这样的大前提下,企业在产教融合中的权利、义务的关系其实是相辅相成的。

1. 产教融合中企业的权利义务关系

一方面,产教融合中企业的权利与义务辩证统一、相辅相成、不可分割。任何忽视企业相关义务而独论企业相关权利的设想都是难以成立。另一方面,之所以在产教融合中同时强调企业义务的重要性和必要性,是因为参与产教融合的企业与未参与产教融合的企业在义务方面有所不同,除一般意义上的企业义务之外,还需要同时考虑更多参与产教融合的企业的社会属性,如公益属性——要知道这一属性与一般意义上的企业的营利属性几乎是完全相悖的。当前,产教融合面临的最大问题之一,即该如何协调企业的市场利益与社会利益的关系,该如何通过权利义务关系的合理构架,激发企业参与产教融合的积极性和主动性。在这

个维度上,有以下三个视角需要被重申:

其一,权利与义务背后需要思考自由与秩序的关系。在法学理论体系中,对于自由的论断没有绝对一说,即法律只承认相对自由。如果将所有人的自由看作一个整体,那么整体内的个体间需相互忍让,这样才能在最大限度上实现自由。同理,绝对的权利根本无法实现,权利的背后势必需要相应的义务保障。在产教融合中,企业承担义务是为了更好地实现企业权利,如签订的共建实践基地合同中要求企业投入相应的教学设施设备,那么企业就应当承担该义务,最终该义务得以履行,就会使学校、企业等合同主体共建实践基地的权利得以实现,企业也将有可能实现设置该产教融合项目时所预设的目的。相反,如果企业不履行投入相应的教学设施设备的义务,则学校、企业等合同主体共建实践基地的权利必然落空,企业也将不可能实现设置该产教融合项目时所预设的目的。又如,校企双方在产教融合中约定学生到企业参加实习实训,那么企业就有安排实习实训岗位、安排企业技师予以指导、给予学生相关生活便利等义务企业履行的这些义务既保障了学生实习实训的权利,也为企业实现吸纳学生入企实习实训相关目的之达成创造了条件。可见,企业产教融合相关义务的承担恰恰是为了更好地实现企业产教融合的相关权利。

其二,义务具有纽带或工具的价值,产教融合在考虑企业义务的必要性时,必须与企业利益同步考量。以上文提及的学生入企实习实训为例,必须思考企业为何要投入成本(如安排实习实训岗位、安排企业技师予以指导、给予学生相关生活便利等)接纳学生入企实习实训,这背后显然具有不可忽视的利益因素在起作用——企业因此可能获得相应的人力资源、政策优惠、社会美誉度提升等。那么,该怎么引导企业的这种利益追求与产教融合的公益性价值进行兼容呢?实现这种兼容性的工具就是合理设置企业的产教融合义务,一方面保障学生的实习实训高质量进行,另一方面以学校向企业购买服务、政府给予企业相应补贴、学生与企业签订预就业协议等义务给付方式使企业获得相应的利益实现。换言之,企业义务在这种建构下成为这一兼容性全力实现的新的纽带与工具。

其三,产教融合中企业的义务具有一定的社会属性。随着梅因《古代法》中关于"从身份到契约"的论断,契约精神被深刻强调。但契约的流弊也开始显露,契约以书面等形式约定当事人之间的法律关系内容,虽然实现了形式公平,但在实质上却不必然是公平的。为此,麦克尼尔在《新社会契约论》中从社会视角提出了个别性契约向关系性契约转变的理念,学界也开始重新审视"身份、地位"的蕴意,即"身份理性回归"。[1] 基于这种理念,第三法域被提出,即区分公法域、私法域和社会法域,而社会法域旨在维护社会利益,倾斜保护弱势群体,实现实质公平。显然,企业参与产教融合与企业的一般市场经营行为不同,需要同时考虑企业作为参与主体的教育公益目的。在产教融合过程中,如何协调企业的营利性与公益性关系始终是一个难题,如果任由企业的市场自发行为则很可能会给产教融合带来社会风险、道德风险以及利益风险——当前一些学生实习实训中出现的企业乱收费、放任不指导或乱指导、出卖学生劳动力、强迫过度劳动等乱象,都是这种风险的兑现方式。为产教融合中的企业设定一定的义务,恰恰是对类似产教融合风险的有效预防。

2. 产教融合中企业的具体义务

产教融合中企业的具体义务,与前述企业在产教融合中的权利相对应。在产教融合中,企业具有法定与约定义务,例如,企业管理实习生不能违反劳动法规,否则可能产生民事责任、行政责任甚至刑事责任,这是法定义务;又如,企业应当按约定履行合同义务,否则可能要承担相应的违约责任,这是约定义务——企业在产教融合中的义务以约定义务为主。作为营利法人,企业以合同法律形式为纽带,将市场活动、产教融合项目等予以实施。一些产教融合项目看似因职业教育需要而发生,但实

---

〔1〕 参见余音:《劳动教育视阈下学生实习的社会法视角反思》,载《武汉职业技术学院学报》2022年第1期。

际上也并没有脱离企业的“市场项目”范围，比较典型的是企业对学校的委托技术研发、职业技能培训等，这些产教融合行为实际上也可以看作一种广义上的市场交易行为，最终表现均为合同形式。因此，产教融合的合同约定内容是企业在产教融合中义务的重要来源。

（1）约定义务

由产教融合合同约定所产生的义务是企业在产教融合中需要承担的最直接义务。合同内容取决于合同当事人的意思自治，因此不同的产教融合项目，可能产生不同的合同义务内容，这也导致企业产教融合义务内容的多元化。当企业对产教融合项目有合作意向时，就有可能与其他产教融合主体（典型的如职业院校）洽谈和签订相关协议，那么由该协议就产生了约定义务。如实习实训，就可能因企业与学校的约定，而产生企业接纳多少学生、在哪个时间范围、安排哪些岗位、提供哪些企业技师、给予哪些工作和生活保障、支付多少薪酬等义务。产教融合项目协同是企业参与产教融合的重要表征，多数涉及产教融合的规范性文件，均支持产教融合项目协同的发生与实施，如协同师资实践、协同技术研发等。不同的项目涉及不同的协同流程与具体内容，这也注定难以通过一个法律法规以涵盖所有相关的产教融合情形，那么以合同约定的形式作为产教融合相关当事人确定其相互之间的权利义务关系也就成了必要，甚至成了主流，包括师资实践协同、技术研发协同、实训基地建设协同、教学资源开发协同等，都通过相关协议对各自项目实施的过程予以规定，并对企业相关义务进行分配。当企业作为产教融合项目的一方当事人请求其他主体参与时，或者其自主决定是否参与该产教融合项目时，这是企业权利的表现。相应地，当这种请求经过要约与承诺，最终以合同方式确定下来后，该约定的生效就必然使企业承担了相应的产教融合义务。

（2）法定义务

除约定义务之外，我国《职业教育法》《劳动法》《教育法》《高等教育法》等对于企业在产教融合中的法定义务也作出了相关规定，比较典型的法定义务主要包括：

其一，供给产教融合资源的义务。该义务可能源于合同约定，也有可能源于法定，如《广西壮族自治区人民政府办公厅关于深化产教融合的实施意见》第 12 条就规定："强化企业职工在岗教育培训。落实企业职工培训制度，足额提取教育培训经费，由企业工会和人力资源部门统筹使用，审计部门监督，确保教育培训经费 60% 以上用于一线职工培训，将不按规定提取使用教育培训经费并拒不改正的行为记入企业信用记录……"在该条规定中，给予了企业为一线职工培训提供经费的义务，并且设置了经费的底线比例，由此以法定方式约束了企业行为。

其二，作出教育管理和考核评价的义务。在产教融合过程中，企业或企业技师可能直接参与一线的教育教学活动，尤其在实践教学中，企业发挥着越来越大的作用。在这种情况下，企业不仅是经营主体，也成为了教育主体。那么，相应地，企业及其技师也需要履行作为教育者对受教育者的教育管理和评价的义务，包括承担一定的教学工作任务、接受教学过程的监督、布置课程作业、按要求组织考核、作出公正的教育评价等，这是企业在特定情况下，作为教育主体所须承担的义务。换言之，基于教育的公益性目的，企业在进行实习实训授课或职业培训时，如果出现随意授课、教学事故、胡乱评价等，属于违反教育法定义务的表现。该义务从教育法理论逻辑推导而出，对于保障学生的教育权益具有重要意义。

其三，保护实习实训学生权益的义务。我国《职业教育法》第 50 条就对企业保护实习实训学生权益的义务作了规定，该条第 1 款规定："……应当保障学生在实习期间按照规定享受休息休假、获得劳动安全卫生保护、参加相关保险、接受职业技能指导等权利；对上岗实习的，应当签订实习协议，给予适当的劳动报酬。"该条第 2 款规定："……不得安排学生从事与所学专业无关的实习实训，不得违反相关规定通过人力资源服务机构、劳务派遣单位，或者通过非法从事人力资源服务、劳务派遣业务的单位或个人组织、安排、管理学生实习实训。"在实习实训中，学生虽未与企业构成一般意义上的劳动关系,但仍存在一定的隶属性,学生需要遵守企业章程、接受企业管理,并完成企业指定的相关工作。由于实习实训的学生处于一种相对弱势地位,通过法律法规和其他规范性文件等方式对企业设置对应的义务,对于更好地保护学生的利益及保障企业在产教融合中所具有的社会属性,是很有必要的。

其四,接受监督管理和考核评价的义务。接受监督管理和考核的义务,是指企业参与产教融合,应当依法接受发展改革部门、教育行政部门等相关政府部门的监督管理和考核评价。从民商法理论的角度分析,企业作为市场主体,属于典型的营利法人,投入生产经营以及参与市场活动等为其主要行为表现,为了维护市场秩序,企业还必须接受相关的监督管理。但在产教融合的法律关系中,由于教育的社会性与公益性,企业还表现出一些社会法人的属性,其既享有社会法人的部分权利,如参与人才培养的权利、参与教学资源建设的权利、参与校企合作研发应用的权利等;又具有接受监督管理和考核评价的义务,以维护产教融合与教育活动等的应有秩序。由于教育社会性和公益性等特点,接受监督管理和考核评价义务应属于企业的法定义务,包括我国《职业教育法》等法律法规也是如此构建相关产教融合法律体系的,最典型的体现在于《职业教育法》第七章"法律责任"的规定,如该法第 64 条规定:"企业未依照本法规定对本单位的职工和准备招用的人员实施职业教育、提取和使用职工教育经费的,由有关部门责令改正……"该法第 66 条第 1 款规定,"接纳职业学校和职业培训机构学生实习的单位违反本法规定,侵害学生休息休假、获得劳动安全卫生保护、参加相关保险、接受职业技能指导等权利的,依法承担相应的法律责任"。这样的法律责任制度设计,其前提是政府、学校等主体对企业参与产教融合设定了相应的接受监督管理以及考核评价的义务——这是政府、学校的法定权利,而相应地就成为企业的法定义务。一些相关的地方规范性文件对企业接受监督管理和考核评价的义务也多有涉及,如《浙江省人民政府办公厅关于深化产教融合的实施意见》第七部分规定,建立深化产教融合督促检查机制,完善企业软投入统计调查制度,对重点任务和重点项目加大督查力度,强化事中监督管理和事后评估验收,及时通报反馈。

除上述列举的法定义务外,产教融合中企业还存在其他的一些法定义务,主要包括但不限于三点:一是职工职业培训的义务。《职业教育法》第24条规定:"企业应当根据本单位实际,有计划地对本单位的职工和准备招用的人员实施职业教育……企业应当按照国家有关规定实行培训上岗制度……"二是接纳职业院校教师入企实践锻炼的义务。《职业教育法》第45条第3款规定:"产教融合型企业、规模以上企业应当安排一定比例的岗位,接纳职业学校、职业培训机构教师实践。"三是提取和使用教育培训经费的义务。《职业教育法》第58条规定:"企业应当根据国务院规定的标准,按照职工工资总额一定比例提取和使用职工教育经费……"这些具体义务,主要是基于产教融合的社会属性考虑,是对应产教融合中的企业权利,在企业原有义务基础上衍生出来的。类似的具体义务不仅在《职业教育法》《高等教育法》等法律中均有所规定在一些地方性法规与其他相关的规范性文件中也作了二次衍生,这样就构建了产教融合中企业更加体系化、更为具体的义务体系。

(二)侵犯企业产教融合权的法律责任

《民法典》等法律法规主要从民事责任的角度对侵犯企业产教融合相关权益的法律责任作出了相关规定。民事责任是指民事主体不履行或者不完全履行民事义务应当依法承担的不利后果,不履行或者不完全履行民事义务,就是违反民事义务。民事责任既是违反民事义务所承担的法律后果,也是对相关法律关系主体的民事权利损害进行救济的必要措施,还是保护民事权利的直接手段。《民法典》用大量的条款规定了与自然人、法人权利相关的民事责任内容,其中,第179条规定:"承担民事责任的方式主要有:(一)停止侵害;(二)排除妨碍;(三)消除危险;(四)返还财产;(五)恢复原状;(六)修理、重作、更换;(七)继续履行;(八)赔偿损失;(九)支付违约金;(十)消除影响、恢复名誉;(十一)赔礼道歉。法律规定惩罚性赔偿的,依照其规定。本条规定的承担民事责任的方式,可以单独适用,也可以合并适用。”该条规定的大量承担民事责任的方式,都可以在企业参与产教融合并且受到相关侵权损害时作为权利保障救济的方式。

综观当前涉产教融合案件,主要以侵害企业财产权为主,且通常基于相关的产教融合合同,因产教融合的相关参与主体违反合同约定并给企业造成了相关损失,因此企业依法要求该相关参与主体承担相应的违约责任(也包括《民法典》第186条规定的“因当事人一方的违约行为,损害对方人身权益、财产权益的,受损害方有权选择请求其承担违约责任或者侵权责任”情形,企业方可能要求相关当事人承担侵权责任)。具体而言,一方面,这类案件多数是由于相关参与主体违反了产教融合的合同约定(或存在合同缔约过失情况)而造成的。当前,产教融合的各个环节(如合同协商、签订、成立、生效、履行、终止、解除等)均可能产生相应的合同缔约过失或违约责任,甚至可能产生侵权责任,并因此带来相应的民事法律责任。当前,绝大多数产教融合案件以合同当事人一方未履行相关合同义务,侵犯另一方合同当事人的合法权益而被提起民事诉讼,在救济方式上以返还财产、继续履行、支付违约金等责任承担方式为主。另一方面,合同违约与权利侵害经常相伴的。通常情况下,产教融合相关当事人不仅只针对产教融合合同的违约行为,也可能因该违约行为会给企业带来额外的财产权侵害,由此又伴随侵权问题的出现。在这种情况下,还可能会被请求以适用停止侵害、赔偿损失等民事责任承担方式予以权利救济。由于产教融合的方式、内容等极为复杂,并处在一个不断发展变化的过程中,也将带来一些未知的相关法律风险。如在技术协同过程中,学校侵占企业参与共同研发的相关研究成果,则可能侵犯企业的知识产权;又如在实践教学中,学校教师或学生未经企业允许或违反相关规程使用企业设施设备,以及违规操作,则会造成企业相关设施设备损坏或者其他财产损失等,企业都有权依法请求赔偿并得到相应的权利保障。

另外,需要特别指出的是,行业协会作为整个行业的"代言人",在掌握市场动态、行业发展趋势等方面具有天然的优越性,对于推进产教融合发展具有重要的不可替代的作用。然而,由于行业协会在产教融合中的主体地位并未在现有产教融合相关法律法规和规范性文件中得到明确和确认,其在参与产教融合、校企合作过程中仍然存在主体定位方面的突出问题,如协会以何种身份参与产教融合、协会采取何种方式指导和推进产教融合、协会参与产教融合的权责界限在哪里等问题均难以明确,进而导致其自身平台优势与信息资源优势无法得到充分发挥。[1] 为强化行业协会在产教融合制度中的地位与作用力,行业协会应当制定出台符合本行业发展要求的行业标准,规范企业在行业发展中的各项行为,建立起社会与行业、行业与学校之间的紧密联系,在行政机关指导下制定有针对性的产教融合方面的协会内部自律公约和奖惩机制,构建行业内部企业之间、行业企业与学校之间的矛盾纠纷调处机制,督促骨干企业在产教融合中发挥示范带头作用,并立足于产教融合信息化平台的搭建,更加精准地预测行业人才需求和科技需求,切实完善以需求为导向的人才培养机制和科技研发机制,根据相关制度规定履行职责,增强自身参与产教融合的主体意识,强化指导作用与地位。[2]

---

〔1〕 参见方益权、闫静:《关于完善我国产教融合制度建设的思考》,载《高等工程教育研究》2021 年第 5 期。

〔2〕 参见郝天聪、石伟平:《从松散联结到实体嵌入:职业教育产教融合的困境及其突破》,载《教育研究》2019 年第 7 期。

第十一章　双重身份的体现：产教融合中政府的权责

职业教育产教融合是国家培育技术技能人才、促进社会主义现代化建设的重要手段，政府无疑在产教融合中发挥着重要作用。综观我国职业教育政策发展进程，政府在产教融合中的角色已经从“划桨者”转变为“划桨者”与“掌舵者”的双重身份，其权责已经从“主导”转变为“规划”与“推动”的双重职责。在深化产教融合方面，政府如何扮演好统筹与协调者、规划与引导者、支持与推动者、评估与监督者、宣传与促进者等角色，[1]很大程度上取决于政府在职业教育产教融合中权责是否明晰，是否能正确行使职权、履行职责。然而，现有相关规范性文件对于政府在产教融合中的权责规定比较分散、混乱，没有体系化的梳理与明晰确定的表述，使政府在推进职业教育产教融合的实践中出现定位模糊、权责不明、逻辑混乱、难有作为等尴尬局

---

〔1〕 参见李永生、袁蕊：《政府在深化产教融合中要扮好五大角色》，载《人民政协报》2018年10月13日，第10版。

面,直接影响产教融合发展的进程、质量与效益。因此,亟待厘清政府在产教融合中的权责问题。

一、产教融合中政府权责的内涵

产教融合致力于校政行企等多元主体之间的合作共赢,助力高素质技术技能人才培养,聚力提升产业创新能力,发挥人才、科技、创新的引领带动作用,推动区域经济社会发展,将科研、教学资源转化为社会服务资源,形成正向循环,是源源不断为区域经济社会发展创造价值的重要举措。在职业教育产教融合过程中,政府承担的主要权责包括完善相关机制体制、统筹协调整体布局、制定发展方案细则、给予支持补贴推动发展、开展评估监督项目落实等,并以此肩负起协调产学研创用高度融合的职责使命。

(一)政府在产教融合中的促进职能

政府在产教融合中的促进职能,是指政府采取多元化措施、完成推动职业教育产教融合发展的任务、履行推动职业教育产教深度融合的职能。依据现有职业教育产教融合相关法律法规和其他规范性文件规定以及国家经济社会发展规划,可以将政府在职业教育产教融合中的促进职能归纳为政府规章创设与统筹规划等方面。

1. 规范创设职能

政府通过制定产教融合规范性文件,引领、约束产教融合中的企业、学校等相关主体,统筹产教融合工作推进以及产教融合事业发展。此时,政府既是产教融合规范性文件的制定者,也是产教融合规范性文件的执行者。

政府规章创设职能在产教融合中发挥着举足轻重的作用,是政府参与产教融合的原生权力,政府在产教融合中的其他权力均派生于此,并在规范性文件规定的范围内遵循“法无授权不可为”的原则行使职权。政府通过创设产教融合规范的方式影响参与产教融合的多元主体的身份地位、作用价值以及权利义务，同时规范其产教融合的合作实施方式、操作内容，以及政府自身推进产教融合的行使路径。

我们可以从规范内容层面对政府在产教融合中创设的相关规范性文件进行类型化研究，以具体挖掘、分析、整合和阐释政府在产教融合中的权责。

（1）促进型规范。该类型规范通过引导、鼓励等方式，引导产教融合多途径、多形式推进，确保产教融合的良性循环效果。例如，教育部、人力资源和社会保障部、工业和信息化部制定出台的《制造业人才发展规划指南》，就企业与职业院校组建深度融合、特色鲜明、效益显著的先进制造业职业教育集团的鼓励、倡导方式进行规定，促进产业链、岗位链、教学链的深度融合。[1] 产教融合促进型规范依其内容，可以进一步细分为土地促进型规范性文件、资金促进型规范性文件、公平促进型规范性文件和综合促进型规范性文件等。

（2）标准型规范。该类型规范设置了实施产教融合的最低限度要求与标准，以划定产教融合项目的合法开展范围，防止逾越法律底线。例如，在工学结合的人才培养模式中，政府设定了兜底性规范，以保障学生参与实习时所受的工作环境、工作时间、工作内容、薪酬待遇等条件，防止企业假借育人之名侵害学生的合法权益。《职业学校学生实习管理规定》要求学生在跟岗、顶岗实习期间，实习单位不得安排学生从事高空、井下、放射性、有毒、易燃易爆以及其他具有较高安全风险的实习，不得安排学生夜班和加班等。这些规定通过保护产教融合中的相对弱势群体利益，以实现法律在形式与实质意义层面上的权利义务平衡。

---

〔1〕 2016年12月27日，教育部、人力资源和社会保障部、工业和信息化部印发了《制造业人才发展规划指南》，以健全人才培养体系，创新人才发展体制机制，进一步提高制造业人才队伍素质，为实现制造强国的战略目标提供人才保证。

(3)关系型规范。该类型规范产生、变更、消灭产教融合主体的各类合作行为,包括合同协商、合同生成、合同履行、合同变更、合同转让、合同撤销、合同终止等。例如,工业和信息化部、财政部、中国人民银行、原中国银行业监督管理委员会发布了《关于组织申报产教融合作试点城市的通知》,该通知提出要建立政府、企业、金融机构三方对接合作机制,加强政银企互动。在此背景下,将推进产教融合作试点城市中企业与金融机构达成合作意向并开展后续金融服务合作。

(4)救济型规范。该类规范旨在匡正产教融合中可能出现的问题与偏差,为产教融合纠纷提供解决路径。一方面,救济型规范包含监管规则,预设产教融合中可能出现的相关问题与冲突,设置相应的处理机制。例如,各省、自治区、直辖市人民政府出台的产教融合规范性文件中的政府监督章节,大量规定了救济型规范。另一方面,救济型规范还包括争议处理规则,即当产生产教融合纠纷时,为公平有效处置争议所制定的有关程序意义上的规范,如调解规范与诉讼规范等。

2. 统筹规划职能

产教融合天然依托于校政行企等多元主体之间的合作互动,因而政府从宏观层面统筹谋划、布局规划与制定区域性的实施方案等成为其统筹安排产教融合、联合相关主体、强化融合深度等的核心要义。政府在产教融合中的统筹规划职能立足于顶层设计,通过"纵深、横阔"两个维度引领和主导产教融合事业长远发展。

(1)"纵深"统筹规划责任

区域经济社会发展水平、人力资源结构等差异致使各地人才需求各有不同。地方政府在推进产教融合中健全需求导向人才培养机制,参与当地高校专业与区域产业的合理有效对接,推动当地职业院校培育高素质复合型、技能型、应用型人才,向当地企业供给专业对口、技能过硬的高素质人才,为区域经济社会发展提供强有力的人才支撑,"为全面建设社会主义现代化国家、实现中华民族伟大复兴的中国梦提供有力人才和技能支撑”。[1] 由于当前我国的产业工人队伍中高技能人才(“八级工”等高技术人员)占比不到5%,距离发达国家40%的比例相距甚远,重学历、轻技能的观念仍然盛行。[2] 因此,“要优化同新发展格局相适应的教育结构、学科专业结构、人才培养结构”。[3]《产教融合意见》也强调将市场供求比例、就业质量作为学校设置和调整学科专业、确定培养规模的重要依据,有利于统筹人才需求。同时,产教融合的高质量发展,离不开政府对职业院校教师资源的统筹。通过政策规划教师类型、教师质量、教师数量以及教师专业结构等,合理配置校内外教师资源以整合职业教育的师资力量,深化区域间、高校间、产教间的师资共享。此外,产教融合实习实训基地、研发中心等的实际运作也需要政府统筹其他人力资源,以弥补产教融合、校企合作的运营短板,实现产教之间有序、规范、合规融合。

(2)“横阔”统筹规划责任

就经济社会发展而言,政府依据全国或区域的经济社会发展总体战略规划,调整、优化全国层面和各地的职业教育产教融合发展的相关机制体制。针对全国区域发展规划布局和城市群间协调发展的需要,政府在全国范围内承担各区域整体均衡发展的相关统筹规划功能:以技术技能人才供需为导向,引导职业教育资源在产业集聚区和人口集聚区协调发展,支持中部打造先进制造业职业教育基地,支持东北等老工业区围绕老工业基地振兴发展职业教育;以共同富裕目标为导向,推进贫困地区学生到城市优质职业院校就读;以教育公平为导向,引导东部对口西部、城市支援农村等进行职业教育扶贫,实现不同区域之间的互促互进。针对区域自身特色发展,地方政府在本行政区域内发挥统筹规划作用,以创新为引领,构建内部政校行企的合作交流机制,组建办学联盟,探索

---

〔1〕 参见《习近平对职业教育工作作出重要指示》,载新华社,http://www.gov.cn/xinwen/2021-04/13/content_5599267.htm。

〔2〕 参见 wx6336663913243:《揪心! 日本高级技工占比40%,德国50%,而中国仅为5%》,载51CTO博客2022年9月30日,https://blog.51cto.com/u_15813002/5727046。

〔3〕 参见《习近平谈治国理政》(第四卷),外文出版社2014年版,第340页。

区域一体化发展，推进职业教育与区域产业深度融合发展，服务区域走有地方特色的高质量发展之路。

就产业转型升级而言，满足产业自身发展需要借助外部力量的推动，这就要求产业必须适应时代之需，将产业转型升级建立在人才链与产业链对接的基础上，这也成为推动职业教育现代化建设的动力。政府在兼顾优化创新职业教育学科专业建设与助力产业转型升级的过程中，促进形成产教融合多元主体同心、同向、同行的良好发展局势。

（二）政府在产教融合中的保障职责

不同于政府在公法领域为行政相对人设定的义务型约束，其在产教融合领域更多的是以福利式授益行为吸引职业院校与企业的积极参与，激发产教融合的内驱力。政府在产教融合中的保障责任主要以两种形式展现：以财政、税收、土地、信用等措施为核心的金融类给付责任；以搭建平台链接合作、提高产教融合实效的平台服务责任。

1. 给付保障责任

《产教融合意见》针对政府在产教融合中的给付保障责任，以第六部分"完善政策支持体系"这样的大篇幅进行了较为全面的制度设计，落实财税用地、强化金融支持等，多措并举，为产教融合提供财税、土地、金融支持等方面的保障。不仅强调国内的金融支持，还专门融入了国际金融支持的相关举措，如强调利用中国政企合作投资基金和国际金融组织、外国政府贷款，积极支持符合条件的产教融合项目建设；强调推动亚洲基础设施投资银行、丝路基金等在业务领域内将"一带一路"职业教育项目纳入支持范围。[1] 强调创新金融服务模式，提倡多元化、特色化的融资支持，如引导银行业金融机构创新服务模式，开发适合产教融合项目特点的多元化融资品种，做好政府和社会资本合作模式的配套金融服务；积极支持符合条件的企业在资本市场进行股权融资，发行标准化债

〔1〕《国务院办公厅关于深化产教融合的若干意见》第26条。

权产品,加大产教融合实训基地项目投资。[1] 进一步细分政府的给付保障责任,在内容方面,政府支持、鼓励各产教融合主体创新性打造含债券、保险、股权、基金等风险可控并能够持续性发展的金融保障项目;在体系建构方面,政府促进各参与主体同向而行,形成组合式融资、投资局面;在方式方法方面,"参与 + 协调"的模式是政府发挥金融保障作用的发展趋势,有利于吸引社会力量参与、盘活民间资源,共同推进产教融合事业。

2. 平台服务责任

各级政府牵头联合打造产教融合平台的工作,正在全国范围内稳步推进,托举产教融合示范城市、园区、示范点、实训基地等创新发展,政府的平台服务责任履行成为推动产教融合事业发展的重要举措,政府打造或推动建设的相关产教融合平台也逐渐成为推进产教融合事业发展的重要载体。在产教融合发展初期,政府的平台服务责任更侧重于建设基础性载体,包括支持、主导产教融合实习实训基地、示范点等的建立。随着产教间的深度融合,政府的平台服务责任不断升级为衍生的高新技术载体,特别是在数字信息平台建设上不断发力和有所作为,彰显了数字化时代产教融合平台的特殊价值。

"互联网 + "产教融合的发展不断推进,信息技术越来越为产教融合注入新动能。打造网络信息平台离不开政府的添翼赋能。基于产教融合的职业教育信息数据平台设计与开发、基于"互联网 + "的产教融合实训平台建设等大数据、在线网络、云存储、定位、云计算等现代技术手段与产教融合相辅相成,较好地解决了产教融合发展滞后、区域不均衡、信息难共享、融合成本高等难题,提升了产教融合项目的实施效率,优化了产教融合多元主体之间合作的运行机制。《产教融合意见》第 22 条明确指出:"……鼓励运用云计算、大数据等信息技术,建设市场化、专业化、开放共享的产教融合信息服务平台。依托平台汇聚区域和行业人才供

---

[1] 《国务院办公厅关于深化产教融合的若干意见》第 26 条。

需、校企合作、项目研发、技术服务等各类供求信息，向各类主体提供精准化产教融合信息发布、检索、推荐和相关增值服务。”[1]政府支持、鼓励产教融合信息平台建设与发展，为信息平台建设汇聚各类信息，提供政策倾向、奖励优惠等支持手段，组织产教融合信息技术交流、协同产教融合主体共同参与建设相关平台，推进校企等多元主体之间的资源跨部门、跨区域、跨行业共建共享。部分地方政府已经开始尝试自主建设产教融合信息平台，联合高校、企业等主体上传线上课程资源，共建平台体系与内容，如浙江省高等学校精品在线开放课程共享平台建设等，对于推进高校资源对企业等社会各群体开放共享是有重要意义的。

（三）政府在产教融合中的监督权力

有学者指出：在新型的政府、学校、社会之间的关系下，政府应该是校企合作双方的裁判员，而不能当运动员，政府应该在一个超脱的位置上对校企双方合作进行评估、约束和规范，而不应该亲自“下水”。因此，政府要制定科学标准，建立评价机制，督促和规范合作行为，保护和激发校企合作双方的积极性。[2]《产教融合意见》在明确“积极支持社会第三方机构开展产教融合效能评价，健全统计评价体系”的同时，指出“强化监测评价结果运用，作为绩效考核、投入引导、试点开展、表彰激励的重要依据”[3]。这实际上是要求政府强化对产教融合的监督权力之行使，以有效监督促有效融合。

1. 合规性监督

政府对产教融合工作开展合规性监督的直接动因源自产教融合自身法治化发展的需要，通过合规性监督有助于政府监督部门调整纠偏不当的产教融合项目。就政府职能部门的全面性审查而言，对于审查的侧

〔1〕《国务院办公厅关于深化产教融合的若干意见》第22条。

〔2〕参见李永生、袁蕊：《政府在深化产教融合中要扮好五大角色》，载《人民政协报》2018年10月31日，第10版。

〔3〕《国务院办公厅关于深化产教融合的若干意见》第23条。

重点与结论定性的不一致将会导致审查出现“前紧后松”的状况。结合中央政府和地方政府出台的产教融合相关制度规范中的审查监督章节：首先，侧重于程序性审查，这是对产教融合事项在未确定前进行审查所必须遵循的基本路径；其次，对产教融合相关合作主体及其项目内容的审查监督，包括上一级政府部门和同级政府部门的审查监督，两级政府职能部门应当充分协商、合理分工，确定双方在合法性审查监督上的重点与职责；最后，应当对产教融合项目是否符合相关政策精神的内在要求进行审核，避免事前审核与事后监督在结论上出现矛盾，致使产教融合相关参与主体无所适从。

依据审查监督的客体与客观方面的要求，对产教融合的合规性监督分为事前、事中和事后三个阶段。在事前审查监督过程中，可针对产教融合相关合作主体资格、合作程序、合作内容等方面进行审核，尤其是涉及产教融合政策方面必须做到实质性审查，同时要避免多级政府和政府不同部门开展重复审查的情况发生。对于事前审核，由于此时产教融合的相关合作尚处于准备和洽谈阶段，产教融合项目的正式确立和开展还需要经历论证研究、讨论咨询等过程性行为阶段，审查的目的是确保后续合作有序开展，充分保障具有长期合作关系的产教融合相关主体的合法权益。事中审查监督包括审查监督产教融合合作事项是否符合法律规定，相关合作决定的形成是否符合法定程序，合作内容是否符合有关法律法规及规章政策的要求，即事中审查监督并非单纯的合规性审查，还包括对该产教融合项目是否符合相关法律和政策的价值判断。事后审查监督应当将重点置于对产教融合项目开展成效的考核评估和给予相应的奖惩等领域，强调从对合作结果的评价上促进对产教融合相关法律规定和政策精神的维护与落实。并且，应当着力推动对产教融合工作事前、事中、事后监督的有序衔接，通过强化监督的问责和奖励机制强化相关合作主体的规范意识，提升产教融合的监督质量。

2. 合目的性监督

合规性监督与合目的性监督属于全面性监督中一体两面的问题，两者虽不能完全割裂开来进行区分，但是各有所侧重。合目的性监督注重产教融合各相关主体之间的预防性沟通，对于负有产教融合监管职能的政府部门而言，其作为监督主体应当与被监督主体保持事前沟通，扫除产教融合相关障碍，降低产教融合的制度门槛，促进产教融合工作高质量推进。实践中这类沟通包含多种形式，如教育行政部门要求职业院校在每学年或每学期末都要提供开展校企合作的专业名录、企业导师为学生授课的情况、学校领导访企拓岗促就业的频次，等等。这不仅有利于实现监督主体与被监督主体在产教融合过程中的预期目标相对统一，也能实现相关产教融合项目之间的信息沟通和统计分析，在操作方式上相当于对产教融合相关项目提前进行监督依据和监督内容的任务布置，因此能够更好地促进职业院校有计划地推进相关产教融合事项。

合目的性监督的另一优势在于从侧面有效防止监督僵局。合规性审查与合目的性审查的倾向不同，对产教融合事项的审查监督结论也可能会有所不同。因而，合目的性审查更能避免因政府职能部门基于狭隘的自身利益、地方保护主义等现实原因而极力促成或反对某些产教融合事项。合目的性监督要求在得出对某一产教融合事项的审查监督结果时，必须经过充分的合理性、可行性论证，最大限度发挥审查监督效能，发挥相关产教融合主体之间的沟通价值，形成相关产教融合主体之间的共识基础，同时充分发挥政府在前期审查监督过程中的政策宣讲与导向引领作用，使对经济社会发展有利的产教融合项目都能顺利通过合目的性监督审核，有助于将党中央的战略决策部署和重大创新改革方向融入产教融合决策思路之中。

二、产教融合中政府的权责困境及其成因

在推进产教融合事业发展工作中，政府依法享有一定权力，并依法应当承担相应的职责。但是，由于相关法律法规对产教融合中政府的权

责规定并不明晰，加上产教融合工作具有新颖性、复杂性等特征，一些政府部门及其相关工作人员对产教融合工作的规律性认识不够深刻，对在产教融合方面如何尽职履责无所适从，致使对推进产教融合工作思路不清、办法不多、成效不显。

（一）产教融合中政府的权责基础

当前，一些法律法规及其他规范性文件对产教融合作出了相关规定，其中大量内容是对政府在产教融合中的权责阐释，这构成了产教融合中政府权责的制度基础。产教多元主体之间关于工学结合、校企合作、产教融合等方面的长期探索和丰富实践，以及政府在其中发挥的重要作用，构成了产教融合中政府权责的实践基础。另外，由于产教融合对于促进经济社会发展等诸多方面具有极为重要的战略性意义，社会各界尤其是产教界对产教融合寄予了极大期盼，政府对这些期盼和呼声是了解的，并且收到了大量的相关意见和建议，这构成了产教融合中政府权责的社会基础。

1. 制度基础

产教融合涵盖教育法律法规和相关政策、产业法律法规和相关政策、企业法律法规和相关政策、营商环境优化法律法规和相关政策及其他相关法律法规和政策等领域的制度，因此其制度构建应当遵循教育法律法规和相关政策、产业法律法规和相关政策、企业法律法规和相关政策、营商环境优化法律法规和相关政策及其他相关法律法规和政策等多法域和多领域政策的基本规则和相关规定，这也为政府行使产教融合的相关权责提供了法律和政策的效力依托。

（1）宪法层面

产教融合虽然融合了诸多相关领域，但核心是教育体系相关重要制度（尤其是职业教育体系中的重要制度）的制度重构。《宪法》第 107 条、第 119 条规定，县级以上地方各级人民政府依法管理行政区域内的教育事业、民族自治地方的自治机关自主管理本地方的教育事业。可见，地方政府具有管理教育事业的一般行政管理职责。在我国《宪法》中,其他关于政府对经济社会发展各方面的诸多法律规定,也在政府推进产教融合事业时具有法律遵循的重要意义。这样,政府推动产教融合就有了根本法基础。

(2)法律法规层面

在法律层面,典型的是2022年我国施行的《职业教育法》,其中对政府在职业教育发展全程的一般权责进行了细化规定。其具体包括:①确认主体资格。政府主管部门享有法律层面的主体资格,统筹、参与、支持职业教育的可持续发展。[1] ②指导扶持职能。县级以上地方政府在产教融合中负有统筹规划、调整产业结构、调动主体参与积极性、引导鼓励合作、健全保障体制等职能,履行职能手段包括资金支撑、技术培训、税收优惠、场所支持等。[2] ③监督惩罚权力。政府职能部门就产教融合中滋生的侵害师生合法权益的各类违法、违规行为,依法给予责令改正、吊销许可证、处分、罚款等行政处罚措施。[3] 当然,前述其他教育、产业、企业、营商环境优化及其他相关领域的产教融合相关法律等也对政府在产教融合中的权责作了明确规定。

在法规层面,相关产教融合的法规、规章和地方性法规极为丰富,其中对政府在产教融合中的权责作出了更为详尽具体的规定。其主要包括:①支持激励职责。政府通过与社会资本合作、购买服务等形式落实产教融合优惠政策,动态调整经费划拨,[4]设置校企合作专项资金,政府制定管理和使用办法。[5] ②监督指导职责。指导、检查、评估、监督校企合作情况,并向社会公开结果;[6]对违反规定的组织、个人予以行政处

[1] 《职业教育法》第6条。

[2] 《职业教育法》第二章、第三章。

[3] 《职业教育法》第七章。

[4] 《吉林省职业教育校企合作促进条例》第22条、第23条。

[5] 《江苏省职业教育校企合作促进条例》第23条。

[6] 《上海市职业教育条例》第57条。

罚。[1] 当然,前述其他教育、产业、企业、营商环境优化及其他相关领域的产教融合相关法规、规章和地方性法规等也对政府在产教融合中的权责作了明确规定。

(3)行政规范性文件层面

行政规范性文件是行政主体为了实施法律和执行政策,在法定权限内制定的除行政立法以外的决定、命令等普遍性行为规则。在中央行政规范性文件层面,如2014年5月国务院发布《关于加快发展现代职业教育的决定》,规定了地方政府在产教融合中承担营造制度环境、负责发展规划、管理监督指导责任,[2]以及在经费投入、人才保障等方面的职能。[3] 2017年12月国务院办公厅颁布《产教融合意见》,规定了政府统筹规划产教融合与学科发展、区域发展、经济发展间的协同作用;[4]完善财税、金融、试点工作等政策支撑体系;[5]同时,制定了重点任务分工清单,细化了政府及其职能部门在全面推进产教融合过程中的主要任务及内容。2019年1月,国务院颁布《国家职业教育改革实施方案》,规定政府负责构建职业教育国家标准,承担管理监督考核工作,履行好监管职责;[6]完善人才保障方面制度供给,落实经费、人才待遇等保障;[7]加强质量监督评价,评估监督机制作为重要补充内容,创新激励机制。[8]同年10月,国家发展改革委、教育部会同工业和信息化部、财政部、人力资源和社会保障部、国务院国资委共同研究制定了《试点建设培育国家产教融合型企业工作方案》,增加了政府委托开展第三方咨询评议,[9]

[1] 《黑龙江省职业教育条例》第41~45条。
[2] 《关于加快发展现代职业教育的决定》第2条。
[3] 《关于加快发展现代职业教育的决定》第4条。
[4] 《关于深化产教融合的若干意见》第2条。
[5] 《关于深化产教融合的若干意见》第24~28条。
[6] 《国家职业教育改革实施方案》第5条。
[7] 《国家职业教育改革实施方案》第15条、第16条。
[8] 《国家职业教育改革实施方案》第17条、第18条。
[9] 《试点建设培育国家产教融合型企业工作方案》第四部分。

设置企业参与产教融合参考标准。[1] 2019 年 9 月，国家发展改革委、教育部、人力资源和社会保障部等印发的《国家产教融合建设试点实施方案》，明确政府主导产教融合试点建设，夯实制度供给；[2] 统筹资源配置，积极加大投入；[3] 落实强化支持政策。[4] 2021 年 10 月，中共中央办公厅、国务院办公厅印发了《关于推动现代职业教育高质量发展的意见》，明确把“坚持产教融合、校企合作，推动形成产教良性互动、校企优势互补的发展格局；坚持面向市场、促进就业，推动学校布局、专业设置、人才培养与市场需求相对接”作为政府推动现代职业教育高质量发展的工作要求；[5] 对如何“优化职业教育供给结构”作出了明确部署；[6] 对“构建政府统筹管理、行业企业积极举办、社会力量深度参与的多元办学格局”提出了明确要求；[7] 特别是明确强调要“协同推进产教深度融合”，要求“各级政府要统筹职业教育和人力资源开发的规模、结构和层次，将产教融合列入经济社会发展规划。以城市为节点、行业为支点、企业为重点，建设一批产教融合试点城市，打造一批引领产教融合的标杆行业，培育一批行业领先的产教融合型企业。积极培育市场导向、供需匹配、服务精准、运作规范的产教融合服务组织。分级分类编制发布产业结构动态调整报告、行业人才就业状况和需求预测报告”[8]。2022 年 12 月，中共中央办公厅、国务院办公厅印发了《关于深化现代职业教育体系建设改革的意见》，强调要把“以深化产教融合为重点”作为深化现代职业教育体系建设改革的“指导思想”[9]；把“深化职业教育供给侧结构性改革，坚持以人为本、能力为重、质量为要、守正创新，建立健全多形式

---

〔1〕《试点建设培育国家产教融合型企业工作方案》(附件一)。
〔2〕《国家产教融合建设试点实施方案》第一部分。
〔3〕《国家产教融合建设试点实施方案》第四部分。
〔4〕《国家产教融合建设试点实施方案》第五部分。
〔5〕《关于推动现代职业教育高质量发展的意见》第 2 条。
〔6〕《关于推动现代职业教育高质量发展的意见》第 7 条。
〔7〕《关于推动现代职业教育高质量发展的意见》第 8 条。
〔8〕《关于推动现代职业教育高质量发展的意见》第 9 条。
〔9〕《关于深化现代职业教育体系建设改革的意见》第 1 条。

衔接、多通道成长、可持续发展的梯度职业教育和培训体系,推动职普协调发展、相互融通,让不同禀赋和需要的学生能够多次选择、多样化成才;坚持以教促产、以产助教、产教融合、产学合作,延伸教育链、服务产业链、支撑供应链、打造人才链、提升价值链,推动形成同市场需求相适应、同产业结构相匹配的现代职业教育结构和区域布局。构建央地互动、区域联动,政府、行业、企业、学校协同的发展机制,鼓励支持省(自治区、直辖市)和重点行业结合自身特点和优势,在现代职业教育体系建设改革上先行先试、率先突破、示范引领,形成制度供给充分、条件保障有力、产教深度融合的良好生态"作为政府深化现代职业教育体系建设改革的改革方向;〔1〕并明确了政府要把提升职业学校关键办学能力、加强"双师型"教师队伍建设、建设开放型区域产教融合实践中心、拓宽学生成长成才通道、创新国际交流与合作机制等作为深化现代职业教育体系建设改革的"重点工作";还在加强党的全面领导、建立组织协调机制、强化政策扶持、营造良好氛围等"组织实施"方面的制度设计中明确了政府的相关权责。

地方行政规范性文件是在上级政策制度原则的指引下,省、市、县级地方政府结合本行政区域内产教融合发展现状及工作需求所制定的实施意见、试点工作方案以及实施办法、细则等。也就是说,产教融合制度落实到省、市、县一级时,省、市、县级行政机关及其职能部门应当对制度做进一步细化,对本区域产教融合的目标予以设定,对下属行政区域及其职能部门的分工加以明确,使各参与主体明晰自己在产教融合中的地位与作用,以便更迅速、精准地作出与责任相对应的决策与行动。在北大法宝法律数据库中以"产教融合"为关键词进行检索,截至 2023 年 1 月,全国产教融合地方政府规范性文件共 78 部,地方工作性文件共 285 部,其中,江苏、广西、山西、广东四省行政规范性文件数量居全国前四位。当前,地方规范性文件中各行政职能部门的责任分工并不明确,权

〔1〕《关于深化现代职业教育体系建设改革的意见》第 2 条。

力职能较为笼统、具体实施细则欠缺,也缺乏相应制度层面的有力保障和有效约束,难以真正有序高效地推动工作,更多的是遵循原有的职能分工和制度惯性行使职权,在一定程度上造成了省、市、县级行政机关在推进产教融合制度建设方面的自我固化局面。[1]

根据已发布实施的地方行政规范性文件的相关内容,在产教融合过程中,政府承担的职责主要包括:(1)统筹规划发展格局。地方政府致力于优化教育经济发展布局,以制度层面为基础,牵头搭建产教融合合作平台,创新产教融合机制。[2] (2)制定完善产教制度。地方政府主导产教供需对接机制、人才培养模式、试点工作机制及激励机制,支撑高质量产教融合的发展。[3] (3)构建政策保障体系。落实财政、税收、资金、土地保障政策,健全产教融合成果转化收益机制,开展闭环管理,事中监督管理与事后评估验收并举。[4]

2. 实践基础

根据当前各级政府在产教融合工作中实际作用的发挥情况分析,地方政府在产教融合实践中承担着统筹协调、引导促进和监督评价等职能,具有“掌舵人”的角色特征。

(1)统筹协调职能

统筹协调职能是政府在推进产教融合中最为重要的职能。产教融合中政府的统筹协调职能具体体现在引导产教融合、实施区域统筹与领域协调、协调资源互通等方面。以浙江省为例,为引领产教融合发展方向总体布局,统筹产教融合发展规划,浙江省政府提出到 2025 年,培育 10 个产教融合联盟,100 个产教深度融合的实习实训基地,300 家产教融合型企业,推动企业生产与院所研究、高等教育等融为一体进程;政府发挥桥梁纽带功能,构建浙江省轨道交通产教融合联盟等“区域联盟”体

[1] 参见方益权、闫静:《关于完善我国产教融合制度建设的思考》,载《高等工程教育研究》2021 年第 5 期。

[2] 《陕西省人民政府办公厅关于深化产教融合的实施意见》第一部分。

[3] 《杭州市人民政府办公厅关于深化产教融合的实施意见》第四部分、第五部分。

[4] 《宁波市人民政府办公厅关于深化产教融合的实施意见》第六部分。

系，引领区域统筹、领域协调发展，提升经济、创新等领域对区域发展贡献度；政府主持产教融合数字化平台，以数字技术为依托，协助互通资源，促进教育文化、经济技术等社会资源间的互惠互通，打造教育、经济类区域的联动发展。

（2）引导促进职能

引导促进职能是政府与其他参与主体在产教融合中存在显著区别的重要职责。例如，截至 2022 年年底，浙江省遴选了 29 个产教融合联盟、22 个产教融合示范基地、130 家产教融合型试点企业、160 个产教融合工程项目，对接国家产教融合标准制定出台了省、市深化产教融合推进职业教育高质量发展实施方案，形成了具有区域特色的产教融合制度体系。由于现行企业参与产教融合的出资方式包括独资、合资、合作等，涵盖本地区特色行业、新兴行业，地方政府因此着力围绕标志性产业链，建立实训基地，为规模以上合作企业培养专业人才提供财政、金融支持等。

（3）监督评价职能

监督评价职能是政府推进产教融合长效机制建立、完善的重要职能。政府对申报、考核等流程中弄虚作假、违法违规经营、发生重大环保安全事故、侵犯其他参与主体的合法权益、存在失信行为等企业，取消其参与产教融合相关项目的主体资格。撤销不符合产教融合发展要求的院校专业，根据需求增设“朝阳产业”对标专业人才培养等。如《铜陵市职业院校服务地方经济社会发展目标管理考核方案》规定，建立产教融合督导评价机制，政府委托具有专业资质的第三方监督主体开展项目评估，依据评价结果进行考核、表彰；政府在产教融合中参与评价监督，通过信息反馈与交互，调整、更新监督方式，强化评价机制与监督机制的联系，在评价成果合格的基础上持续不间断地推进监督工作，对监督结果继续评价，保障产教融合的可持续性和长效优化。

3. 社会基础

深化现代职业教育体系建设改革，重点在于坚持以教促产、以产助教、产教融合、产学合作。[1] 政府在产教融合中的权责本质上根植于中国现代化发展现状和需求之中,适合中国特色社会主义经济、文化等建设的需要,这为推进产教融合提供了坚实的社会基础。政府适配产教融合的经济社会发展体现在促进教育与产业、行业、区域的良性循环之上,通过开展产教之间的协同合作为产业、行业带来技术、人才、创新、管理等资源;产业、行业等的效益提升将进一步激活产教融合的投入资金、激励融合机制创新等,这将促进教育更强适应性、更强生命力和更高质量的发展。政府进一步夯实产教融合的社会基础,主要包括强化城市协调建设、教育优先发展、人才权益保障等有关教育公益、弱者保护等事宜,并以产教融合发展要求为导向,将教育优先、人才先行理念融入社会建设的政策体系之中,以规范指引兼顾社会利益,保护公民基本权利,营造和谐社会环境,助力经济社会发展。政府进一步夯实产教融合的社会基础,在规划产教融合与经济社会协同发展的同时,结合创新驱动发展、新型城镇化、制造强国等战略,统筹优化教育和产业结构。《产教融合意见》就政府促进产教融合融入创新体系和新城镇化建设等方面作出了明确规定,强调健全校企之间紧密协同的创新生态体系,增强凝聚人才、产业升级的能力,适应新型城镇化发展,合理布局教育资源,提升中小城市产业承载创新能力,等等。这些规定充分彰显了政府的公法人职能,强调政府在产教融合中发挥统筹作用的同时要充分考虑区域的经济发展要素,同时融合职业教育、人才培训等社会相关要素,以企业获利、产业振兴、经济发展等为基础,最终实现教育与经济社会协调发展。

(二)产教融合中政府的权责困境

1. 政府权责理念偏差

政府依法行使职权、履行职责是产教融合法治化的应有之义,政府

---

[1] 国家发改委社科司:《深化职业教育产教融合相关情况》,载教育部网,http://www.moe.gov.cn/fbh/live/2022/55031/sfcl/202212/t20221227_1036404.html。

正确行使权责对深度推进产教融合实践具有深远影响。产教融合法律制度完善的目的在于构建与教育发展、经济社会发展相适应的发展路径。在职权不断调整转变的背景下,政府在产教融合法律制度中的权责界定及其范围虽不一定泾渭分明,但一定存在必要边界,并依此彰显公、私法域的不同属性。然而,现行产教融合法律制度中,针对政府权责界定及其范围的相关规定并不清晰,权能运行路径并不顺畅,职能范畴仍较为模糊,公共事务责任主体无法有效对应,这导致了政府在产教融合中权能行使的失序,主要体现为政府的职能混同与职责空白。

(1)职能混同

各地的产教融合实施方案,一般设置有任务分工清单。如某市人民政府办公室出台的"某市关于深化产教融合的实施方案"中,拓宽企业参与途径的责任主体包括市教育局、市工信局、市人社局、市国资委等诸多政府部门,却未就分工与内容落实等作进一步的明确。这样,各职能部门对该项内容的理解把握、调整方法、预期成效等均不相同。如此,在职能部门之间沟通机制尚未完善之前,产教融合过程中的"手表效应"[1]日益浮现,参与主体难以快速、准确识别产教融合各个环节、流程的牵头主管单位,产教融合的实践主体会产生消极应对状态,致使产教融合相关制度政策的落实难以为继。

(2)职责空白

政府依其在产教融合中所承担的角色地位履行相应职责,在法律制度中亦应得到具体体现并能进一步予以落实。但对产教融合相关法律法规及其他规范性文件进行梳理可以发现,政府职责真空领域仍然较为普遍,根源在于相关法律制度中对政府职责设定上的"空白集"。从宏观层面看,产教融合法律制度从中央到地方、从全国到市域都应当遵守"和而不同"的原则,不同层级的法律制度在遵守产教融合指导思想和基本

---

〔1〕 其又称"手表定律",是指拥有两块以上的手表并不能帮人更准确的判断时间,反而会制造混乱,让看表的人失去对时间的准确判断。

原则的前提下,应当根据不同政府层级的实际情况而求同存异,并根据不同区域的经济社会发展水平对产教融合的不同需求而有所错位,以期取得产教融合法律制度成效的最大公约数。从微观层面分析,由于低位阶的相关法律制度规范中没有具体阐明政府的权责边界,在行使职能时,政府相关职能部门也就无法精准把握参与的广度与深度,致使一些地方政府以“法律没有明确规定”为由推诿履行推进产教融合的相关职责,以“部门尚无管辖权”为由对推进产教融合消极不作为,借以逃避推进产教融合的相关责任。可见,尽管不同区域间相似制度设计的学习借鉴十分必要,但职责设定上的“空白集”不仅让政府权责细化成为空谈,更与推进产教融合的目的背道而驰。

2. 权责规范体系不健全

当前,产教融合相关法律法规及其他规范性文件中对政府权责的设定存在较为严重的交叉现象,尚未构建起有效的冲突解决机制。依产教融合内涵分析,其法律制度完善的目的在于平衡不同参与主体间的利益关系,争创多边共赢、相互促进的发展格局。政府通过保障资源配置、调节多元主体合作中的“市场失灵”等方式,调和多元主体的合理利益诉求,推动多方博弈结果最大限度的公平性。在产教融合的现行冲突解决机制中,政府各部门之间以及跨区域政府之间的冲突解决机制均未得以有效确立。

(1)政府不同工作部门间的产教融合冲突解决机制不完善

产教融合相关法律法规及其他规范性文件中关于地方政府的权责范围尚未界定清晰,地方政府内部各职能部门之间的权责清单亦无所适从。诚然,在各地出台的产教融合地方性法律规范及相关工作文件中,大多附有与产教融合事务对应的职能部门,或另附于实施意见之后,或在实施意见中一一予以对应列明,但对于各部门所承担的职责规定大多笼统泛化,无法为其具体参与产教融合的实际工作提供有效抓手,相关职能清单大多属于原则性清单,政府相关部门开展产教融合活动容易出现职权越位或缺位。同时,交叉领域的规范冲突也需要政府职能部门之间进行充分沟通协调,但是迄今仍然未建立起有效开展此类沟通的平台。

(2)跨区域政府间的产教融合冲突解决机制不完善

随着产教融合在全国范围内的不断推进,越来越多不同区域间的企业、高校等主体参与到产教融合、校企合作之中,甚至出现了一些产业或行业与高校整体性的产教融合。因此,产教融合、校企合作的地域限制逐渐式微,高新技术引领的跨区域、联合型产教融合模式正成为产教融合发展的主流趋势。在此背景下,不同区域间产教融合主体的相关利益问题在产教融合法律制度中被忽视,政府因其属地管理原则难以进行行之有效的因势利导,也难以对此有效行使规划、推动、监管等权责,跨区域政府间的产教融合冲突解决机制建设呈现空白状态,却又迫在眉睫。

以激励政策为例对冲突解决机制的前述困境进行以下分析:第一,中央层面的产教融合激励政策中规定了积极参与的集体或个人可以享受财政、税收、土地、融资、信用方面的奖励,而在部分省、市级的地方性规范文件的激励机制中却大多未提及土地等优惠方面的相关具体政策。对参与产教融合的企业来说,在土地等激励政策方面就会出现困惑,实际获得该项激励的可能性比较低。第二,产教融合实践中不同工作部门可能对同一对象是否具备某项资格作出相互矛盾的评价结果,最终在认定其是否具有某项产教融合资格时出现歧义。第三,跨区域的产教融合日趋常态化,合作形式也日趋多元化、复杂化,尤其是在电子商务、信息技术等领域的合作呈现出极为明显的跨区域性特征。地理空间上的界域也成为激励政策的“拦路虎”,某些优惠政策并未将涉及外省、市的产教融合参与主体纳入当地的相关激励范围之内,直接影响了跨区域产教融合参与主体参与当地产教融合事项的积极性,阻碍了跨区域产教融合的深度推进。

3. 监督评价机制失灵

政府在产教融合中的监督评价职责肇始于其公权力层面的监督管理权限。监督评价权力的有效行使,是修正产教融合发展方向的关键因素,也是推动产教融合可持续发展的必要保障。然而,在现行产教融合相关法律法规及其他规范性文件中,政府的监督评价职能被弱化,监督评价活动流于形式,难以有效形成"产教融合活动——产教融合监督评价——产教融合完善"的闭环,致使监督评价机制失灵,社会效益尚未达到预期目标。

现行产教融合相关法律法规及其他规范性文件中拟定了政府、高校、企业、行业、第三方机构等多方参与主体的共治监督模式,但不同主体间如何行使监督评价权力、如何发挥相互监督评价效能等问题在相关制度规范中均没有明确具体的规定,各方的监督评价范围、方式手段、参与机制等也没有成功的范例可供参考借鉴,因而产教融合法律制度中设定的多元主体监督评价模式的实际可操作性较低。现行产教融合法律制度中,被监督评价的对象由原本的校企双方扩展至政府、高校、企业、行业、第三方机构等多方参与主体,意图构建多维互对的监督评价模式。受制于行业协会和政府的输出者身份,两者政务活动的公开性不高,降低了地方政府和行业协会接受监督评价的现实可能性。

(1)监督评价结果难以落实

评价是监督的必要前提,监督是评价的根本保障。政府的监督职责,是建立在对产教融合项目社会效益进行适当性评价的基础上展开的,其中社会效益评价应当包括经济效益、文化效益、政治效益以及其他综合类效益评价等。但是,产教融合相关法律制度中并未提及评价标准与侧重方面,实践中政府享有较大选择裁量的空间,又因考核评价结果与政府工作人员的政绩直接关联,评价结果的客观性因而难以得到有效保障,基于评价结果的监督也难以有效进行。

(2)监督评价机制未形成闭环

构建政府、高校、企业、行业、第三方机构等多方参与主体多互动的监督评价模式对于推进产教融合极为重要,其中政府对于高校、企业、行业等的监督评价十分重要。但是,产教融合相关法律制度中对于政府在产教融合中如何行使评价、监督的权力缺乏具体操作规范,因此监督评价活动的科学开展受到影响，评价结果使用率低，评价、监督之间的衔接缺乏制度性供给，出现监督评价主体动力缺乏、监督对象对评价结果关心度不足、监督活动威慑力不足等现象，政府法定监督评价权责并未发挥实际作用。

（三）产教融合中政府权责困境的成因

1. 囿于校企合作现有制度框架，产教融合法律体系尚未形成

阻碍政府在产教融合过程中科学行使权责的最根本原因在于缺乏完备的产教融合相关法律体系予以有效支撑。综观产教融合现有相关法律制度，即使在法律、行政规范性文件和地方政府规范性文件等层面都有相关规定，但是相关规定并未构成相应完善的法律规范体系，对政府权责定位及其运行的影响也仅停留在宏观层面。产教融合现有相关法律制度是在校企合作的基础之上延伸而来的，随着产教融合内涵日渐丰富，产教融合发展难以被校企合作制度体系所包容，《职业教育法》中涉及的政府对职业教育校企合作中所承担的职能，仅是产教融合内涵下的一个分支或部分内容，即产教融合制度中的地方政府权责涵盖不限于《职业教育法》中列明的其在校企合作中的权责。二者在纲领与原则上虽具有相近似性，但是政府在产教融合过程中权责定位及其运行的目的、方式、边界等，与其在校企合作中的权责定位及其运行的目的、方式、边界等显然存在较大差异性。

产教融合作为适应教育改革发展方向深层次的产教联结模式，既是校企合作的升级版，又是对教育关系理论的重新定义。由于校企合作与产教融合的内涵不尽相同，校企合作相关法律规范在数量上的累积并不必然或直接导致产教融合法律规范在质上的飞跃。在从校企合作到产教融合的模式转变的驱动下，政府在其中的角色地位也应随之发生变化。现有相关法律规范中对政府在校企合作过程中的权责表述比较抽象，针对性弱，对如何推进产教融合大多未作出明确具体的规定。因而，政府在产教融合中的权责定位及其运行在很多情况下都面临着“于法无

据”的尴尬境地。法律体系架构不完善,缺乏全局层面的顶层设计,致使推进产教融合、实现校政行企等多元主体协同育人的目标容易被虚化,产教融合的稳定保障容易被架空,产教融合相关法律制度和政策的落实推进容易受到阻碍。

2. 缺少强制性规范约束,政府权责边界模糊

法律规范按照权利义务的刚性程度一般可分为强制性规范和任意性规范,产教融合相关法律规范也同样可以适用此种分类方式。在产教融合相关法律制度中,以任意性规范为主,很难找到强制性法律规范的踪迹。一方面,产教融合相关规范性文件缺少对政府监督管理职责的规制内容。产教融合中政府具有统筹规划的职责,具备占据强势地位的可能性,以强制性规制手段保障政府的产教融合相关职权行使的正当性、限制相关产教融合参与主体行为的肆意性是十分必要的。另一方面,产教融合相关规范性文件缺少对各参与主体的惩罚措施的规定。通过强制性规范保障产教融合的公平性,对相关参与主体的各类违背合作目的、原则的违法违约行为进行惩戒确有必要,但是相关规范性文件的条款中规范的强制性却无从体现。正由于政府在产教融合中的权限边界的不确定性,政府的不作为、权利主体的越权行为等都无法得到有效遏制,产教融合各参与主体无须为失格行为付出对等代价,产教融合权利义务的行使积极性也就大打折扣。

与之相对,产教融合法律规范中的任意性规范内容偏多,减损了产教融合的制度效力。通过字符检索库进行检索,可以分析文本中相关词汇的出现频次。以安徽省为例,2008 年 1 月施行的《安徽省职业教育条例》中,“鼓励”出现 6 次,“支持”出现 3 次;2018 年 2 月出台的《安徽省人民政府办公厅关于深化产教融合的实施意见》中,“支持”出现 36 次,“推进”出现 24 次,“鼓励”出现 18 次;同年 8 月出台的《淮南市人民政府办公室关于深化产教融合的实施意见》中,“支持”出现 29 次,“鼓励”出现 18 次,“推进”出现 19 次。大量规范性文件中,强制性规范难觅踪迹。在产教融合的相关规范中,引导、鼓励、支持类“弹性词汇”使用频率过

高,加上暂无统一、程式的产教融合开展标准可供参考借鉴,致使各参与主体间的监督、评价、促进等作用难以发挥及其结果评价无法量化考察,各参与主体相互之间的影响力并不均衡乃至微弱,制度惯性、职能惰性、权力依赖性等都会因规范强制性不足而伴生出现。

3. 监督评价机制失灵,内在缺陷明显

建立合法有效的监督评价机制是政府在产教融合中有效行使权责的基础。政府对产教融合、校企合作行为的合法性,成本收益比,社会效益等多维度进行客观考察,分析优势效益,研判劣势不足,鼓励、推广优秀合作项目,撤销、终止不符合预期成效或发展规划的项目,可以保障产教融合的高质量发展。然而,当前产教融合相关法律规范中,监督评价机制失灵,未能有效发挥其应有质效,主要原因在于其制度设计存在较为明显的内在缺陷。

(1)科学、高效的产教融合监督评价机制尚未建成

当前,产教融合相关法律法规及其他规范性文件基本上沿用"总体要求、原则、主体权责、人才培养、保障措施"的框架结构。不难发现,在保障措施章节之后,并未构建与之相对应的监督评价章节和责任追究章节,保障机制的具体执行落实无制度层面的支撑,政府行使监督评价职权的路径缺失,监督评价权行使的应然性无法得到相关法律法规及其他规范性文件实然性的制度保障。

(2)自查自检的监督评价主体设置致使监督评价流于形式

产教融合中对政府部门的监督内容包括但不限于融资渠道、项目扶持、财税优惠、土地政策等,与此相对应的受监督主体是政府各工作部门。尽管实践中已有省、市积极探索引入中立权威的第三方监督评价机构对包括政府自身在内的相关产教融合参与主体进行监督评价,但多数地区实质性的监督评价主体仍然是政府职能部门自身。如此,政府部门自查自检使其坐拥监督与被监督的双重身份,加之监督评价的结果与工作绩效、表彰激励等内容直接相关,个人和部门的趋利避害属性间接导致监督评价结果的失真甚至无效。

(3)评价缺乏科学标准难以衡量

在我国产教融合相关法律法规及其他规范性文件中,产教融合评价标准还未正式建立,评价的内容、指标、权重等方面没有科学具体的标准。美国、德国等国家的产教融合与我国产教融合在目的、理念等方面存在较大差异,因而不能简单地直接移植国外标准为我国所用。目前,学界与实践中采用的评价标准多数集中在校企合作的程度评价、人才培养的质量评价以及投入产出的绩效评价等。结合产教融合评价实践分析,比较突出的问题主要表现在四个方面:一是评价标准、内容过于模糊笼统,可操作性和客观性都大打折扣;二是法律制度层面的评价标准比较缺乏,尚未得到充分重视;三是产教融合相关法律法规及其他规范性文件中对教育、人才、产业之间的创新链没有理顺,评价指标杂乱并缺乏体系化;四是评价标准的层次性和客观性不足,彼此间关系混杂不明。

三、产教融合中政府的权责路径优化

政府在产教融合中的角色如何从"划桨者"转变为"划桨者"与"掌舵者"的双重身份,并且使"桨"始终"划"得有力,使"舵"永远被"掌"在正确的方向上?政府在产教融合中的权责如何从"主导"转变为"规划"与"推动"的双重职责,并且这种"规划"科学而具有长远价值,这种"推动"始终处于正向、高效的过程之中?这都需要我们直面当前政府在产教融合中的权责困境,深入研究产教融合中存在的主要问题,不断优化政府参与产教融合的权责路径。

(一)建立健全产教融合法律制度体系

如前所述,我国政府在产教融合中的权责困境根本成因在于相关法律制度不完善。因此,应当在《教育法》《职业教育法》等的指引下,积极推进构建权责明晰的产教融合法律制度体系,理顺中央和地方政府之间、各级地方政府之间、地方政府各相关部门之间在产教融合方面的权责关系。

1. 构建权责明晰的全国性产教融合法律制度体系

产教融合法律制度体系既包括全国性层面的制度体系，也包括地方性层面的制度体系，重点是构建中央引领、地方协同的产教融合法律制度体系。构建权责明晰的全国性产教融合法律制度体系，主要是制定在全国范围内具有法律效力的法律、行政法规及规章等。

（1）制定“产教融合促进法”，在法律层面明确地方政府的权责

制定“产教融合促进法”，可以夯实产教融合的法律制度基础，明确政府在参与融合过程中的职能范畴，为政府在产教融合中充分行使职权、履行职责提供制度保障。在立法机关制定“产教融合促进法”的过程中，以政府参与产教融合的地位和作用为根本立足，深度解析其参与产教融合不同环节与合作项目中所享有的公、私法上的不同权责，划分具有实际操作性的权责边界范围，为政府统筹协调、保障促进、监督评价产教融合事业提供坚实的法律支撑。除了应当推进制定“产教融合促进法”外，还需关注该法与其他相关法律之间的衔接适用问题，要及时修订其他相关法律，完成相关法律制度之间的融合对接，通过法律引领的方式，实现推进产教融合相关政策贯彻落实的目的，为政府明晰其在产教融合中的权责边界适配可视化、可衡量的制度标准。

（2）推进产教融合行政法规、部门规章中对政府权责的落实

在法律制度体系的框架内，加快产教融合领域行政法规、部门规章的配套出台，构建符合教育、产业等经济社会发展要求的法律制度架构体系，充实和丰富产教融合法律制度体系的内涵及外延，真正落实政府在推进产教深入融合过程中有法可依、有法必依的法治化要求。其中，在全国性产教融合法律制度体系构建过程中，无论是出台法律还是出台行政法规、部门规章，都应适当引入强制性规范条款作为制度效力的保障依据。

2. 强化地方立法,打通产教融合制度供给“最后一公里”

地方性法规和地方政府行政规范性文件(以下简称地方性法律规范)作为产教融合制度落地的最后一环,在很大程度上决定着产教融合法律制度的实施成效及走向,只有在地方性法律规范中保障地方政府职能相匹配、权责相统一,将其职能权限进一步予以明晰,才能为地方产教融合事务实际高效的开展提供必要而具体的操作指引。

(1)强化地方政府政策决定权

《产教融合意见》中强调,在推进产教融合过程中,应当坚持企业主体准入条件透明化、审批范围最小化,细化标准、简化流程、优化服务,改进办学准入条件和审批环节,等等。按照政策实施时间跨度划分,产教融合类政策可分为短期政策、中期政策及长期政策。短期产教融合政策周期一般不超过5年,主要特征为短期收益可量化、以经济收益为主、模式简洁、监督评价便利等。因此,该类别政策制定权在产教融合法律制度中授权给省、市一级政府,由其依据本地需求制订短期规划,设置产教融合主体的准入标准,遴选符合发展需求、具备合作资格的相关主体,共同实现短期产教融合目标。中期产教融合政策周期一般为5~10年,主要具有终期收益可量化、经济收益与社会收益并重、形式多样的特征,针对此类别政策的评判划分应持审慎态度,遵循“发挥地方特色”和“坚持中央领导”的协调统一原则,明确地方政府对产教融合事务级别管辖与属地管辖的界限区分标准,若省、市一级政府治理的收益大于中央治理的收益,则可以适当下放政策决定权。不过,需要在法律制度中予以明确,上级政府对下级政府制定的中期产教融合政策享有审批权,政策经审批方能生效。长期产教融合政策周期一般为10年以上,该类别政策以最终成果具有抽象性、注重社会收益、与国家战略方针高度一致为最主要特征。长期产教融合政策的制定权应当归属于省级以上政府。[1]

---

〔1〕 参见方益权、闫静:《关于完善我国产教融合制度建设的思考》,载《高等工程教育研究》2021年第5期。

(2)规制政府权责边界

在产教融合法律制度中明确地方政府参与融合的权责边界,为其权能设置必要限制,谨防政府权能挤占其他产教融合参与主体的合法权益空间,是非常必要的。基于产教融合的整体性以及协同育人活动的紧密性,规制政府权责的前提在于合理明确分配各相关参与主体的权责利益,赋予各方多元化、差异化的参与地位和作用。就高校而言,应当坚持以育人为本,整合企业创新需求和学校人才培养目标,联合构建互惠互利的人才培育方案,并在协同育人的过程中,注重对师生权益的保障,完善跟进包括顶岗实习、"双师"带教等配套机制。就企业而言,不仅需要权衡自身经济利益,还应当承担企业的社会责任,并将企业的相关社会责任转化为法定义务且体现在产教融合法律制度中,促使企业遵循产教融合目的,积极参与到产教融合之中。以此为基础,政府的权限边界才具备划分的可能性。对属于合作方内部范围的事项,政府必须给予最大限度的尊重,保持产教融合参与主体在协同育人领域的"去行政化"和必要的"自由性",保障在合作过程中相关权利主体能最大限度地自主行使产教融合相关权利。

(3)提升政府权责内容的确定性

立法技术问题也是导致当前产教融合相关法律制度体系中政府权责边界模糊不清的原因之一。产教融合相关法律法规及其他规范性文件的用语原则性强、内容含义笼统抽象、词汇精准度把握不够等问题,都在不同程度上弱化了产教融合法律制度在具体落实执行过程中的效力,甚至出现结果和预期相违背的情形。因此,政府推进法律层面的制度体系构建时,必须着力于提高产教融合相关法律法规条款的规范性、科学性与实操性,建立起"体系健全、逻辑缜密、内容完备、衔接有序"的产教融合法律制度体系。政府有效利用产教融合相关法律制度,切实推进产教融合事业,有助于政府职能部门之间以及跨区域地方政府之间的沟通交流与权责划分。

（二）不断推进产教融合制度补强工作

1.不断优化监督评价机制

在产教融合不断转型升级的时代背景下，参与主体数量呈指数增长，参与形式也不断创新，产教融合模式日新月异，法律领域的外延不断扩大。因此，地方政府必须完善对产教融合相关参与主体的监督评价职能，匡正产教融合活动的发展运行轨迹。

（1）健全中央层面的行政监督评价机制

中央行政机关依其产教融合“战略设计师”身份，对于地方政府部门贯彻落实产教融合政策制度的情况具备监督评价职能，该职能应当在产教融合法律制度中明确具体地予以体现，建立起全国范围内的考评范式样本，包括监督评价方式、范围、成果认定标准、“奖撤罚”项目标准以及社会监督评价机制等，考察各地产教融合推进成效，对成果收益突出的产教融合项目及其参与主体进行奖励，将产教融合的先进经验在全国范围内组织宣传推广，发挥试点地区、示范项目的示范引领作用，带动全国各地区的产教融合事业取得共同进步。

（2）规范地方政府与行业协会的联合监督评价机制

地方政府应当充分发挥行业协会在产教融合中的资源、信息、平台等优势，利用其居间优势多向传递信息流和资源流，推动校企之间的人才稳定流动，均衡相关资源配置。一方面，行业协会为校方与企业方的融合活动提供专业技术指导、数据信息、平台支撑等，为产教融合的高水准、高质量发展提供现实基础；另一方面，行业协会借助其专业性的服务体系和高度制度化的内部组织结构，为地方政府行使产教融合方面的监督评价职能提供理论依据。地方政府也可以基于信任关系委托行业协会参与监督评价过程，并依其作为专业性主体的身份发挥在产教融合方面的更大效能，提高对产教融合工作的监督评价水平，并推动制定科学合理、严谨高效的产教融合行业标准及规则体系。

(3)完善第三方监督评价的法律制度

政府应当推动第三方主体参与产教融合工作监督评价制度的落地,细化分析第三方作为监督评价主体的认证方式、组织或个人的准入标准、第三方监督评价的效力结果等问题,充分调动潜在社会力量参与到产教融合地方治理活动之中,配合相应牵头单位、协同单位做好监督评价活动分工,在监督评价权重上保持适当比例,视实际情况增减第三方监督评价结果的权重,对监督评价结果进行定期回访和不定期抽检,革除"评而不判、检而不查"的监督评价乱象,追究相应责任主体的法定责任等。

2. 形成闭环性工作机制

形成闭环性产教融合工作机制,要求政府通过系统关联产教融合事业中的参与合作、评价、监督等全过程各环节,对产教融合全过程各环节进行全面监督评价并形成评价结果,配套以相关的奖惩机制,并作为后续推进工作的支撑依据。

(1)注重系统整体性

政府应当推动产教融合整体性工作机制的形成,强调局部服从全局,不断降低制度成本,确保实现工作目标。完善产教融合工作机制的系统整体性,一方面需要政府努力提升产教融合各环节之间的有效衔接,另一方面需要政府保障产教融合各环节的可持续性,以整体目标为导向开展产教融合工作。我国产教融合工作的协调机制尚处于逐步完善阶段,政府需要对产教融合工作协调机制的系统结构进行科学设计并整体推进,要将着力点置于优化系统结构和完善内部作用机制方面。优化系统结构,一方面要明确产教融合相关合作主体资格及其相应的权利义务关系,做好风险预防,尽量避免纠纷矛盾的产生;另一方面要确立产教融合相关合作主体之间的协调机制,设计合理的协调原则、依据、形式、监督机制等,对包括合作协议、政策法规、规章制度等进行全面系统的梳理,形成同一性,避免冲突性。

(2)构建内部反馈调节机制

政府应当高度重视收集产教融合各相关参与主体对合作中存在的问题、意见及建议,并形成反馈、整改和推进机制。政府通过推动产教融合相关主体之间的内部反馈机制,能够使产教融合各相关参与主体之间更好的对接,有利于各主体了解合作的相关数据信息,为产教融合规范化开展、高质量发展奠定良好基础。具体来看,产教融合联盟通过内部沟通协调机制,及时为各相关参与主体提供最准确、最及时的信息,有助于推动产教融合的相关合作交流更加科学、规范。例如,企业健全用人管理制度,废除不利于学生顶岗实习的规章制度,加强组织建设,通过企业文化建设和人力资源培训,提升学生对企业价值的认同感,营造良好的合作氛围,有利于吸引学生毕业后在该企业就业。职业院校加强教师对企业的科技研发应用帮扶工作,加强实习学生的教育、指导、管理等工作,有助于企业与其建立长远的深度合作关系。同时,各主体能够借助内部反馈机制及时了解产教融合的现状、中长期发展目标、合作障碍等情况,明确各环节资金、资源使用明细,及时发现运行中存在的问题,并科学、合理、高效地解决问题,为产教融合的科学化推进提供内循环支撑。此外,企业应当充分了解实习学生的诉求,认真对待实习中的投诉问题,并妥善处理合作中的其他相关问题,依法保障实习学生的合法权益;职业院校应当常态性了解和掌握企业对其人才培养、教师科技研发应用等方面的需求,并积极作出合理回应。

(3)完善管理考核制度

首先,各级政府应当全面认识和深入贯彻创新、协调、绿色、开放、共享的新发展理念,积极转变发展观念,高度重视产教融合工作,发挥政府主体功能,严格落实各项产教融合的原则要求。其次,各级政府应当建立科学合理的产教融合绩效衔接管理体系,结合短期、中期和长期发展规划,明确合作过程中的管理权责及各项内容,建立完善的管理机制,将职能责任落实到具体部门与岗位,推进产教融合相关工作落实到位,督促政府工作人员结合工作需求切实履行工作职责,强化产教融合相关工作的执行力。最后,各级政府还应优化考核机制,将产教融合工作阶段性成果与政府职能部门相应工作人员的绩效考核相结合,制定翔实、严谨、赏罚分明的内部奖惩机制,采取定量分析与定性分析相结合的方式,提升管理监督效果和考核评价的合理性,倒逼相关工作人员排查产教融合合作项目存在的问题,及时总结经验教训,改进完善工作方案,减少合作执行偏差,提升合作效能。

3. 建立负面清单制度

(1)建立负面清单制度的理论基础

当前产教融合领域的地方性法律规范中,行政机关尚未建立负面清单制度,这缘于地方政府参与校企合作的传统惯性思维,行政机关以"掌舵者"身份实施前期项目规划,校方和企业方在顶层设计范围内按部就班地开展合作,缺少对行政机关参与边界和权力限制的必要理论探讨和具体实践。在各类产教融合相关的制度规范中,也多以鼓励、支持等宣誓性条文加以概述,实际操作性不强。建立产教融合负面清单制度,引入禁止性条款设置,才能为行政机关的权力行使筑起围墙,才能为企业及院校的合作划定合理边界,营造鼓励合作的制度环境,扫除阻碍产教融合的制度、观念、利益羁绊。只有产教融合负面清单制度不断完善,参与主体的合作意愿才会被更好的激发,最终打破利益束缚,深层次激活职业院校与企业等相关主体的合作动力;职业院校和国有企业等才能放下"是否会因为开展产教融合而致使国有资产流失""是否会多做多错被追责"等思想观念上的包袱,挣脱"镣铐"跳出精美绝伦的产教融合之舞。

(2)建立负面清单制度的现实基础

负面清单是政府部门放权推进产教融合工作的重要举措,与《产教融合意见》的指导思想、规范原则等相契合,有利于培育和推进新业态、新模式创新发展,对深化产教融合具有突出的现实意义。首先,建立负面清单制度能够让政府的行政职能更加可视化,为政府行权履职划清界限,职业院校和企业无须担心制度真空所导致的不利影响,有利于维护相关参与方的合法权益,有利于推进"放管服"在产教融合领域的实践,充分彰显了“权为民所用”的行政思维。其次,建立负面清单制度能够在行政权力行使边界之外找寻服务差距,以持续优质的服务供给强化政府在产教融合中“划桨者”与“掌舵者”的双重身份、“规划”与“推动”的双重职责。但是,政府出台的产教融合负面清单并非一劳永逸,负面清单对产教融合的保护功能也具有一定的局限性。由于政府出台产教融合负面清单制度的重点在于通过规范限制明确行政机关引导、参与产教融合的权限范畴,但其对于相关产教融合主体的进入条件、程序、相关责任、救济措施等缺少明确规定,因此,制度规范所引发的制度性交易成本会同步上升。因而,降低产教融合相关制度性交易成本的关键在于对该负面清单制度进行不断调整修正,使其不至于留滞在当前已有的制度设计层面而故步自封,而是能实施动态清权、减权,坚持事项同源、统一规范的原则,不断完善产教融合负面清单制度。

(3)负面清单制度的类型区分

政府就企业市场准入、监管等方面的行政权力正朝向清单化、项目化方向调整,即从政府的有限监管权力着手进行规定,制定负面清单,负面清单以外的事项行政机关无权禁止并不予干预。可以从一般产教融合标准和特殊产教融合标准两个方面建立负面清单制度。一般产教融合标准侧重对实际合作方进行规范,规范内容包括主体合作资质确认、教职工参与培训权益、合作期间参与者权益保障、安全生产责任划分等事项,重点对企业违规收费、无故或恶意减损师生权益、职业院校违反既定人才培养方案等事项进行规定。特殊产教融合标准则应侧重限制行政机关的权力行使,围绕合作项目的审查范围、办理流程、审批时限、权益保障、信息公开、监督范围、管理方式等方面开展,注重简化流程、增强透明度,夯实产学研合作基础。各类具备开展产教融合资质的企业、职业院校等产教融合相关主体,都可以依法开展负面清单以外的产教融合项目。

(三)优化制度落实彰显区域特色

1. 细化行政机关权责范畴

(1)明确政府行使权责的主要原则

第一,政府在参与产教融合过程中,行使行政权力、履行法定职能首在坚持权责法定原则。从依法行政角度出发,权责法定应当成为行政力量参与产教融合的根本性原则。权责法定原则要求政府在参与推动产业与教育深度融合的过程中,以产教融合法律制度为载体,明确各利益主体的地位作用,建立科学化制度反馈机制,及时调整相关政策规范,健全监督评价机制。从行政法的角度分析,权责法定原则的前提在于有法可依。而某一领域的法治化进程通常根源于充分的社会实践,在总结实践经验的基础上制定法律、法规及政策,为后续进一步的实践开展提供更为科学的指引。《产教融合意见》就政府参与产教融合过程中的权力与职能进行了梳理,初步完成了政府权责规范的建构。《职业教育法》以职业教育为立足点对产教融合中政府的权责职能进行了更为细化的划分,在法律层面就政府的权责规范体系进行了明晰。下一步应当在推进《产教融合意见》与《职业教育法》贯彻落实的过程中发现问题、分析问题、探寻原因,厘定更为具体的政府权责内容,推动"产教融合促进法"制定颁布,将政府在推动产教深度融合过程中的法律责任与法定权力加以法律落实。

产教融合中权责法定原则的内涵是政府面向产教融合各相关主体,就各相关主体在产教融合中的法律地位、法律关系、追责程序等作出明确界定和具体落实。政府推进产教融合法治的职责在于通过自上而下地落实产教融合相关法律制度,总结归纳产教融合各相关主体之间的法律关系与权责,进而完善产教深度融合的规范化程序。针对该原则,应当从两个方面进行解读:其一,产教融合中政府落实权责法定原则是良法的前提。政府、学校、企业、行业等产教融合相关主体在合作生态中处于多维的"动态平衡",在各参与主体如此多元复杂的背景下,政府依法行使一般职责能够最大限度地保障制度落实的科学性、系统性与可持续性，维持制度的内生动力。在有序合作实践的基础上，政府通过监督、评价等在内的多种反馈方式，探求各相关主体之间更深层次的利益诉求，进一步完善产教融合法律体系，从而实现良法善治的稳步推进。其二，权责法定原则也是产教融合多元主体博弈结果在法律上的体现。产教融合法律制度确定了政府、学校、企业、行业等多元主体之间的法律地位与法律关系，反映了各主体之间对产教融合权力空间的划分，并使政府的权力受到了合法的制约与监管，将权力的行使划归到预设范围之内，防范政府肆意所引发的失序行为，在其超越法定权限时，即可启动法定追责程序，进一步推进产教融合领域的法治化进程。

第二，政府在参与产教融合过程中，行使行政权力、履行法定职能必须遵循权责相称原则。权责相称原则是权责法定原则的延伸，是权力与职能对等的体现。政府在产教融合过程中遵循权责相称原则体现在两个方面：一是法律制度要求政府行使权力的范围要与履行责任的范围相适配，防止权力行使肆意性和职责履行滞后性，对等的范围是权责相称的前提。二是对于法律赋予政府的一般职责，其自身没有自由处分的权力，只能依照法律规定履行，非自主性是权责相称的基础。权责相称原则的立意旨在充分落实政府在产教融合过程中的地位作用，明确政府在产教融合过程中并非“第三人称”的“上帝视角”，而是“第一人称”的实际参与者，政府应当为了维护公共利益而积极参与产教融合，政府权力行使与职责履行都应当受到法律约束，坚定不移地走产教融合法治化道路。

第三，政府在参与产教融合过程中，行使行政权力、履行法定职能必须遵循行政高效原则。某一行政区域内的产教融合工作是动态发展的过程，政府需要在不同发展阶段回应不同发展诉求。行政高效原则的目的并非单一地追求提升经济效益，是否符合行政高效原则的衡量标准在于是否有效解决产教融合各参与主体之间的公共价值需求，最终目的是落实产教融合事业高质量发展，回答“地方政府如何利用其所掌握的社会资源最大限度地为各参与主体提供优质服务”这一问题。实践中，政府在产教融合政策的制定与执行等方面享有一定范围内的行政裁量权，裁量的结果将影响产教融合相关制度规范的实施效果，最终将影响产教融合权责规范体系的整体发展方向。因此，政府在推进产教融合权力下沉过程中，应当采取积极主动的行政态度，以公共利益和公众需求为导向，合理行使行政裁量权，充分发挥资源与信息等优势，以多元手段降低产教融合的行政成本，满足公共利益与公众需求的同时，提升推进产教融合事业的行政效能。

(2)界定不同事项的管辖权归属

产教融合法律制度中应当明确政府对产教融合各项事务的干预权限范围。而明确政府权限的前提是在产教融合相关法律关系主体之间进行权责利益的合理分配。从产教联合育人的角度分析，校方与企业方是产教融合的最直接利益获得者，双方利益并非“零和博弈”的作用结果，而是相互促进、互利共赢的结果。基于不同的利益追求，以及在参与产教融合的出发点和目的性上的差异，校企双方于政策中的获利比例有所差异，但在联合育人的目标下，双方应秉持互促互进、协调统一原则，因此政府应当合理分配职业院校与企业在育人职责方面的不同地位、角色与职责。一方面，政府应当明确，职业院校作为产教融合的主要主体和主要受惠方，在产教融合法律制度中，应当重点强调其参与产教融合的出发点是培养高素质技术技能人才，应当结合学校的长远发展目标与企业的创新发展需求，探索相匹配的校企合作模式，以中央及地方的产教融合相关法律制度和政策体系为基准，建立完备的产教融合校内制度，确保校方的产教融合合作项目始终能够合法、合规推进，并将侧重点置于对师生合法权益的保障，尤其是要加强在顶岗实习质量、实习生人身权益保障等方面的制度构建。另一方面，政府应当明确，企业方作为产教融合中的重要主体和利益获得者，在产教融合法律制度中，应当重点阐明其履行的强制性义务，例如，提供实习实训场地及设备、必要的岗前培训以及安全保障措施、劳动权和休息权保障等。在合理划分校方和企业方的权利义务后，政府的一般职责范围就会趋于明朗，对归属于校方、企业方义务范围的事项不做过多干预，最大限度地尊重产教双方的合作自主性，对具体的人才培养、实习实训基地建设、科技研发应用等产教融合事项减少不必要的管理和监督，在相关产教融合事项方面尽量“去行政化”，即使参与监督管理工作也要从制度层面规避“以监代管”现象，谨防以监督名义实际干预双方自主、自由合作的广度与深度。

（3）以需求为导向合理赋权

《产教融合意见》第3条提出：“同步规划产教融合与经济社会发展。制定实施经济社会发展规划，以及区域发展、产业发展、城市建设和重大生产力布局规划，要明确产教融合发展要求，将教育优先、人才先行融入各项政策……”[1]但是，仅有1/4左右的地方规范性文件将结合了区域发展、产业发展、城市建设和重大生产力布局规划的较为具体的产教融合战略目标和阶段性目标纳入当地的地方规范性文件之中，其余省级、市级人民政府制定的地方规范性文件中并未指明本区域推进产教融合的预期目标及其实现的路线图、时间表，而多以产教融合未来发展的最终预期的笼统表述作为其战略目标与阶段性目标。

如前所述，产教融合政策按照政策预期收益的时间长度可分为三类，第一类是短期产教融合政策，周期一般不超过5年；第二类是中期产教融合政策，周期一般为5～10年；第三类是长期产教融合政策，周期一般为10年以上，不同的政策周期所针对的经济社会收益并不相同。短期政策主要以达到某一经济社会效益标准为目标，核算标准重心置于本地区技术技能型人才总量、经济体量增长等方面，具有可量化、形式简便且差异不大的特点。对于这一类政策的制定权，应当赋予地方政府，并在地方性产教融合制度中予以明确，即地方政府在制订国民经济和社会发展规划时，对产教融合事业要作出相应的规定，设定短期内所应当取得的经济社会收益，尤其是要着力提升相关主体参与产教融合的动力与积极性，提高当地产教融合的质量水准。中期政策一般以产教融合发展

〔1〕《国务院办公厅关于深化产教融合的若干意见》第3条。

格局的形成为考察依据，以产教融合配套制度的完备与高效运行为目标，人才培养质量提升、企业转型升级、经济社会发展等多维目标构成良性互动，相互推动、促进发展。该类政策具有宏观可量化、形式多样、评价标准多元等特点。对于中期政策的决策权，在产教融合相关法律制度中应当予以谨慎评判，遵守"发挥地方自主性"与"中央宏观调控"相协调的基本原则，适当下放政策决定权。此外，中期政策决策的审批权有必要收归中央政府，并且需在相关法律制度中加以明确。长期产教融合政策一般周期较长，其最为显著的特征是政策的社会收益要与国家战略方针保持一致。因此，长期政策的决策权归属于省级及以上政府更为适宜，在省级及以上政府的统筹下，市级、县级政府制定与其相对接的中短期政策予以贯彻落实。

2. 彰显区域产教融合特色

(1)发挥地方政府优势

地方政府在本行政区域内，凭借资源优势具有推进产教融合工作的天然能动性。提升社会主义教育现代化治理能力，要求地方政府发挥自主性与创新性，结合产教融合需求与社会背景，制定符合本地区发展前景与规划的产教融合政策。地方政府具有一定的区域产教融合发展自主治理权，为实现区域内教育现代化治理和促进区域经济社会发展赋能。地方政府在发挥自主性与创新性的同时，应充分考量其施政对象的需求，依据区域产教融合发展目标调整战略部署，以提高其推进产教融合权责行使的针对性。

据统计，在《产教融合意见》发布实施后，各省（自治区、直辖市）政府先后制定出台配套政策，深化丰富产教融合的制度内涵。截至 2023 年 1 月，我国地方层面关于产教融合的规范性法律文件共 78 部，地方工作文件共 285 部。地方规范性文件颁布实施时间集中于 2018 年至 2019 年。通过对制度文本梳理可以看出，各地关于产教融合的实施意见及工作文件均将产教融合与区域协调统筹发展列为主要任务，工作重心置于教育、经济、人才和科技创新之间的有机结合，为产教深度融合的实践奠定制度基础,为教育事业与经济协调发展提供制度保障。相关地方性产教融合文件中对政府职能部门进行了权责划分,包括主要任务、重点项目等,各政府部门依其职权参与不同环节、行使特定权责,并将财政、税收、土地等资源作为激励手段纳入激励机制,调动企业与高校参与产教融合的积极性。此外,对中央层面关于产教融合的法律制度和政策方面的细化落实形式、大多限定为地方政府工作部门发布的地方性工作文件以及政策落实有关通知。地方政府应当以微观层面为切入,对企业等主体资格审查、项目管理、监督及评价等方面颁发切实可行的实施方案,为地方政府职能部门有序高效地推进产教融合工作提供抓手。

(2)彰显地方特色的具体路径

彰显产教融合的地方特色是解决产教融合区域发展不均衡问题,乃至于是解决区域经济社会发展不均衡问题的重要举措。众所周知,区域发展不均衡问题是困扰我国经济社会发展的突出社会问题,自然环境、人口数量、经济现状等众多影响因素的共同作用造成了此种发展不同步的问题,而这种不同步会引起其他各领域的辐射反应。在产教融合领域,区域发展不均衡所带来的影响非常明显。人口数量、老龄化程度、社会经济结构等因素在很大程度上决定了一个地区产教深度融合的难易程度。在东部、中部经济较发达、人口较多的区域,地方政府与社会公众会更加重视教育优先发展,希望通过教育提高本地区的社会竞争力。因其特大型企业、大型企业和科技型企业较多,企业转型升级发展压力较大,对通过产教融合进行科技开发和人才培养等方面的需求更为迫切,其结果是相较于其他地区,产教融合的程度更深、范围更广,相关制度和机制更加完善。东北部、西部等经济比较落后的地区,人口流失、老龄化等问题日益凸显,地方政府和社会公众的关注重心更多在于经济发展,对教育领域的关注度受到一定影响。同时,因其特大型企业、大型企业和科技型企业较少,传统企业转型升级的内生动能不足,企业参与产教融合的意愿和能力不够强、需求不够迫切,其结果是产教融合发展也在一定程度上被忽视。[1]

一般地，区域发展不均衡所致的区域产教融合发展不平衡问题，应当体现在各区域产教融合相关规范性文件中——不同区域，产教融合发展也应当因地制宜，应当设定不同的产教融合发展目标、推进举措、主体责任等。虽然区域产教融合发展的基础不平衡，但会在各区域产教融合相关规范性文件的指引和推动下，不断提升产教融合水平，进而促进本区域教育链、人才链与产业链、创新链有机衔接，推进本区域人力资源供给侧结构性改革，有利于提高区域的教育质量、扩大就业创业、推进经济转型升级、培育经济发展新动能。然而，分析各地的产教融合相关规范性文件，我们可以发现，各地产教融合规范性文件的制度差异化不足、政策特色化缺失的现象比较突出。其重要原因在于各地行政机关在制定产教融合地方规范性文件时，未能全面综合地考量本地区的产教融合基础和需求，片面移植了国家层面产教融合规范性文件的指导思想、原则和目标、工作任务和主要举措等，而忽视了对制度的创新过程。[2]

与国外产教融合制度相比，我国相关法律制度、规范政策体系的最大优势在于法律制度、规范政策体系的实现方式是自上而下逐层递进的，中央与地方政府关系紧密而又分工明确，这一特点在地方层面落实产教融合各类政策中发挥着重要功能。基于此，《产教融合意见》明确提出，要统筹规划产教融合与区域发展的需求。因此，各地应当在充分吸收国家产教融合相关制度的基础上，结合本地区经济社会发展现状与保障条件，根据本地区的实际需求进行制度层面的自我完善与优化协调，并前瞻性地进行相关制度设计。但是，分析各地关于产教融合地方规范性文件的内容，只有河北省、云南省等较少的省级政府将区域发展特色需求较为鲜明地纳入本级政府的规范性文件之中，其余一些省份关于产

〔1〕 参见方益权、闫静：《关于完善我国产教融合制度建设的思考》，载《高等工程教育研究》2021 年第 5 期。

〔2〕 参见方益权、闫静：《关于完善我国产教融合制度建设的思考》，载《高等工程教育研究》2021 年第 5 期。

教融合地方规范性文件中关于本区域内产教融合特色发展的机制性与层次性不够强，更多的是倡导性、建议性的内容，缺少对于产教融合制度在各地贯彻落实的区域制度创新。

在全国性政策的落实过程中，地方政府之间既可以互相借鉴、取长补短，又存在一定的良性竞争，因此形成区域特色和比较优势。在吸收与竞争过程中，降低了区域内产教融合制度的制定成本，但产教融合区域特色的彰显又对地方政府提出了更高的要求，不仅需要在相关制度文本内容上体现差异性，更需要地方政府具有长远的发展眼光，不拘泥于短期收益和政绩，客观认识区域实施产教融合的优势所在，深度发掘区域产教融合的特点，出台更加符合区域产教融合主体利益诉求的产教融合相关规范性文件，促使中央层面产教融合政策制度的贯彻落实与区域实践。这就要求各地在深化产教融合过程中对于本区域的地理位置、人力资源结构、高等教育资源、经济社会发展特色等因素均作充分考量，因地制宜选择产教融合发展的侧重点和切入点。

地方政府如何推进产教融合事业在很大程度上决定着本地区教育链、人才链与产业链、创新链的发展方向。因此，地方政府应当敢于革新，勇于创新产教融合相关政策制度，积极探索和实践新型产教融合模式，探索区域产教融合行政治理的良好路径，克服短期政绩观的弊端，打破传统法律制度的贯彻路线樊篱，探索形成富有区域特色的产教融合制度创新和实践发展方案。在此过程中，坚守产教融合的基本原则，坚持法治治理的基本方针，提升地方规范性文件的可操作性，选择适合本区域的方案，在创新实践中检验区域产教融合政策制度的生命力。发挥地方政府在推进产教融合区域特色发展中的作用，重点在于精准治理。结合各地的实际需求，地方政府及职能部门应当在权属范围内制定和完善地方规范性文件，将产教融合、校企合作纳入本区域国民经济和社会发展的整体布局和框架中，协调各方利益诉求，推动产教融合与区域社会经济发展的良性互动，以期达到更高的治理与发展水平。在法律和政策制度的深入贯彻层面，地方政府不仅要制定出台与法律规定相吻合、与中央要求相适配、与地区发展相协调的政策、实施意见等地方规范性文件,还负有消除制度歧义、保障制度落地的职责,通过细化规范、宣传发动等方式,将产教融合各项政策落到实处,让产教融合各参与主体更全面便捷地享受产教融合相关优惠政策,促进产教融合与区域发展融为一体,齐头并进。

(3)提升规范与项目的适配度

当前,产教融合制度规范体系中存在文本语言抽象、内容含混不清、目标表述过于笼统、词汇规范性不足等问题,一系列立法技术方面的不足降低了法律制度的科学性和可操作性,一定程度上削弱了执行效力,影响了预期成效的达成。解决该问题的关键在于提升产教融合规范文本的确定性、规范性、针对性,提升产教融合规范与产教融合项目的适配度,构建“体系完备、逻辑严密、内容完善、衔接有序”的产教融合规范体系,进一步具体落实法律制度的深层次内涵。首先,提升产教融合规范与产教融合项目的适配度,要求制定实施更具针对性的产教融合制度规范来优化财政、税收、土地、信用等产教融合激励机制,为地方政府创新性推进产教融合项目提供更好的制度供给。其次,提升产教融合规范与产教融合项目的适配度,要求政府相关职能部门在面对产教融合法律和政策制度解读时,有更为全面深刻、科学精准的把握和解读能力,使产教融合项目实施时能依法依规获得相应的保障、激励和支持。最后,提升产教融合规范与产教融合项目的适配度,要求以高效的规范体系有效防止产教融合过程中的推诿扯皮现象,提高政府部门在产教融合工作中的程序效能,从而正向提升产教融合各参与主体开展产教融合项目的积极性。

第十二章　弱势群体的关照：产教融合中学生权利的保护

学生是产教融合的重要主体，却也是产教融合相关理论研究和制度构建中容易被忽视的群体。产教融合中学生的权利保护问题，是产教融合的重要问题，主要集中于学生岗位实习时的权利保护领域。岗位实习是产教融合过程中不可或缺的重要组成，岗位实习生因工受伤案件时有发生。当前，在相关案件处置中一般按照侵权责任或违约责任进行救济，使岗位实习生的有关权益得不到有效保障，企业、学校和其他主体参与岗位实习所面临的风险和压力较大。而《民法典》《劳动法》《工伤保险条例》《职业学校学生实习管理规定》等法律法规并未对岗位实习生实习过程中的法律关系进行界定，也未对其工伤保障作出明确具体的制度安排，导致岗位实习生出现工伤问题进行维权时在适用法律和保障力度方面出现障碍。科学合理界定岗位实习生的法律主体地位，完善岗位实习生工伤保障制度，是理顺产教融合中学校、企业和学生之间的法律关系的需要，也是推进产教融合进程的需要。

一、岗位实习生的权利保障现状

(一)岗位实习生的法律地位

1. 劳动者主体的资格特征

我国法律并未对劳动者概念作出界定,史尚宽先生将劳动法律关系中的劳动者称为“受雇人”,并谓:“受雇人为劳动法上劳动之人,何谓劳动法上之劳动,乃指‘基于契约上之义务在从属的关系所为之职业上有偿的劳动’而言。”[1]实际上,岗位实习生的身份界定应从劳动关系的本质属性出发。在理论研究上,学界基本承继大陆法系劳动关系从属性理论,体系上以人格、经济、组织从属性为其展开。[2]“人格从属性”主要是指雇主的控制权以及劳工处于的被掌控地位;“经济从属性”是指“劳动者的经济社会地位以及签订契约时契约内容的被决定性等”;[3]“组织从属性”是指劳动者被纳入雇主生产经营系统而成为其劳动组织成员,遵守雇主管理规则和监管。[4]

2. 岗位实习生的主体资格认定

在理论界中,多数学者认为岗位实习事故不适用工伤制度的主要原因是主体不符合法律规定——工伤适用的前提要件是岗位实习生与实习单位确认存在事实劳动关系。当前,我国判定劳动法律关系是否存在的重要依据是劳动关系从属性。从人格从属性判断其是否具有劳动关系从属性,要求劳动者是在工作单位的规定下履行提供劳务的义务,工作单位通过与劳动者签订劳动合同将其纳入企业组织,并规定劳动者提

---

〔1〕 参见史尚宽编著:《劳动法原论》,世界书局 1934 年版,第 7 页。

〔2〕 参见史尚宽:《劳动法原论》,世界书局 1934 年版,第 7 页。

〔3〕 参见肖竹:《劳动关系从属性认定标准的理论解释与体系构成》,载《法学》2021 年第 2 期。

〔4〕 参见李晓霓:《我国工伤保险范围亟需扩大——特殊专业实习生工伤保险机制的构建》,载《中国劳动关系学院学报》2012 年第 6 期。

供劳动服务的时间、地点和数量，支付劳务义务；从经济从属性判断其是否具有劳动关系从属性，要求劳动者必须依靠劳务来获得工资才能生存，或者积累更多的财富以寻求更多的收入。人格与经济的双重从属是判断劳务给付关系是否为劳动关系的决定性因素。[1]

在岗位实习生与实习单位的劳动关系界定方面，首先，从合同性质来看，岗位实习生与实习单位之间的关系不属于劳务提供者与劳务接受者之间的劳动合同关系。岗位实习生与院校、实习单位签订的岗位实习协议，本质上属于学习协议，具有教育性质，不属于劳动合同；在协议签订主体方面，岗位实习生属于全日制在校学生，其不具有《劳动法》上规定的劳动者身份，不能成为劳动关系主体；与普通员工相比，岗位实习生的专业素养和风控能力存在差距，他们与学校的关系是教育管理关系，不应是雇佣合同或劳动合同关系。其次，学生参加岗位实习是内化理论知识的一个重要教学环节，而不是通过岗位实习获取报酬，将其作为谋生的手段，虽然有些实习单位在实习期间会支付给岗位实习生一定的费用，但这笔费用只是劳动关系意义上的补偿，而不是一般意义上的工资；岗位实习生对实习单位也没有任何依附性，尽管实习期间要服从实习单位的实习管理。因此，学生在岗位实习期间与用人单位建立的不是劳动关系，在身份认定上，岗位实习生并不是劳动者。[2]

3. 岗位实习生法律地位的界定标准

学界对于岗位实习生与实习单位的关系主要有教育管理关系说、劳动关系说、附带劳动关系说、特殊劳动关系说四种观点。教育管理关系说认为，岗位实习生参与岗位实习是依据教育管理关系，岗位实习生属于全日制在校学生，实习岗位的提供单位负有教育管理学生的义务，岗位实习生在实习期间虽然需要服从单位规章制度，但是对该制度不具有

---

〔1〕 参见冯彦君、张颖慧：《“劳动关系”判定标准的反思与重构》，载《当代法学》2011年第6期。

〔2〕 参见李培智：《大学生实习劳动关系认定探微》，载《法学杂志》2012年第6期。

依赖性,学生与实习单位间有学校这一桥梁,不属于通常的劳动关系双方,岗位实习生不符合《劳动法》规定的劳动者主体特征。劳动关系说认为,岗位实习生符合劳动法规定的主体资格,符合在单位工作场所内,按照单位的指示和要求进行工作的特征,具有事实上的劳动关系。附带劳动关系说认为,岗位实习生参与岗位实习工作主要是依据学校与实习单位签订的委托管理协议,学生进行岗位实习是按照协议内容附带性地参与劳动。特殊劳动关系说认为,岗位实习生符合劳动法所规定的主体特征,岗位实习生与实习单位具有建立劳动关系的合意,与用人单位具有隶属关系,但因岗位实习生仍属于在校学生,因此应认定其为特殊劳动者。

实际上,一方面,岗位实习生的实习岗位和实习环境是由实习单位和职业院校根据专业设置安排的。在实习内容上,实习单位根据专业计划和岗位实习生实际情况进行安排,工作时间、工作地点、劳动报酬等方面依赖于实习单位,与普通劳动者在人格从属性特征上并无显著差异。在岗位实习前,学校、企业、学生三方签署岗位实习协议,岗位实习协议内容多为格式条款,实习生实习地位、管理规定等由实习协议决定,工作内容与单位正式员工非常接近,符合劳动者经济从属性特征。岗位实习期间,实习生应遵守实习单位管理规则并接受实习单位监管,也符合劳动者组织从属性特征。《职业学校学生实习管理规定》第 18 条规定:“接收学生岗位实习的实习单位,应当参考本单位相同岗位的报酬标准和岗位实习学生的工作量、工作强度、工作时间等因素,给予适当的实习报酬。在实习岗位相对独立参与实际工作、初步具备实践岗位独立工作能力的学生,原则上应不低于本单位相同岗位工资标准的 80% 或最低档工资标准,并按照实习协议约定,以货币形式及时、足额、直接支付给学生,原则上支付周期不得超过 1 个月,不得以物品或代金券等代替货币支付或经过第三方转发。”从该规定中也可以看出岗位实习生具有一定的劳动者属性。另一方面,由于岗位实习生在身份上仍属于在校学生,岗位实习活动属于教育阶段的一部分,不属于完全的职业活动。《职业学校学生实习管理规定》第21条规定:“实习学生应当遵守职业学校的实习要求和实习单位的规章制度、实习纪律及实习协议,爱护实习单位设施设备,完成规定的实习任务,撰写实习日志,并在实习结束时提交实习报告。”从大量的类似规定中也可以看出岗位实习生具有受教育者的身份属性。因此,岗位实习生具有劳动者与在校学生的双重属性,实习生与实习单位间也就具有了教育管理关系与劳动关系的双重性,为考虑到岗位实习中法律关系的特殊性,岗位实习生应界定为特殊劳动者,在伤害救济制度方面也应根据特殊劳动者身份进行建构。

(二)岗位实习生的权利救济现状

1. 岗位实习生权利救济的法律规定现状

(1)《劳动法》的相关规定

我国《劳动法》对岗位实习生权益保障的相关规定极少。《劳动合同法》第2条规定:与我国境内用人单位形成劳动关系的劳动者,适用本法。这种“一刀切”的身份确定模式,很大程度上将岗位实习生排除出了“劳动者”的范畴。《职业学校学生实习管理规定》第14条规定:“学生参加岗位实习前,职业学校、实习单位、学生三方必须以有关部门发布的实习协议示范文本为基础签订实习协议,并依法严格履行协议中有关条款。未按规定签订实习协议的,不得安排学生实习。”这里规定的是“实习协议”,而非劳动合同,实际上也并未将岗位实习生界定为一般意义上的劳动者。实际情况是,只有极少数实习单位与岗位实习生签订的是劳动合同,岗位实习生从事实习工作所受到的劳动伤害与该单位在职职工所受到的工伤并无实际区别,可以直接适用《工伤保险条例》获得救济;但是,对于实习单位没有与岗位实习生签订劳动合同的,学生岗位实习虽然和劳动者一样都是进行岗位劳动,但学生却不具有一般意义上的劳动者身份,故其岗位劳动伤害,很难被认定为工伤,而是被认定为“基于教育行为产生的来自职业劳动危险的特殊人身损害侵权”。[1]

(2)《工伤保险条例》的相关规定

工伤保险的目的是保障劳动关系中处于弱势一方的人身安全。我国《工伤保险条例》第14条规定:“职工有下列情形之一的,应当认定为工伤:(一)在工作时间和工作场所内,因工作原因受到事故伤害的;(二)工作时间前后在工作场所内,从事与工作有关的预备性或者收尾性工作受到事故伤害的;(三)在工作时间和工作场所内,因履行工作职责受到暴力等意外伤害的;(四)患职业病的;(五)因工外出期间,由于工作原因受到伤害或者发生事故下落不明的;(六)在上下班途中,受到非本人主要责任的交通事故或者城市轨道交通、客运轮渡、火车事故伤害的;(七)法律、行政法规规定应当认定为工伤的其他情形。”第15条规定:“职工有下列情形之一的,视同工伤:(一)在工作时间和工作岗位,突发疾病死亡或者在48小时之内经抢救无效死亡的;(二)在抢险救灾等维护国家利益、公共利益活动中受到伤害的;(三)职工原在军队服役,因战、因公负伤致残,已取得革命伤残军人证,到用人单位后旧伤复发的。职工有前款第(一)项、第(二)项情形的,按照本条例的有关规定享受工伤保险待遇;职工有前款第(三)项情形的,按照本条例的有关规定享受除一次性伤残补助金以外的工伤保险待遇。”可见,《工伤保险条例》中规定认定工伤的要件有:①双方存在劳动关系;②工伤发生在工作时间内;③有损害事实发生;④损害事实与工作有因果关系。《工伤保险条例》中被称为“职工”的劳动者,包括通过规定多种劳动期限和多种用工方式与用人单位建立劳动关系的人。然而,由于岗位实习生的主体身份界定存在争议,并且人力资源和社会保障部门还未明确岗位实习生参加工伤保险的办法,因此,岗位实习生因工受伤适用工伤保险等问题存在很大争议。

---

[1] 参见孙长坪:《学生顶岗实习劳动风险化解的法律缺失与完善——基于顶岗实习劳动风险相关主体权益保护的思考》,载《中国高教研究》2012年第11期。

(3)地方性法规中的相关规定

《海南经济特区工伤保险若干规定》第 32 条规定:"……因工作遭受事故伤害或者患职业病被确认为工伤的,用人单位应当参照工伤保险待遇项目和标准,向其支付工伤费用。"《贵州省工伤保险条例》提出,对实习的大中专学生在实习期间发生的意外伤害,应当将其纳入工伤保险保障范围,并按照工伤保险的办法予以解决。《江西省劳动和社会保障厅关于贯彻〈工伤保险条例〉若干问题指导意见》指出:"童工和实习学生在用工单位因工作原因受到伤害的,按照《工伤保险条例》规定,符合工伤或视同工伤条件的,按照《工伤保险条例》的规定进行鉴定后,按照《非法用工单位伤亡人员一次性补偿办法》规定,由用人单位支付相应待遇。"《郑州市实施〈工伤保险条例〉暂行办法》规定:"实习的大中专院校、技工学校,职业高中学生在实习单位由于工伤发生人身伤害,可由实习单位和学校按照双方约定,参照《条例》和本方法规定的标准一次性发给相关费用。"由此可见,我国各地立法保障岗位实习生权益的方式各有侧重,显得比较混乱。但是,在诸多法律法规下仍然彰显出国家和地方对在校的实习学生权益保障的炽热关注。[1]

2. 岗位实习生权利救济的司法实践

(1)岗位实习生因工受伤的认定情况

在司法实践中,经常按照民事侵权案件处理岗位实习生因工受伤案件,主要原因是法官认为实习生岗位实习期间的法定身份仍然是在校学生,与实习单位之间并没有建立符合劳动法理论意义上的实质性劳动法律关系,并没有因为学习场所的改变而成为法律意义上的劳动者,因而不属于《劳动法》中所保护的劳动者。《工伤保险条例》第 18 条规定,提出工伤认定申请应当提交"与用人单位存在劳动关系(包括事实劳动关系)的证明材料"。而岗位实习生与实习单位之间没有建立真正意义的

[1] 参见刘俊芳:《职业教育中学生实习保险的路径选择》,载《保险职业学院学报》2013 年第 3 期。

劳动关系,不具有劳动者身份,故岗位实习生难以提供劳动关系证明材料,因此难以成为工伤保险赔偿的受偿主体。

(2)岗位实习生因工受伤的责任承担

岗位实习伤害事故的造成方往往直接或者间接与学校和实习单位有关。从具体案例来看,受制于学校和实习单位的赔偿能力,实习伤害事故的赔偿后果往往是赔付不充分、不及时,受害学生的人身权益得不到有效保障。[1] 学生岗位实习期间遭受的人身伤害事故主要集中在机械设备伤害、意外伤害、交通事故三大类。相关案例统计分析,岗位实习生伤害案件按照一般民事侵权责任进行审理,学校、实习单位、实习生根据过错程度进行责任分担,在案件审理时77.1%的岗位实习没有购买实习责任险,责任主体在承担责任时需要从自身运营成本中进行支出。例如,在李某、青岛某特种制冷电器有限公司、山东某职业学院提供劳务者受害责任纠纷的民事案件中,法院判决实习单位由于过错承担全部责任,总赔偿额为45万元;在张某与太原某文化传播有限公司、山西某职业技术学院生命权、健康权、身体权纠纷的民事案件中,法院判决的赔偿总额为137万元,按照学校占20%的责任、实习单位占80%的责任进行分摊赔偿。可见,大量相关案件中,法官根据岗位实习协议中的相关责任条款内容进行审理,并主要按照民法中侵权责任问题作出裁判,如果学校和实习单位没有购买责任保险,则学校与实习单位的赔偿负担较重,也会致使岗位实习生的合法权益得不到有效保障。

(三)岗位实习生的权利救济困境

1.侵权损害救济的困境

岗位实习生因工受伤的主要救济途径是依据侵权法律关系进行赔偿。侵权责任分为一般侵权责任与特殊侵权责任。在特殊侵权责任中

[1] 参见吴郁芬:《设立学生实习责任保险的必要性与可行性研究》,载《辽宁高职学报》2014年第4期。

的用人单位责任以存在劳动关系为前提,适用工伤保险。岗位实习生因工受伤的判决理由在实务中多被认定为一般侵权关系,一般侵权关系在认定方面以过错为前提要件,岗位实习生因工受伤要想取得赔偿需要用人单位有过错;在举证方面,根据“谁主张,谁举证”的原则由主张的一方承担证明责任,岗位实习生需要证明实习单位存在过错、损害结果、侵权行为、行为与结果间具有因果关系。因在岗位实习过程中受实习单位和职业院校支配,岗位实习生对于岗位选择的自主性、灵活性较弱,在实习关系中处于被动的弱势地位,因此,在发生损害时需要岗位实习生对于实习单位的过错承担举证责任,具有不平等性。

实际上,岗位实习生因工受伤的发生与实习过程中的专业活动密切相关,与职工职业事故非常相似,即学生岗位实习劳动损伤原因与风险基本上同劳动者工伤伤害一致——职业劳动。但是,工人受到的工伤在救济时适用的是《工伤保险条例》,学生实习劳动受到的伤害在救济时适用的是《民法典》,而在赔偿责任的归责原则、赔偿保障等方面,《工伤保险条例》与侵权责任存在较大差异。根据我国《工伤保险条例》第 30 条的规定,劳动者因工作遭受人身伤害应当得到相应的赔偿,赔偿费用主要由工伤保险基金支付,不管当事人是否存在过错,即工伤保险责任的承担采用无过错责任归责原则;但根据我国《民法典》第 1165 条的规定,民事侵权责任的承担采用过错责任归责原则,即行为人有过错,行为人的过错行为与受害人的人身损害之间存在因果关系,受害人可获得赔偿,否则无法获得赔偿,且赔偿费用由侵权行为人支付,显然,学生岗位实习劳动伤害和劳动者工伤伤害尽管危险来源相同,但在能否得到赔偿和赔偿的保障上却有很大的差别。由此可见,学生岗位实习劳动伤害适用侵权责任法进行赔偿对受伤害学生不公平也不合理。[1]

---

〔1〕 参见孙长坪、卢宇:《学生岗位实习人身损害赔偿模式的评析与重构——基于对职业教育学生岗位实习伤害处理适用法律的思考》,载《中国职业技术教育》2022 年第 13 期。

2. 违约责任追究的困境

违约责任赔偿依据意思自治原则，在合同约定的情况下，在事故发生后，主要根据当事人意愿确定合同约定事项的责任承担情况。学生岗位实习人身损害赔偿适用合同法，则是指根据当事人的意愿，可以约定学生岗位实习人身损害赔偿的责任主体、赔偿范围、赔偿金额、赔偿方式等内容。

如果岗位实习生因工受伤依据实习协议的民事法律约定进行赔偿，由于岗位实习协议较多被认为属于委托合同，因此岗位实习中的工伤问题就会按照《民法典》中关于委托合同的责任划分进行赔偿。《民法典》中委托合同分为有偿委托合同与无偿委托合同。有偿委托合同中受托人基于过错给委托人造成损失，委托人可以向受托人进行索赔；无偿委托合同中受托人基于一般过错给委托人造成损失一般不需要进行赔偿。学校、企业和学生之间约定的岗位实习协议，如果是有偿委托合同，则学校或学生应当支付给企业一定的岗位实习费用，属于向企业购买岗位实习机会，当前采用这种方式开展学生岗位实习的情况比较少见，且不论该费用的承担最终由谁埋单、会否影响其开展岗位实习的积极性，“基于过错”的举证责任已经带来对岗位实习生救济方面的诸多不利。如果是无偿委托合同，则学校或学生不需要支付给企业岗位实习费用，当前采用这种方式开展学生岗位实习的情况比较常见，实习单位“基于一般过错给委托人造成损失一般不需要进行赔偿”将使岗位实习生救济无门。何况，岗位实习协议的成果属于校企互惠互利的实践教学成果，岗位实习中职业院校与实习单位属于“双育人主体”，理应共同承担实习中的风险，而企业在岗位实习中属于支出人力、物力成本较多的一方，实习又在企业进行，岗位实习生因工受伤的过错一般也会发生在企业方，无论按有偿委托合同还是按无偿委托合同看待岗位实习协议，委托合同中的过错承担将不利于“双育人主体”的权利平衡，特别是将严重影响企业参与的积极性。因此，适用违约责任处理岗位实习生因工受伤问题存在不妥。

3.工伤保险适用的困境

工伤保险制度是为保障劳动者在因工受伤后得到合理赔偿和特殊待遇的法律制度。在国家立法层面,岗位实习生工伤风险没有被工伤保险等法律制度所涵盖,《社会保险法》没有涉及岗位实习生的工伤保险问题;《工伤保险条例》虽然在修订时扩大了工伤保险的范围,但并没有包括实习生;《职业学校学生实习管理规定》要求,政府有关部门要积极探索职业院校实习生参加工伤保险的解决方法,对职业学校学生实习责任保险、人身意外伤害保险等依法进行监管,规定职业学校实习责任保险、意外伤害保险产品等要加快发展,以满足职业学校学生实习需要,提高学生实习期间的风险保障水平。鼓励保险公司对学徒制保险专门确定费率,实现学生实习保险全覆盖。这些规定为构建岗位实习生工伤保障制度提供了制度建设思路,但是其属于概括性规定和倡导性条款,缺乏具体可行的配套措施和具体举措。在地方立法层面,河南、浙江、贵州等省份已经出台相关的规范性文件,其中均规定了岗位实习生因工受伤参照工伤保险制度进行赔偿;也有一部分地方政府鼓励企业使用商业保险保障岗位实习生的权益。可见,地方性规定在解决岗位实习生工伤保障问题方面较国家立法更加具体,但是由于各地规定不统一,裁判标准不一致,在司法实践方面存在混乱。

《工伤保险条例》保护的主体仅限于劳动者,用人单位为劳动者缴纳了工伤保险费,劳动者在面临职业劳动危险的情况下为其创造利润是享受工伤保险待遇的前提条件,因此,为保障劳动者工伤待遇,用人单位应履行其义务。故各国法律都要求用人单位为劳动者缴纳工伤保险费。[1]在风险源、伤害发生过程、伤害发生的时间地点等方面,学生岗位实习遇到的劳动伤害与工人遇到的工伤相似度都很高,但是在以学生身份参加岗位实习并获得自身成长方面却与工人有所不同。

---

〔1〕 Eduard J. Priz, *Ultimate guide to workers' compensation Insurance*, Enterpreneur Press, 2005, p. 34.

可见,我国《劳动合同法》《社会保险法》《工伤保险条例》等相关法律制度都没有将学生在工作岗位上实习所受到的伤害纳入《工伤保险条例》予以保障,学生在工作岗位上实习受到的人身伤害适用工伤保险进行赔偿是不适宜的。虽然有地方政府将实习生纳入单独适用工伤保险的范围要求有关单位进行投保,但仍然存在投保率低的现象。有关学者认为,学生在工作岗位上实习不是劳动者并且实习单位可能因为废料、残次品增多,导致管理难度增大和实习成本增加,实习单位购买工伤保险积极性降低,影响岗位实习生权益保障。因此,学生岗位实习人身损害赔偿难以适应工伤保险法,工伤保险法也不宜直接适用于学生岗位实习人身损害赔偿。〔1〕

4. 商业保险适用的困境

实践中,为保障岗位实习生的合法权益,有关单位购买的商业保险主要有实习责任险、雇主责任险、意外伤害险、学校责任险和医疗保险等。常见的组合模式主要有"雇主责任险 + 意外伤害险""学校责任险 + 意外伤害险 + 医疗保险""医疗保险 + 意外伤害险"等。对雇主责任险、意外伤害险、学校责任险进行组合投保时,这几种组合方式在一定程度上存在重复保险问题,造成社会资源的浪费,而且组合投保也只能保障实习单位或者职业院校一方的法律风险,保障范围较小。实践中,专业保障实习安全的实习责任险在投保方式、保障额度、认定标准等方面还存在很多不足。

实习责任险按照我国保险法原理分类属于商业保险,具有营利性。是否允许有关主体进行投保,对于保险主体来说具有可选择性、自愿性。在实习保险问题上,我国有关政策法规已规定购买保险的必然性和责任单位。〔2〕但作为岗位实习组织单位的职业院校,在实习规章制度中,大多对其负责的实习保险未予必要关注,相关政策法规赋予的保险责任在

〔1〕 参见孙长坪、卢宇:《学生岗位实习人身损害赔偿模式的评析与重构——基于对职业教育学生岗位实习伤害处理适用法律的思考》,载《中国职业技术教育》2022 年第 13 期。

〔2〕 《职业学校学生实习管理规定》第 35 条。

现实需求、政策规范等方面明显滞后,只要求“应当为实习学生投保实习责任保险”,但没有对该保险作出具体可操作性的规定,如投保的保险类型、保险范围和提供保险的财政资源等。

在《教育部办公厅关于实施全国职业院校学生实习责任保险统保示范项目通知》中对实习责任险的保障额度、保险份额及出单区域作出了规定,对于保险责任承担的情形也作出了列举式的规定,对于保障额度规定了每人责任限额为 50 万元,其中医疗费用限额为 8 万元。但是,通过对“裁判文书网”上 2017 年 1 月 ~2022 年 5 月的 211 个相关案例的统计分析,医疗费用超过 8 万元的案件占了 83.5%;另外,如果学生在岗位实习时因工受伤并失去劳动能力,50 万元的责任限额是否偏低?

关于保险费率,目前多数省、市的实习责任险投保费率标准是全国统一为中职学生设定的第一学年每人 5 元、第二学年每人 6 元、第三学年每人 28 元的“统保示范项目”费率,三年合计保费为 39 元;高职三年级学生上学期和下学期则分别为 8 元和 20 元。这一保费标准对于经济欠发达地区的学校或相关企业而言,增加其费用成本;但对于经济发达地区来说并不高,而经济发达地区的赔付率和赔付额却有可能大大超过贫困地区,这使得承保此项业务的保险公司在经营上很容易陷入亏损的局面。此外,文科类和理工类由于学科差异,岗位实习生面临的风险差异较大,而在保费标准相同的情况下,文科类学生的事故率和受伤害程度通常远小于理工类学生,这显然也是不公平的。

关于认定标准,相关法律法规并未对商业保险和工伤保险的工伤认定标准进行统一的一致性规定,即强制要求劳动者在购买商业保险的同时,必须接受一套商业保险自身设定的工伤认定标准,该认定标准甚至比社会保险的认定标准更为严苛,这是不合理的。在法律和与法律有关的专业标准方面,“我们可以发现大量的神秘规则,他们是极其技术化和专业的”。[1] 保险公司基于契约自由原则,在职工购买保险时没有仔细

---

〔1〕 [英]马丁·洛克林:《公法与政治理论》,郑戈译,商务印书馆 2002 年版,第 342 页。

审核,在不知道相关认定标准的情况下,往往会根据经营需要制定一套工伤认定标准。在岗位实习发生工伤问题时,法院将对商业保险的工伤认定标准进行审查,但对工伤事故的商业保险的司法监管面临以下困境:第一,一般而言,法院不会干涉专业事务。"法院发现,对行政决定进行司法审查时,相对专长(comparative expertise)这一概念非常有用,确有必要予以重视。法院会考虑,在特定机构、法院或部门中,哪一家更能把握具体法律问题涉及的关键事务。"[1]法院难以直接判定商业保险的工伤认定标准不合理。第二,美国 Lochner v. New York[2]案留下的谜题:劳动者权益保护与契约自由的法律价值孰轻孰重,在许多司法者看来是难以估量的。

二、岗位实习生权利保障的国外借鉴

(一)德国对岗位实习生的权利保障

德国为切实保障实习学生的各种权益制定了大量的法律法规,如《联邦职业教育法》《意外保险法》《一般条款和条件》《职业教育促进法》《职业培训法》《手工业条例》等,对学生的实习制定了包括劳动时间、最低工资、劳动报酬、工作内容、保险等在内的原则和办法。在德国的劳动法中,实习生一般被定义为学徒或者参加职业培训的人员,也作为单位的雇员,与单位具有雇佣关系。德国法律认定,只要学生在组织中提供非独立性劳动,就应当认定为劳动关系,岗位实习生享有实习单位正式员工的相同权益,岗位实习生和实习单位建立实习关系的同时签订相关的劳动关系协议书,在签订协议之时,实习单位必须为学生购买相关的保险。

---

[1] [美]斯蒂芬·布雷耶:《法官能为民主做什么》,何帆译,法律出版社 2012 年版,第 147 页。

[2] 参见[美]克里斯托弗·沃尔夫:《司法能动主义——自由的保障还是安全的威胁》,黄金荣译,中国政法大学出版社 2004 年版,第 29~30 页。

(二)法国对岗位实习生的权利保障

在法国,《劳动法典》将实习学生定义为普通劳动者,实习学生享有普通劳动者应享有的全部权利,并要求实习单位在2014年通过的实习法案中,对每年单位接受的实习生数量作出限制,每年不能超过相应比例,并应按照企业的规模聘用相应的实习学生。法国的《社会保险法典》中明确规定,工伤保险的保赔范围覆盖所有职业类院校实习学生——在法国,实习学生与企业职工一同享有劳动者权益,适用于工伤保险的保障模式。[1]

(三)英国对岗位实习生的权利保障

1998年以来,英国的新政策为雇佣培训生提供国家补助。英国雇佣保护立法一般适用于学徒。在承担安全保障责任方面,规定主要由雇主企业来承担劳动风险责任。[2] 英国法律规定,大学生在实习期间只要与雇主形成提供劳动、获取对等报酬的关系,就可以通过劳资法律得到保障。虽然学徒或者培训人员签订的合同与正式员工的合同不同,但它可以作为一种特殊的劳动合同,出现实习安全事故后适用工伤保险模式,可享受工伤保险的待遇。[3] 如果实习单位违反了相关法律,将受到严厉的处罚。

(四)日本对岗位实习生的权利保障

日本在《劳动者灾害补偿保险法》中规定:"本地方及国家政府的直营企业除外,只要是雇佣者所在的企业均适用。"该法将雇员界定为与企

---

〔1〕 参见陈国庆:《职业学校实习生伤害事故的原因分析及防范策略》,载《课程教育研究》2018年第43期。

〔2〕 参见[英]史蒂芬·哈迪:《英国劳动法与劳资关系》,陈融译,商务印书馆2012年版,第100页。

〔3〕 参见[法]让-雅克·迪贝卢、[法]爱克扎维尔·普列多:《社会保障法》,蒋将元译,法律出版社2002年版,第99页。

业或事务所有劳动关系并获得报酬的人,包括正式员工、兼职工作的学生、非法滞留的外国人等,并要求企业购买相关的保险。日本还规定了特殊的参保制度,即在没有违反工伤保险基本原则的情况下,从工作特点、上下班通勤意外和伤害事故发生的实际情况出发,允许那些不是纯薪酬劳动者参加的制度,也可以参照日本《劳动者工伤补偿保险法》的规定对其进行处理。可见,日本通过特殊的参保制度将实习学生纳入工伤保险模式。

通过分析其他国家的经验,首先,上述国家对岗位实习生的劳动主体地位在其本国内基本形成了统一的认识,理论基础比较完善。而我国目前还没有形成关于岗位实习生劳动主体地位的统一认识,岗位实习过程中,学生与其他主体的单一的劳动关系相比,教育关系显然更为复杂,学校与企业责任划分存在模糊,导致岗位实习生法律地位界定不清晰。其次,上述国家对将岗位实习生纳入有关工伤保障的研究比较完善,有相对成熟的解决方案。而目前我国有学者在研究过程中提出将岗位实习生纳入工伤保险的主体范围,但理论研究较多停留在意见提出阶段,缺乏完善的理论论证和实证解决方案。总体来看,对有关岗位实习生工伤保障制度设计的研究明显不足。最后,上述国家对岗位实习生的权益保障已经形成了系统性很强的制度。而目前我国现行相关制度总体上是相互孤立的,且缺乏具有具体配套措施的保障制度,因此很难将现有相关制度规定的岗位实习生权利转化为实际权利。可见,我国在此方面可以借鉴上述国家相关经验,对有关制度进行完善。

三、构建中国特色的学生岗位实习责任险制度

(一)构建学生岗位实习责任险制度的意义

实习责任险是为深入推进教育实践,促进学生实习过程的安全管

理,有效维护受害实习生的合法权益而设立的一种险种。[1]《职业学校学生实习管理规定》明确实习责任保险,可以理解为职业学校和实习相关单位依照法律、行政法规为参加实习的学生投保的责任保险,主要承保在实习单位实习期间发生的意外事故以及因被保险人的疏忽或过失造成的人身伤害。该保险涵盖了保险公司根据保险合同应承担的责任。保险公司负责根据保险合同对被保险人进行赔偿。[2]《职业学校学生实习管理规定》要求职业院校与实习单位为实习生投保实习责任险,责任保险范围应当覆盖实习活动的全过程,包括学生实习期间遭受意外事故及被保险人疏忽或过失导致的学生人身伤亡,被保险人依法应当承担的赔偿责任以及相关法律费用等。[3] 实习责任险的目的是将学生岗位实习风险市场化的同时,政府运用有效手段对学生权益进行最大限度的保障,并对实习单位风险和学校风险进行转移,提高学校办学质量和减轻实习单位生产经营压力,从而促进产教深度融合。

1. 分散主体责任风险

岗位实习期间发生工伤事故是客观存在的风险,不仅会给岗位实习生带来伤害,也会给实习单位和学校带来损失。在实践中,大量岗位实习工伤案件,法院是按照民事侵权案件进行审理的,其中大部分案件,法院按照实习单位与学校的责任大小进行划分,由实习单位与学校承担赔偿责任,导致企业和院校风险过大。

在组织学生实习过程中,作为被保险人的实习单位和学校投保实习责任险,是转移被保险人风险和保障学生权益的有效举措。实习责任险将类似于工伤责任、意外伤害、教学实训责任、公平责任、精神损害等责任包含在内,包含了岗位实习生因工受伤的绝大多数情形,明确了保险承担的风险和损失赔偿功能,转移了岗位实习生因工受伤后对学校办学和企业经营所带来的风险。因此,将学生实习责任保险落到实处,使实

---

〔1〕《教育部办公厅关于实施全国职业院校学生实习责任保险统保示范项目的通知》。
〔2〕《教育部办公厅关于实施全国职业院校学生实习责任保险统保示范项目的通知》。
〔3〕《教育部办公厅关于实施全国职业院校学生实习责任保险统保示范项目的通知》。

习单位和学校承担的风险、赔偿等负担转移到保险人,才是真正解决学生实习阶段伤害事故赔偿问题的关键点。

2. 填补政策法规空缺

对于保险制度来说,学生实习责任险并不是法定强制保险,但实习责任险在保障权益和应用宗旨方面具有公益性质,它应属于职业教育体系中的重要部分。《教育部办公厅关于实施全国职业院校学习实习责任保险统保示范项目通知》规定,实习责任保险和学校责任保险相结合,并加以扩展,提供对实习学生的广泛保障。《职业学校学生实习管理规定》在提出推动建立学生实习责任保险制度的同时,对岗位实习的组织、管理、安全职责等也作出了比较具体的规定。但是,《全国职业院校学生实习责任保险统保示范项目简介》和《职业学校学生实习管理规定》中存在很多问题,如法规位阶不高,保费支付主体不够明晰,保险赔付范围不够明晰,对责任人的法律责任规定不明确,学生权利受到侵犯时缺乏应有的法律救济措施等,这导致在实践中缺乏良好的可操作性。

由此可见,当前我国实习保障的政策法规整体结构不够合理,相关政策法规缺乏系统性、可操作性,对于实习过程中学生所面临的劳动风险防范不够,对于学生在因工受伤损害发生后的权利救济缺乏保障,等等。为了保证制度环境的稳定,政府往往会采用指令性的政策工具加以弥补。显然,过多的指令性措施可能造成在具体运用相关政策保障学生人身权益时会面临选择性执行等问题。能力建设型政策工具的使用主要以制度建设为主,这说明我国学生实习权益保障政策偏向于通过制定各项实习工作制度来达成保障目的。[1] 将学生实习责任保险落到实处,可以有效填补相关政策法规空缺,最大限度地为实习学生提供有效的权益保障。

---

〔1〕 参见陈丽君、赖珊珊:《职业教育实习权益保障政策文本的 Nvivo 研究》,载《教育与职业》2020 年第 8 期。

3. 保障学生合法权益

首先，如前所述，在司法实践中，岗位实习学生因工受伤按照侵权责任法进行救济，根据“谁主张，谁举证”的举证原则和“过错责任”的归责原则，受侵害学生需要对实习单位和学校的违法行为、实习单位和学校的过错、自己受伤害的事实及其因果关系进行举证，这大大增加了学生维护自身权益的难度。[1]

其次，采用实习责任保险制度比起将实习学生因工受伤纳入工伤保险制度而言，更有利于维护实习学生的合法权益。工伤保险是指劳动者在工作中或在规定的特殊情况下遭受意外伤害或患职业病导致暂时或永久丧失劳动能力以及死亡时，劳动者或其家属从国家和社会获得物质帮助的社会保险制度。从适用主体上看，工伤保险的适用主体属于劳动法上的“劳动者”，虽然岗位实习生具有一定的劳动者特征，但是其本质上不是真正的劳动者，岗位实习过程中的三方法律关系与一般的劳动关系不同、所涉及的人身风险也不同，将岗位实习生强制性纳入《工伤保险条例》的范畴，将带来理论研究和制度实践上的很多新问题，存在一定的理论风险和实践风险。从保险属性来看，工伤保险属于社会保险，属于政府统筹管理的范围，具有一定的强制性，主体具有特定性。而学生实习责任保险在属性上并非单纯的商业保险，而是具有“市场运作、政策引导、政府推动”并且由教育部大力推进的公益性保险产品，填补了教育实习制度中岗位实习工伤保障漏洞，弥补了校方对实习生保障责任的一项空白。从保险理念来看，工伤保险以保护职工及其家属生存权为出发点，秉承公法理念，目的是对个人和社会的劳动力进行保护或者重建，这是具有公法属性的国家公权力介入的。[2] 而实习责任保险则以填补损害，使受害学生能恢复事故发生前的原初状态为初衷。工伤保险赔偿项

[1] 参见黄亚宇、雷世平：《职业院校学生顶岗实习伤害事故的法律救济研究》，载《职教论坛》2014 年第 28 期。

[2] 参见吕琳：《劳工损害赔偿法律制度研究》，中国政法大学出版社 2005 年版，第 209 ~ 210 页。

目中的一次性伤残补助金、停工留薪期工资是以劳动者的工资为计算标准的。如《职业学校学生实习管理规定》第 18 条规定："……在实习岗位相对独立参与实际工作、初步具备实践岗位独立工作能力的学生，原则上应不低于本单位相同岗位工资标准的 80% 或最低档工资标准……"因此，即使将实习学生因工受伤纳入工伤保险范畴，如果采用该规定作为薪酬支付和赔偿救济的计算标准，岗位实习生因工受伤将得不到充分有效的救济，这将偏离社会保障法中的倾斜保障劳动者原则。

最后，即使采用人身意外伤害保险的方式保障实习学生合法权益，也是力有不逮的。人身意外伤害保险，是指被保险人在保险有效期内，因遭受非本意的、外来的、突然发生的意外事故致使身体遭受伤害时，保险公司按照保险合同的规定给付保险金的保险。[1] 第一，学生实习时的人身意外伤害险是建立在实习协议基础上自愿进行购买的，人身意外伤害保险一般保额不高。第二，人身意外伤害保险不适用损失补偿原则，如果学生在实习期间发生意外伤害，根据保险原则和相关法律法规的规定，承担部分责任的实习单位和学校仍需对学生进行赔付。然而，尽管实习责任保险人的付款是支付给被保险人的，但它实际上是对造成损害的人，即不是被保险人的第三方的赔偿，保险人的赔偿款既可以直接支付给受害人，也可以在被保险人赔偿受害人之后补偿给被保险人。实习责任保险是由保险人直接保障被保险人利益，间接保障受害人利益的一种双重保障机制。[2] 第三，人身意外伤害保险与实习责任保险的保险性质不同。意外伤害险也称为人身意外伤害险，属于人身保险的范畴，学校与实习单位不是保险合同的当事人，学校必须在经过学生本人同意或者学生监护人同意的前提下购买意外伤害保险，学生购买意外伤害险后只有在符合合同约定的事项范围内受到意外伤害才可以依法进行求偿。而实习责任险的投保人是学校，被保险人是学校和实习单位，学生属于

---

〔1〕 参见余卫明、喻洁：《论实习生伤害事故的责任承担》，载《时代法学》2011 年第 1 期。
〔2〕 参见乌跃良：《论责任保险的特征》，载《财经问题研究》2000 年第 6 期。

保险中的第三人,实习责任险是通过转嫁实习过程中被保险人的侵权责任实现风险转移,属于责任保险的范畴。第四,人身意外伤害保险与实习责任保险的责任范围不同。人身意外伤害保险中的“意外”必须是不可预料的。从某种意义上说,学校或实习单位的主观失误,导致实习安全事故发生,如忽视实习生的安全管理,人身意外伤害保险是不予承保的。而实习责任保险保障学生免受因学校或实习单位造成的意外伤害或财产损失。这意味着实习责任保险可以承保学校或实习单位的主观失误导致的实习安全事故发生,有效转嫁实习单位或学校的风险。因此,与人身意外伤害保险相比,实习责任保险空间更大。第五,人身意外伤害保险与实习责任保险的保险理念不同。人身意外伤害保险是一个纯粹的私法概念,是商业保险公司为了生存和发展,利用多大数法则,期望获得利润而开发的,而且利润极高。实习责任险兼具工伤保险的社会保障性(公法属性)和雇主责任险的商业经济补偿性(私法属性)。因此,为学生实习引入责任保险制度,转移了事故风险,拉近了企业、学校和保险公司的距离,有利于共同保护岗位实习生的合法权益。

(二)学生岗位实习责任险的具体制度设计

1. 建立双被保险人制度

根据我国《保险法》的规定,被保险人是指其财产或者人身受到保险合同保障,而依法享有保险金请求权的人。被保险人通常来说具有以下两个特征:(1)必须是保险事故发生时具有实际损失的人;(2)必须是享有保险金请求权的人。实习责任险是将岗位实习过程中发生的因工受伤责任和意外伤害责任进行转移的一种保险制度。当前,相关的规章制度规定了实习单位和学校可以投保实习责任险,但是存在投保主体和被保险人不明确的问题。在实践中,保险公司大多认为实习单位内的岗位实习生数量少,不够集中,因而大多采取了拒绝实习单位投保的态度。因此,绝大多数实习责任险的投保主体是学校,这也就决定了实习责任险的被保险人通常只有学校,实习单位主要是通过购买雇主责任险或者人身意外伤害险转移岗位实习生因工受伤的风险。

在我国人身保险领域,已经衍生出了"双被保险人"这种制度设计,在法律层面也并未禁止该设计的存在,是否选择这种设计属于当事人意思自治的范畴,投保人与被保险人经过协商可以依法自行安排保险合同的有关具体内容。在人身保险中采取"双被保险人"这一设计可以保护多个被保险人的利益,降低单个账户的保障成本,实现保险收益的延伸。

在责任保险中,被保险人也不必限于被保险人本人,还可以包括代理人等具有被保险人事务管理权的人。岗位实习过程中的实习责任险、意外伤害险和雇主责任险都是为了保障岗位实习生的实习安全和合法权益,经常会出现不同保险人对同一保险标的进行保险的现象,在一定程度上属于重复保险,造成了相关资源的浪费。因此,保险公司在进行实习责任险创新的过程中,可以参照人身保险领域新型的"双被保险人"制度,使一份实习责任险可以保护实习单位和学校等多个被保险人的利益,并从模型搭建、责任设计以及后续系统的精确计算等方面进行系统性的创新,充分提升保费适用效率,实现对岗位实习生权益保障的最大化,并降低实习单位和学校的压力与风险。

2. 明确强制保险的类别属性

保险按照执行力区分,可以分为强制保险和非强制保险等。强制保险是另一类非市场力量,其表现为责任人没有选择是否投保该险种的权利,只有选择到哪个保险公司投保的自由。[1] 强制保险又包括在全国范围内实施的强制保险、在地方范围内实施的强制保险和在特定行业内实施的强制保险等。

前述通过对"裁判文书网"上 2017 年 1 月 ~2022 年 5 月的 211 个相关案例的统计分析,发现实习责任险的投保率低。可见,一些教育行政部门、学校和实习单位对实习责任险重要性的认识普遍偏低,通过实习

[1] 参见贾亚君、尹晓敏:《学生实习责任险的设立与推行论析》,载《浙江树人大学学报(人文社会科学版)》2010 年第 6 期。

责任险分担学生实习事故赔偿责任的意识相对薄弱。

因此，应当通过法律规范将实习责任险列为强制保险，通过教育行政部门的推动和引导对实习责任险进行全国范围内的普及。其原因如下：第一，实习责任险所保障的社会利益远大于私人利益，具有公益性和正外部性的特征，这就要求对实习责任险进行强制性的购买。第二，学界普遍认为，强制保险的风险具有风险造成的危害较大、赔偿责任相对较重、风险发生相对频繁等特点，而实习责任险所投保的风险兼具上述特征。岗位实习属于职业教育、高等教育的重要组成部分，随着参与岗位实习学生的增加和岗位实习时间的延长，岗位实习过程中工伤风险等不可避免地增加，实习单位和学校作为相关的责任主体所面临的赔偿压力也日益增大，实习单位和学校在面临巨大赔偿压力的情况下，虽然也会通过不断健全实习管理制度、加强实习安全教育、强化劳动安全保护等方式力求降低实习生工伤等的发生概率，但是通过购买实习责任险分担风险也是极为重要的选择。第三，增加对实习生职业伤害的保障是实习责任险制度的根本价值取向，在实习责任险中，受害人的伤害由具有赔偿能力的保险公司进行赔付，为实习生及时获得充足赔偿提供了有力的保障，弥补了现存工伤保障的诸多不足，使实习责任险成为一种高度社会化的风险保障制度。如果通过强制措施，成功地普遍推行实习责任保险制度，对于保障实习生合法权益、高质量推进教育实习实训环节，有效促进产教融合等，都是具有重要意义的。《职业学校学生实习管理规定》第35条也明确规定："职业学校和实习单位应当根据法律、行政法规，为实习学生投保实习责任保险……"

3. 提供保费保障

(1)着力拓宽保费来源

保费来源问题是制约我国实习责任险发展的重要原因。学校和部分中小企业购买这一险种的动力不足，很大程度上是由于其资金有限。

在国际范围内，工伤保险基金的募集按照基金来源的不同，可分为雇主完全负担模式,雇主负担和政府补助模式,雇主与雇员共同负担模式和雇主、雇员和政府三方负担模式以及其他模式。我国工伤保险基金的筹集不同于上述模式,应属于其他模式的范畴。[1] 我国工伤保险基金来源中,雇主完全负担缴纳工伤保险费,政府财政补贴没有纳入法定基金来源,但不排斥其他资金来源,如社会捐赠等。[2]

在许多国家,高等教育基金汇集了多种资金来源,包括政府拨款、学费收入、社会服务所得以及社会捐赠所得等。我国实习责任险的基金来源应与工伤保险进行适当的区分讨论,为拓宽基金来源,更好地推广实习责任险,从岗位实习的参与主体、社会属性、积极影响来看,我国实习责任险的基金来源至少应当包括政府财政支持、社会捐助、彩票发行、个人捐助、学费收入、企业投入等方式。首先,应当建立全国统一的各省参与的实习责任险资金互助制度,以达到将某一地区的充裕资金配置到资金相对缺乏的地区,实现实习责任险领域的区域均衡化发展。其次,应当考虑通过省级财政预算的方式在各省级区域设立实习责任险基金,并明确该基金的管理部门及其职责,以专职的专业人员对实习责任险基金的各个环节进行统一高效的管理和运作。最后,应当明确学校和实习单位必须购买实习责任险,学校的实习责任险资金在学费中提出,并通过纳入运营成本、给予税收优惠等方式给予实习单位在购买实习责任险方面的适当的资金补助。[3]

(2)强化学校与实习单位的筹资责任

在现行的工伤保险制度中,用人单位是缴费义务的承担者,劳动者自身无须缴纳保险费用。这种制度设计主要是从让用人单位承担职业伤害风险的角度出发的。[4]

---

〔1〕 参见郑尚元:《工伤保险法律制度研究》,北京大学出版社 2004 年版,第 173 页。

〔2〕 参见郑尚元:《工伤保险法律制度研究》,北京大学出版社 2004 年版,第 174 页。

〔3〕 参见胡燕敏:《我国学生实习安全责任保险问题研究》,首都经济贸易大学 2016 年硕士学位论文,第 29 页。

〔4〕 参见姜超:《网络平台灵活就业人员工伤保险制度构建问题探究》,载《黑龙江人力资源和社会保障》2022 年第 14 期。

实习责任险是由学校或实习单位进行投保并作为被保险人,用实习责任险去转嫁学生实习过程中产生的风险的一种保险制度。在岗位实习生工伤保障的制度设计中,学校和实习单位应当成为缴费主体。一是从岗位实习生、实习单位和职业院校的关系角度分析,岗位实习生要按照实习单位的要求提供劳动服务、完成指定任务,并从实习单位获得相应的劳动报酬,岗位实习生也是按照学校的学生管理规定完成相应的实习实训活动并取得相应的学分,那么实习单位和学校对于这个过程中发生的人身伤害应该承担一定的责任,这也是完全符合促使其更加关注实习安全的职责要求。二是从促进实习单位和学校发展的角度分析,实习单位和学校在岗位实习法律关系中属于强势一方,实习单位在参与岗位实习过程中可直接获得减少劳动力及其培养成本的收益,学校在岗位实习过程中也可通过与企业合作获得实训资源和提高人才培养质量的收益,而岗位实习生在实习过程中的自主选择权与人身安全保障相对处于较为弱势的地位,实习单位和学校应为岗位实习过程中的弱势一方(岗位实习生)提供更好的安全保障。三是实习单位和学校是实习责任险制度的受益方,实习责任险分担了实习单位和学校在学生实习中的损失风险,由其筹划保险资金来源也符合“谁受益,谁承担”的原则。

(3)加大财政支持力度

随着产教融合不断推进,岗位实习势必成为培养高素质技术技能人才的重要环节,实习责任险的承保范围将不断扩大,投保人和被保险人的责任和资金负担也将不断加重。而人才培养具有社会性和公共性,因而实习责任保险并不属于私人专属领域,仅仅依靠学校和实习单位等承保主体负担其成本并不合理。根据报偿责任主义理论,“利益的归属之处亦为损失的归属之处”,岗位实习的受益方是多元的,既包括获得成长的实习学生,也包括履行人才培养职责的学校,还包括获得人力资源替代和潜在人力资源来源的实习单位等,并且国家和社会也因为高质量的人才培养而获得高质量发展所需的人力资源支撑。因此,岗位实习中的工伤风险应当由实习单位、岗位实习生、当地政府、学校进行责任分担,尤其是在实习责任险强制实施初期,实习责任险的保单数量大等投保优势不会立刻显现,这就需要国家通过财税政策支持实习责任险的初期运行和推广。而政府加大财政支持力度,一方面,会减轻学校与实习单位经济压力;另一方面,由政府承担一定比例的保费,将稳定实习责任险的保费来源进而促进岗位实习的良性循环。

4. 优化保险费率计算

按照《教育部办公厅关于实施全国职业院校学习实习责任保险统保示范项目通知》的规定,保险费率分为适用高职最后一学年和不适用高职最后一学年两种类型,并且规定了不同实习期间的费率在学年保费中的不同占比。这种费率计算考虑了理论学习和实习实训等不同教育阶段的不同风险程度及其差异化,具有一定的科学性。但是,因其对于不同专业的实习风险和不同地区的经济发展水平欠缺考虑,在保险费率计算方面也存在明显缺憾。

优化保险费率计算,应当考量下列因素:一是实习责任险在具有公益性的特征下,原则上不适合设置过高的保险费率。二是由于学科差异而必然有实习风险差别,不同学科的实习事故率和伤害程度会有较大不同,人文社会科学的实习生可以降低保费,自然科学的实习生可以适当提高费率。甚至,由于实习责任险应当满足经济形态多元化、岗位实习职业风险复杂化等需求,在进行保险费率设计时应结合不同专业岗位实习时的工伤风险,按照行业风险等级进行实习责任险的费率等级划分。三是应当按照实习时间的长短等进行科学合理的实习责任险费率设定。四是应当科学地根据地区差异设置差异化的保险费率。在发展经济相对较低的地区,因工受伤的治疗费用和后续的生活保障费用等相对也较低,保费支付也会相对减少,可以设置相对较低的保费水平。对于经济发展水平相对较高的地区,因工受伤的治疗费用和后续的生活保障费用等相对也较高,保费支付也会相对增加,可以设置相对较高的保费水平。另外,由于不同地区不同的经济发展水平,政府财政补贴能力、学校和实习单位的支付能力等也都有所区别,这也可以作为基于地区差异设置差异化的保险费率的考量因素。[1]

5. 加强监管问责

保险的监管是保护保险消费者权益和维持保险业正常运营的关键所在。保险公司经营具有负债性、保险风险具有不确定性、保险公司与消费者之间的信息具有不对称性、保险合同具有射幸性等因素是进行保险监管的必要原因。实习责任险作为一种新型保险，所面临的风险相较于成熟保险品种来说具有更大的不确定性，更应该加强监管问责工作。第一，加强对实习工作规范性、安全性等方面的监管问责，从根源上防范和减少实习因工受伤等情况的发生。第二，加强对实习责任险投保情况的监管问责对象，包括学校和实习单位的投保情况和保险公司接受投保的情况等。第三，加强对保费保障情况的监管问责对象，包括政府财政支持、社会捐助、彩票发行、个人捐助、学费收入、企业投入等情况。第四，加强对保险理赔情况的监管问责，特别是要对理赔档案是否齐全完备，定案估损是否准确、责任确定是否符合条款规定，赔款计算情况是否正确合规，拒赔案件的拒赔理由是否充分、有无该赔不赔的现象，有否以赔谋私等加强监管问责。

---

〔1〕 参见贾亚君、尹晓敏：《学生实习责任险的设立与推行论析》，载《浙江树人大学学报（人文社会科学版）》2010 年第 6 期。

主要参考文献

一、规范性文件类

1.《教育法》。

2.《高等教育法》。

3.《职业教育法》。

4.《劳动法》。

5.《劳动合同法》。

6.《公司法》。

7.《中共中央关于全面深化改革若干重大问题的决定》。

8.《国务院关于加快发展现代职业教育的决定》。

9.《事业单位人事管理条例》。

10.《统筹推进世界一流大学和一流学科建设总体方案》。

11.《国务院办公厅关于深化产教融合的若干意见》。

12.《国家职业教育改革实施方案》。

13.《国家产教融合建设试点实施方案》。

14.《关于推动现代职业教育高质量发展的

意见》。

15.《关于深化现代职业教育体系建设改革的意见》。

16.《职业教育产教融合赋能提升行动实施方案(2023—2025年)》。

二、专著类

1. 史尚宽:《劳动法原论》,世界书局1934年版。

2. 孙国华主编:《中华法学大辞典》(法理学卷),中国检察出版社1997年版。

3. 张意:《文化与符号权力》,中国社会科学出版社2005年版。

4. 吕琳:《劳工损害赔偿法律制度研究》,中国政法大学出版社2005年版。

5. 孔繁斌:《公共性的再生产》,江苏人民出版社2008年版。

6. 韦建桦主编,中共中央马克思恩格斯列宁斯大林著作编译局编译:《马克思恩格斯文集》(第1卷),人民出版社2009年版。

7. 费孝通等:《乡土中国》,上海人民出版社2013年版。

8. 习近平:《习近平谈治国理政》,外文出版社2014年版。

9. 汤黎虹:《社会法学》(第2版),中国人民公安大学出版社2014年版。

10. 汤黎虹:《社会法基本理论》,法律出版社2017年版。

11. 徐国庆:《从分等到分类——职业教育改革发展之路》,华东师范大学出版社2018年版。

12. [法]皮埃尔·布迪厄、[美]华康德:《实践与反思》,李猛、李康译,中央编译出版社1998年版。

13. [俄]B. B. 拉扎列夫主编:《法与国家的一般理论》,王哲等译,法律出版社1999年版。

14. [英]马丁·洛克林:《公法与政治理论》,郑戈译,商务印书馆

2002 年版。

15. [法]让-雅克·迪贝卢、[法]爱克扎维尔·普列多:《社会保障法》,蒋将元译,法律出版社 2002 年版。

16. [法]P. 布尔迪约、[法]帕斯隆:《再生产——一种教育系统理论的要点》,邢克超译,商务印书馆 2002 年版。

17. [德]哈贝马斯:《在事实与规范之间》,童世骏译,三联书店 2003 年版。

18. [美]克里斯托弗·沃尔夫:《司法能动主义——自由的保障还是安全的威胁》,黄金荣译,中国政法大学出版社 2004 年版。

19. [法]皮埃尔·布尔迪厄:《艺术的法则:文学场的生成与结构》,刘晖译,中央编译出版社 2011 年版。

20. [美]斯蒂芬·布雷耶:《法官能为民主做什么》,何帆译,法律出版社 2012 年版。

21. [英]史蒂芬·哈迪:《英国劳动法与劳资关系》,陈融译,商务印书馆 2012 年版。

22. [法]P. 布尔迪厄:《国家精英——名牌大学与群体精神》,杨亚平译,商务印书馆 2018 年版。

三、学术论文类

1. 邢晖:《〈职业教育法〉修订历程回顾与〈职业教育法修订草案(征求意见稿)〉分析》,载《中国职业技术教育》2020 年第 10 期。

2. 郭道晖:《中国立法的价值取向》,载《法制现代化研究》1996 年第 00 期。

3. 易继明:《国际科技交流与合作的法律调整》,载《科技与法律》1997 年第 4 期。

4. 乌跃良:《论责任保险的特征》,载《财经问题研究》2000 年第

6 期。

5. 马怀德:《公务法人问题研究》,载《中国教育法制评论》2002 年第 00 期。

6. 赵万一:《论民商法价值取向的异同及其对我国民商立法的影响》,载《法学论坛》2003 年第 6 期。

7. 马永堂:《国外促进就业法研究及对我国的启示与思考》,载《中国劳动》2005 年第 3 期。

8. 郑昆白:《论现代商法的基本原则》,载《巢湖学院学报》2006 年第 4 期。

9. 吕春枝、刘增莲:《美国联邦与各州教育立法的主导与主体关系》,载《河北大学学报(哲学社会科学版)》2007 年第 5 期。

10. 刘存刚:《美国的校企合作及其对我国职业教育的借鉴意义》,载《教育探索》2007 年第 8 期。

11. 张琼:《我国高校国际科技合作与交流问题研究》,载《商丘师范学院学报》2008 年第 8 期。

12. 刘玲、杨永齐等:《高校科技管理创新与科技合作国际化研究》,载《技术与创新管理》2009 年第 1 期。

13. 乔佩科:《技术知识的特性及其对技术教育的启示》,载《东北大学学报(社会科学版)》2009 年第 2 期。

14. 郭忠华:《社会权利的历史分形与当代整合》,载《比较政治学研究》2010 年第 1 期。

15. 匡瑛:《究竟什么是职业能力——基于比较分析的角度》,载《江苏高教》2010 年第 1 期。

16. 黄蘋:《从相关法案看美国职业教育的发展》,载《职业教育研究》2010 年第 4 期。

17. 许竞:《试论国家的技能形成体系——政治经济学视角》,载《清华大学教育研究》2010 年第 4 期。

18. 陈玺名、肖凤翔:《公立高校教师法律身份的变迁与思考——基于高校教师人事制度市场化改革视角》,载《现代教育管理》2010 年第 4 期。

19. 战建华:《福利国家改革与公民社会权利重构》,载《湖北社会科学》2010 年第 6 期。

20. 贾亚君、尹晓敏:《学生实习责任险的设立与推行论析》,载《浙江树人大学学报(人文社会科学版)》2010 年第 6 期。

21. 余卫明、喻洁:《论实习生伤害事故的责任承担》,载《时代法学》2011 年第 1 期。

22. 李成龙、秦泽峰:《产学研合作组织耦合互动对创新绩效影响的研究》,载《科学管理研究》2011 年第 2 期。

23. 冯彦君、张颖慧:《"劳动关系"判定标准的反思与重构》,载《当代法学》2011 年第 6 期。

24. 陈秉公:《"类群结构与选择"图型理论提出及知识体系建构》,载《社会科学战线》2011 年第 8 期。

25. 闫蕾:《高等教育质量立法保障与投资拨款比较研究——以中国、美国、印度三国为例》,载《洛阳理工学院学报(社会科学版)》2012 年第 2 期。

26. 陈步雷:《社会法的功能嬗变、代际更替和中国社会法的定位与建构》,载《现代法学》2012 年第 3 期。

27. 李晓霓:《我国工伤保险范围亟需扩大——特殊专业实习生工伤保险机制的构建》,载《中国劳动关系学院学报》2012 年第 6 期。

28. 李培智:《大学生实习劳动关系认定探微》,载《法学杂志》2012 年第 6 期。

29. 曾运强:《美国新生劳动力就业及失业人员再就业促进政策的启示》,载《人事天地》2012 年第 10 期。

30. 孙长坪:《学生顶岗实习劳动风险化解的法律缺失与完善——基于顶岗实习劳动风险相关主体权益保护的思考》,载《中国高教研究》2012 年第 11 期。

31. 刘俊芳:《职业教育中学生实习保险的路径选择》,载《保险职业学院学报》2013 年第 3 期。

32. 汤黎虹:《社会法论纲——基于社会法历史逻辑和理论逻辑的辩考》,载《福州大学学报(哲学社会科学版)》2014 年第 1 期。

33. 吴郁芬:《设立学生实习责任保险的必要性与可行性研究》,载《辽宁高职学报》2014 年第 4 期。

34. 杨善江:《"产教融合"的院校、企业、政府角色新探——基于"三重螺旋"理论框架》,载《高等农业教育》2014 年第 12 期。

35. 和震:《建立现代职业教育治理体系　推动产教融合制度创新》,载《中国职业技术教育》2014 年第 21 期。

36. 张祺午:《澳大利亚职业教育法文本分析》,载《职业技术教育》2014 年第 27 期。

37. 李玉静:《美国职业教育法文本分析》,载《职业技术教育》2014 年第 27 期。

38. 黄亚宇、雷世平:《职业院校学生顶岗实习伤害事故的法律救济研究》,载《职教论坛》2014 年第 28 期。

39. 冯孟:《美国职业教育国家制度的构建及其启示》,载《职业教育研究》2015 年第 1 期。

40. 王振洪:《高职教育改革创新的实践困境与路径抉择——基于布迪厄"实践逻辑"的分析》,载《高等工程教育研究》2015 年第 2 期。

41. 刘淑华、刘欣妍:《走向治理:俄罗斯高等教育内部管理体制变革取向》,载《比较教育研究》2015 年第 2 期。

42. 汤黎虹:《社会法的本质:"扶权论"的理论视角》,载《江淮论坛》2015 年第 5 期。

43. 王亚南、林克松:《技术知识建构视阈下职业院校学生学习范式的转向》,载《职业技术教育》2015 年第 13 期。

44. 贺星岳:《基于现代职教体系的产教融合、校企一体化研究与实践——以浙江工贸职业技术学院为例》,载《职业技术教育》2015 年第

21 期。

45. 刘立新:《德国职业教育产教融合的经验及对我国的启示》,载《中国职业技术教育》2015 年第 30 期。

46. 祝成林、柳小芳:《产教融合背景下高职教育培养技术技能人才的困境与路径》,载《职业技术教育》2015 年第 34 期。

47. 秦惠民、谷昆鹏:《对完善我国教育法律体系的思考》,载《北京师范大学学报(社会科学版)》2016 年第 2 期。

48. 庞文、王小亮:《社会权利理论的发展脉络及研究展望》,载《武汉科技大学学报(社会科学版)》2016 年第 4 期。

49. 刘立新:《奥地利联邦职业教育法(连载一)——联邦学徒职业教育法,2015 年 7 月 13 日版》,载《中国职业技术教育》2016 年第 6 期。

50. 谢莉花:《德国职业教育的"教育职业标准":职业教育条例的开发内容、路径与经验》,载《外国教育研究》2016 年第 8 期。

51. 赵琳:《韩国高等职业教育的特色及启示》,载《河南教育(高教)》2016 年第 12 期。

52. 刘斌、邹吉权、刘晓梅:《职业教育产教融合的逻辑起点与应然之态》,载《中国高教研究》2017 年第 11 期。

53. 邵程林、袁敏、王书静:《新时代我国产业工人技能形成的升级路径研究——基于德、日、美三国职业教育与培训经验》,载《高等职业教育探索》2019 年第 3 期。

54. 袁靖宇:《高等教育:产教融合的历史观照与战略抉择》,载《中国高教研究》2018 年第 4 期。

55. 史际春、胡丽文:《政策作为法的渊源及其法治价值》,载《兰州大学学报(社会科学版)》2018 年第 4 期。

56. 吴希:《社会法视阈下公立高校教师法律地位探讨》,载《教育科学》2018 年第 4 期。

57. 李永生、牛增辉:《论产教融合及其深化内容》,载《北京教育(高教)》2018 年第 5 期。

58. 李玉芬:《新时代职业教育产教融合生态圈的建构》,载《教育与职业》2018 年第 20 期。

59. 陈国庆:《职业学校实习生伤害事故的原因分析及防范策略》,载《课程教育研究》2018 年第 43 期。

60. 余中根:《〈民法总则〉法人制度视野下民办高校分类管理存在的问题与解决机制研究》,载《高教探索》2019 年第 1 期。

61. 李连宁、王大泉、于安、姚金菊:《改革开放 40 年教育法治回顾与展望(笔谈)》,载《中国高教研究》2019 年第 3 期。

62. 郝天聪、石伟平:《从松散联结到实体嵌入:职业教育产教融合的困境及其突破》,载《教育研究》2019 年第 7 期。

63. 罗城、王兴满等:《基于产教融合的工科高职"校中厂"模式的内涵研究》,载《新教育论坛》2019 年第 8 期。

64. 赵旖旎、买琳燕、齐立辉:《"组织边界"理论视域下的多维校企合作机制》,载《教育与职业》2019 年第 18 期。

65. 王琼艳、胡小桃:《组织社会学视域下产教融合的困境及其破解》,载《职业通讯》2019 年第 21 期。

66. 欧阳慧、欧阳慜:《职业院校集团化办学能动机制的评价体系研究》,载《科技视界》2019 年第 26 期。

67. 李煜:《产教融合机制下政府与企业主体身份的话语研究》,载《滁州学院学报》2020 年第 4 期。

68. 刘立新、张凯:《德国〈职业教育法(BBiG)〉——2019 年修订版》,载《中国职业技术教育》2020 年第 4 期。

69. 劳凯声:《教师法律身份的演变与选择》,载《中国教育学刊》2020 年第 4 期。

70. 任海涛:《论教育法体系化是法典化的前提基础》,载《湖南师范大学教育科学学报》2020 年第 6 期。

71. 刘林山:《实践理论视角下职业教育培育产教融合型企业存在的问题与对策》,载《教育与职业》2020 年第 6 期。

72. 付含菲、杨红荃:《“新工科”与高职院校产教融合的机理耦合、现实困境与优化路径》,载《教育与职业》2020 年第 6 期。

73. 范奇:《论我国公办高等院校公务法人的定性》,载《西南政法大学学报》2020 年第 6 期。

74. 陈丽君、赖珊珊:《职业教育实习权益保障政策文本的 Nvivo 研究》,载《教育与职业》2020 年第 8 期。

75. 肖竹:《劳动关系从属性认定标准的理论解释与体系构成》,载《法学》2021 年第 2 期。

76. 聂如月、方益权:《职业教育产教融合立法的现实需求、基本原则及推进思路》,载《职业技术教育》2022 年第 13 期。

77. 姜超:《网络平台灵活就业人员工伤保险制度构建问题探究》,载《黑龙江人力资源和社会保障》2022 年第 14 期。

78. 罗珍资:《“七个共同”与产教深度融合的耦合》,载《产业科技创新》2020 年第 16 期。

79. 高祥晓、王思思等:《产教融合背景下金融工程专业实践教学体系研究》,载《创新创业理论研究与实践》2020 年第 20 期。

80. 王建洲、杨润勇:《“法法衔接”视域下〈职业教育法修订草案〉的分析与建议》,载《职业技术教育》2020 年第 24 期。

81. 杨润勇:《以“五大思维”统领职业教育立法研究》,载《职业技术教育》2020 年第 24 期。

82. 郭潇莹、马毅飞:《国际立法视角下我国〈职业教育法〉修订的若干建议》,载《职业技术教育》2020 年第 24 期。

83. 孙锐:《“十四五”时期人才发展规划的新思维》,载《人民论坛》2020 年第 32 期。

84. 方益权、闫静:《关于完善我国产教融合制度建设的思考》,载《高等工程教育研究》2021 年第 5 期。

85. 公海燕:《构建测绘职业教育纵向贯通、横向融通的人才培养“立交桥”——访河南测绘职业学院校长郭增长》,载《中国测绘》2021 年第

8 期。

86. 孙佑海:《〈反食品浪费法〉:统筹推进制止餐饮浪费的制度建设》,载《环境保护》2021 年第 10 期。

87. 李婷、徐乐乐:《职业教育产教融合质量评价体系构建研究》,载《教育与职业》2022 年第 4 期。

88. 余音:《劳动教育视阈下学生实习的社会法视角反思》,载《武汉职业技术学院学报》2022 年第 1 期。

89. 孙长坪、卢宇:《学生岗位实习人身损害赔偿模式的评析与重构——基于对职业教育学生岗位实习伤害处理适用法律的思考》,载《中国职业技术教育》2022 年第 13 期。

后 记

本书为全国教育科学规划课题国家一般项目——《中国职业教育产教融合立法研究》的研究成果。课题组在选择这一主题进行探索时就有清晰的认识：在法治视域下研究产教融合这个理论与现实紧密结合的问题，有十分特别的意义，也有特别的困难，特别的意义在于，凡事总是要有个开头的；特别的困难在于，万事开头难。但是，“雾气弥漫的清晨，并不意味着是一个阴霾的白天”。我们存了志向，希望能为这一“建筑”砌上第一块砖石。

这与其说是探讨通过构建一项具体的现代法律制度所进行的研究，不如说是从法律规制的文化角度，或者是从法律意识形成和观念认同、价值认可方面，对现代职业教育体系中某项工作的一些法治化的尝试。期望通过对职业教育产教融合内涵的释义，将职业教育法域内的界定与现实中的可行性形成社会价值与个体价值的一致认知；通过对政校企等多方组织属性定位与法理层面的权利义务对等性的思考，促进教育慢变量与市场快变量的制度认同与观念认同的和谐共生；通过对域外产教融合立法的梳理与立法模式的比较,形成域外既成法理运行与中国特色法治秩序之间的外源观照与内生自觉的创新互鉴。

在新生事物孜孜向上时,每一株新芽中蕴含的能量都无法估计,但是否能成长为参天大树也无既往经验可参。根据中国特色产教融合立法研究这一宏大的场景和前沿的命题,我们也许需要根据不同的复杂环境与持续改变的文化规制,“经过不断接触与交换,或迎或拒,终于改变了自己”,也改变了曾经看似无法交融的他在场域,“甚至‘自己’和‘别人’融合为一个新的‘自己’”。除作为课题主持人的方益权(温州职业技术学院教授,博士)外,黄云碧(温州职业技术学院教授,硕士)、李勃(浙江东方职业技术学院助理研究员,博士研究生)、李炎炎(温州科技职业学院教授,博士)、汤黎虹(福州大学教授,硕士)、刘海明(温州职业技术学院副教授,博士研究生)、池春阳(温州职业技术学院副教授,硕士)、衡孝庆(温州大学教授,博士)、易森清(温州职业技术学院教授,硕士)、闫静(上海兰迪温州律师事务所律师,硕士)、聂如月(天津大学博士研究生)、王佳桐(浙江越秀外国语学院副教授,博士)、祝成林(南京信息工程大学副教授,博士)、郭丽莹(福建师范大学博士研究生,讲师)、方乐轩(浙江工业大学硕士研究生)、高亚男(平阳县人民法院法官)、季周扬[北京盈科(常熟)律师事务所律师]、李小雨(温州大学硕士研究生)、尹家骏(温州大学硕士研究生)等一同携手进入未从涉及的“无人区”,形塑一个全新的自我。

此次探索终存遗憾,总以水平和视野不曾达到的高度和领域而自愧,乞请继来不吝指正。

课题组

2024 年 1 月 30 日